ÉCRIVAINS FRANCOPHONES D'AUJOURD'HUI
sous la direction de Gilles Bonnet
3

Leslie Kaplan

Leslie Kaplan

Sous la direction de Mireille Hilsum

PARIS
CLASSIQUES GARNIER
2016

Mireille Hilsum est professeure de littérature française et francophone des XXe et XXIe siècles à l'université Lyon 3. Ses travaux portent sur les relations entre littérature, histoire et politique. Elle a notamment publié les trois volumes consacrés à la *Relecture de l'œuvre par ses écrivains mêmes* (Paris, 2012) et *Comment devient-on écrivain ? Sartre, Aragon, Perec et Modiano* (Paris, 2012).

ISBN 978-2-8124-4925-3 (livre broché)
ISBN 978-2-8124-4926-0 (livre relié)

Dr. Dr. h. c. **Friedrich Schweitzer** ist Professor für Praktische Theologie/Religionspädagogik an der Evangelisch-Theologischen Fakultät der Universität Tübingen.

Dr. **Henrik Simojoki** ist Professor für Praktische Theologie und Religionspädagogik an der Theologischen Fakultät der Humboldt-Universität zu Berlin.

Dr. **Nadine Tramowsky** ist Juniorprofessorin am Institut für Biologie und ihre Didaktik der Pädagogischen Hochschule Freiburg und Grundschullehrerin in Freiburg.

Dr. **Thomas Weiß** ist Professor für Evangelische Theologie und Religionspädagogik am Ökumenischen Institut für Theologie und Religionspädagogik der Pädagogischen Hochschule Schwäbisch Gmünd.

Dr. Dr. **Joachim Willems** ist Professor für Evangelische Theologie mit Schwerpunkt Religionspädagogik und Didaktik des Religionsunterrichts am Institut für Evangelische Theologie und Religionspädagogik der Carl von Ossietzky Universität Oldenburg.

Dr. **Jan Woppowa** ist Professor für Religionsdidaktik am Institut für Katholische Theologie an der Universität Paderborn.

Dr. **Mirjam Zimmermann** ist Professorin für Evangelische Theologie mit Schwerpunkt Religionspädagogik und Didaktik des Religionsunterrichts am Institut für Evangelische Theologie der Universität Siegen.

LESLIE KAPLAN, UNE POÉTIQUE DE L'ÉMANCIPATION

L'œuvre de Leslie Kaplan occupe une position singulière dans la littérature contemporaine. Tout la distingue de la mélancolie d'un Modiano ou d'une littérature de l'empêchement. Joyeuse, ludique, désentravée, elle appelle davantage la comparaison avec l'œuvre d'Echenoz ou encore, parmi les plus jeunes, avec celle de Chevillard, autres grands déconstructeurs de tout ce qui nous aliène dans la littérature et le langage. Mais l'œuvre de Leslie Kaplan est essentiellement politique, comme le montre, sous des angles différents chacun des auteurs de cet ouvrage. Si toute poétique est une politique, celle de Leslie Kaplan est émancipatrice, sans eschatologie ni présentisme. Relève-t-elle du « retour au réel », caractéristique, selon Dominique Viart, de la littérature des années quatre-vingt[1] ? Il s'agit plus précisément, dans un premier temps au moins, de « dire le travail », au sens défini par Stéphane Bikialo et Jean-Paul Engélibert, de dire transitivement l'aliénation du travail ouvrier mais de l'écrire dans une langue intransitive[2]. Pas plus que pour François Bon qui publie la même année, en 1982, *Sortie d'usine*, *L'Excès-l'usine* ne relève d'une forme de résurgence du naturalisme. Les références de Leslie Kaplan, les « outils » avec lesquels écrire, lui viendront de Kafka ou de Beckett, et pour écrire *L'Excès-l'usine*, « je m'étais remise à Shakespeare, je lisais beaucoup d'anglais. Et comme je l'ai dit, Eliot, *The Waste Land*, les textes inachevés. Je pense que c'était beaucoup pour le rythme. Le rythme de la langue qui a à voir avec quelque chose que je voulais trouver en français[3]. »

Leslie Kaplan est née en 1943, sept ans après Perec, deux ans avant Modiano. Pour situer son œuvre plus largement dans le second XXe siècle,

---

1 Dominique Viart et Bruno Vercier, *La Littérature française au présent, Héritage, modernité, tradition*, Bordas, 2005.

2 Voir Stéphane Bikialo et Jean-Paul Engélibert, *Dire le travail. Fiction et témoignage depuis 1980*, *La Licorne*, n° 103, Presses Universitaires de Rennes, 2012, p. 28-29.

3 Voir l'entretien, p. 227.

il nous a semblé nécessaire d'ouvrir ce volume avec l'étude que Dominique Carlat consacre à *Mon Amérique commence en Pologne*. Récit autobiographique publié chez P.O.L en 2009, il entre dans la série, jusqu'alors romanesque, des *Depuis maintenant*, le point de vue l'emporte sur le genre (littéraire), le passé est mis en récit depuis le présent. L'analyse de Dominique Carlat permet d'emblée de comprendre la singularité de l'auteure au regard de sa propre génération, celle des fils et des filles, héritiers problématiques d'une histoire – celle de l'extermination – qu'ils n'ont pas vécue. Née dans une famille juive dont les grands-parents ont émigré aux États-Unis au début du XXe siècle, l'auteure élabore son œuvre à la croisée de deux histoires, sans identification à l'une ou à l'autre, sans adhésion au récit « légendaire américain », sans fantômes ni hantise dont décliner le poids tout au long de l'œuvre. *Mon Amérique* propose, au-delà d'une enfance dont ne pas être prisonnière, une « histoire des années 60 », époque tout à la fois, comme chez Georges Perec, de cinéphilie et d'engagement contre la guerre d'Algérie. Mais comme le montre Dominique Carlat, *Mon Amérique commence en Pologne* ne compose pas un simple récit autobiographique qui dirait l'intrication du je et du nous, de l'intime et du collectif. « Le récit autobiographique, avec ses armes littéraires, rejoint ici l'essai, l'ode à la puissance insurrectionnelle de la liberté. »

Cette puissance n'est cependant pas d'emblée éprouvée. Sauf à l'être par défaut dans les premières œuvres, singulièrement dans *L'Excès-l'usine*, le livre inaugural, auquel tous les auteurs de ce volume reviennent et Leslie Kaplan elle-même dans l'entretien. Écrit dix ans après son « établissement », il aurait pu être *Les Vies minuscules* de Kaplan, un livre tombeau, une entrave au renouvellement de l'écriture ; l'accueil de Blanchot, celui de Duras auraient de même pu enfermer son auteur dans la répétition. Ce ne fut pas le cas. Les traversées de l'œuvre que proposent Anne Malaprade et Heitor O'Dwyer de Macedo le montrent sous l'angle de la poétique ou de la psychanalyse.

Pour Anne Malaprade, les deux premiers livres, *L'Excès-l'usine* (1982) et *Le Livre des ciels* (1983) « auraient pu s'appeler *La Douleur* ou *Le Livre de la douleur* ». Au-delà le récit se décadenasse, le blanc « se dégrise », l'image dit à la fois la place maintenue du blanc dans la page et sa transformation poétique. Anne Malaprade déplie les formes et les enjeux de cette ouverture de l'œuvre au domaine du possible, elle s'arrête sur certains aspects décisifs de l'écriture : la question, qui, dès *Le Criminel* en 1985, « est la seule affirmation qui soit, comme si son mouvement ininterrompu préservait les corps, les protégeait d'une violence physique contre laquelle on peut aussi lutter par la relance infiniment vivante des interrogations. » Elle souligne l'importance de l'invention, en 1996, dans le premier livre de la série des *Depuis maintenant*, de Miss Nobody Knows. Personnage porte-question, selon les termes mêmes de Leslie Kaplan, cette « mademoiselle je ne sais pas tout » « représente la chance douloureuse de questions qui, bien que sans réponses, délient le monde de ses évidences[1]. » Mais le monde de Leslie Kaplan ne se compose pas seulement de figures bienveillantes, attentives à capter le « vent de l'éventuel » dont parlait Breton. Anne Malaprade explore d'autres possibilités, les passages à l'acte que racontent *Le Criminel* par exemple, mais aussi *L'Épreuve du passeur*[2], ou encore *Fever*[3], où surgit une mémoire insue et meurtrière de la seconde guerre mondiale dans la vie des deux jeunes protagonistes. Autant de romans construits autour de figures masculines, avant que le théâtre – sur lequel se clôt l'analyse – ne fasse entendre les voix féminines de deux « impersonnages[4] ».

Pour Heitor O'Dwyer de Macedo, Leslie Kaplan a inventé, avec *L'Excès-l'usine*, « un *on* pour dire "l'impossibilité d'un Je qui soit un Je" », pour dire le corps absent au corps. L'accent ne porte plus sur le « désentravement de la voix et du corps mais sur la façon d'interpréter le réel, la prise en compte de l'inconscient », et ses conséquences : le refus de tout discours comme de tout jugement, le rôle des associations, de la répétition, l'attention accordée au détail[5]. Ce qui amène Leslie Kaplan « à aborder le monde et à construire ses personnages d'un point de vue radical de non-savoir ». Anne Malaprade dégageait des périodes[6], montrait en quoi 1968 constitue un point de bascule, Heitor O'Dwyer de Macedo pointe plutôt ce qui, dans chacune des périodes, fait la singularité de chaque œuvre. La question de l'enfant dans *Le Pont de Brooklyn*, du

---

1 Elle est aussi l'emblème du détail, selon S. Bikilao, voir p. 85-102.

2 Voir A.-L. Milne, p. 113-127.

3 Voir Heitor O'Dwyer de Macedo p. 64-66 et Agnès Rosentiehl, p. 172.

4 Voir A. Torti-Alcayagan, p. 145. La notion qu'elle applique au théâtre de Leslie Kaplan pourrait s'étendre aux « personnages » romanesques.

5 Voir aussi M. Rémy pour détail et aliénation p. 75 et l'ensemble de l'étude que S. Bikialo consacre à la poétique du détail, p. 85-102.

6 Nous revenons, dans l'entretien, sur la périodisation, les grandes séquences de l'œuvre.

vieillir dans *Millefeuille*. L'auteur s'arrête sur *Le Psychanalyste*, où pour la première fois « la théorie et la méthode freudiennes constituent, *de manière manifeste*, la trame du tissu fictionnel. La nervure du livre est ce que Freud appelle *le travail de la culture* [...]. » *Le Psychanalyste* est en effet un livre charnière qui manifeste, sans jouer sur les mots, la confiance de Leslie Kaplan dans le pouvoir de la littérature, sa foi non pas dans l'Homme, non pas dans l'individu mais dans ces sujets que nous sommes. Le roman montre des personnages qui « bougent » : le verbe et ses équivalents reviennent souvent sous sa plume ; les uns sont les patients de Simon, le psychanalyste, les autres non. Parmi ces derniers : Eva, possédée de Kafka, ou Josée qui est un peu son Estragon, mais aussi de simples silhouettes, entraperçues, comme celle de Jean-Louis, l'homme qui vit, au début du roman, dans les vêtements d'un mort. *Le Psychanalyste* nous invite à « déplacer le ciel », pour reprendre le titre de la dernière pièce. Encore un verbe, une injonction ou une incitation qui font la différence avec *La Modification* par exemple.

Le travail de Matthieu Rémy boucle ce premier volet. Consacré en propre à *L'Excès-l'usine*, il fait écho à celui de Dominique Carlat. L'œuvre inaugurale est relue à la lumière d'une contextualisation minutieuse qui fait saisir sa très grande singularité au regard, non plus de toute une génération née après la guerre mais de la première vague des « établis » ; nous sommes avant mai 68, avec Robert Linhart, l'auteur de *L'Établi*. Matthieu Rémy souligne à son tour combien "manque" au livre la mélancolie des repentis et analyse la structure d'une œuvre qui ne doit rien au récit naturaliste ni au témoignage politique : « À travers neuf chapitres – neuf "cercles" – Leslie Kaplan propose des fragments de visions, de sensations, de réflexions liées à l'univers "excessif" de l'usine. Pour elle, l'expérience même de l'usine implique la recherche d'un agencement particulier des mots entre eux, afin de briser l'automatisation de la représentation telle qu'elle nous est présentée dans une littérature qui ne s'interrogerait pas sur les conditions de sa "construction". » Déprogrammer, désentraver, désaliéner : le premier livre invente d'emblée une poétique qui est, nous l'avons dit, une politique, mais aussi une éthique[1]. Quand l'univers concentrationnaire de *W* est décrit par Perec par la loi de la réversibilité qui fait du synonyme un antonyme potentiel

1 Voir aussi sur ce point Tiphaine Samoyault, notamment l'analyse de la lecture que fit Duras de *L'Établi* et de *L'Excès-l'usine*.

en même temps que du Vainqueur éphémère un vaincu en puissance, *L'Excès-l'usine* est marqué par le « souci de la répétition » qui « n'est pas qu'une affaire de rythmique, elle dit l'usure. Usure d'une vie humaine saisie à ses deux extrémités économiques – production et consommation – et rongée, affaiblie, déchue de son inventivité et de sa singularité ». Mathieu Rémy reprend, dans la perspective socio-poétique qui est la sienne, l'analyse du « on » qui gouverne le texte, son nœud avec un « nous » et un « je » (presque) également impossibles, son féminin aussi. Il étudie l'effet textuel du morcellement qu'impose l'usine et lit l'aliénation qui s'étend aux « détails » de la vie privée à la lumière de la *Critique de la vie quotidienne* d'Henri Lefebvre. C'est sur la continuité que se conclut l'analyse d'une œuvre qui poursuit, jusque dans la trilogie théâtrale finale, la réflexion sur la société de consommation et le règne de la marchandise sous lequel nous vivons aujourd'hui.

L'étude du détail, littéraire ou artistique, a nourri ces vingt dernières années toute une littérature critique dont Stéphane Bikialo rappelle pour commencer les principales découvertes, la distinction notamment par D. Arasse du détail *particolare* – mimétique, dont on trouve peu d'exemples, écrit Stéphane Bikialo, dans l'œuvre de Leslie Kaplan – et du détail *dettaglio*, résultat d'une sélection opérée par l'observateur[1]. Le détail *dettaglio* – langagier, métaphorique, porteur de points de vue et mode d'accès au réel selon l'analyse de l'auteur – appelle la comparaison avec « l'infra-ordinaire » de Perec et la définition d'« une poétique au sens où le détail est à la fois l'objet d'un style et l'enjeu d'une théorie, d'une réflexion sur la littérarité – en particulier dans le rapport mots / choses. » Stéphane Bikialo s'arrête sur le personnage de Marie, sur ses « tentative(s) d'épuisement d'un lieu parisien ». L'analyse fait écho à celles d'Anne Malaprade et d'Heitor O'Dwyer de Macedo (le détail, c'est la question, non la réponse), elle permet une nouvelle distinction, avec l'anecdote, et du même coup entre les personnages qui détaillent et ceux qui « trivialisent ». Stéphane Bikialo souligne la dimension nécessairement urbaine de l'œuvre. Le détail, écrit-il, a son lieu : « la ville, lieu de toutes les rencontres de hasard, lieu des liens, des ponts », son époque et sa temporalité : « depuis maintenant ».

1 Voir D. Arasse, *Le Détail. Pour une histoire rapprochée de la peinture*, Flammarion, 1992, « Champs », 1996, p. 11-12.

Tiphaine Samoyault, qui avait publié *Bête de cirque*[1] peu de temps avant la rédaction de ce volume, cite cette phrase des *Outils* en exergue de son propre texte :

> On pense avec des livres, des films, des tableaux, des musiques, on pense ce qui vous arrive, ce qui se passe, l'Histoire et son histoire, le monde et la vie, et cet *avec* signe une forme particulière de pensée qui tient compte de la rencontre, d'une rencontre entre un sujet et une œuvre, à un moment donné de la vie de ce sujet et de cette œuvre
> c'est en ce sens, *avec*, qu'il est dans ce livre question d'*outils*
> d'outils pour penser[2]

Avec ? « On écrit habituellement plutôt en dehors, à côté, à la marge et surtout contre. » Tiphaine Samoyault relit l'œuvre et sa théorie par Leslie Kaplan en déployant les sens et les théories que convoque la préposition. L'analyse commence par un retour sur la phrase de Kafka, « sauter hors de la rangée des assassins » – que tous citent ici et Leslie Kaplan dans l'entretien – découverte par l'intermédiaire de Blanchot, sur un « éblouissement de lectrice », à partir duquel interroger les enjeux de la préposition, dans leur relation avec ses antonymes apparents (sans, contre). Émancipation, socialité, engagement aujourd'hui sont réexaminés à la lumière de la lecture de *L'Excès-l'usine* par Duras, de son sentiment d'avoir là découvert le monde de l'usine qu'elle croyait connaître. Tiphaine Samoyault relit alors la poétique de Leslie Kaplan avec l'un des concepts forgés par Chklovski, l'*ostrenenie* dont la défamiliarisation n'est que l'une des traductions possibles et montre comment le « procédé permet de démystifier le point de vue de la norme et celui de la domination. La défamiliarisation permet aussi, par la distance qu'elle introduit, de procéder à des formes de désinstitutionnalisation » que la suite de l'analyse examine.

Avec les études suivantes, on aborde le cinéma (Anna-Louise Milne, Élisa Bernard) puis le théâtre (Agathe Torti-Alcayaga). Cinéma pour commencer, parce qu'il joue un rôle dans la genèse d'une esthétique[3]. Le théâtre ensuite parce qu'il s'autonomise, s'émancipe de l'œuvre romanesque. Les premières adaptations ont lieu très tôt, comme le rappelle Leslie Kaplan dans l'entretien : *Le Criminel* par Claude Régy, en 1988,

---

1 Tiphaine Samoyault, *Bête de cirque*, Seuil, 2013.
2 *Les Outils*, *op. cit.*, p. 9.
3 Voir aussi l'entretien, p. 231-233.

ou *Le Silence du diable* par Nicole Yanni en 1990. Mais le passage au théâtre, à l'écriture pour la scène qu'analyse Agathe Torti-Alcayaga et que racontent celles qui en furent la cause : Élise Vigier et Frédérique Loliée, intervient relativement tardivement.

Le cinéma donc pour commencer. Après la ville, « lieu de tous les possibles[1] », le café, lieu de tous les « passages » ? Dans « Café Kaplan. Scène de la vie quotidienne », Anna-Louise Milne part du café de Suzanne, dans *L'Épreuve du passeur* (1988), « sas aux contours fluides, une ouverture dans la ville qui relie le café au monde sans jamais le faire quitter sa rive ou son coin de boulevard » pour relire l'œuvre, les rapports de l'écriture et de la ville, à la lumière de la peinture de Cézanne. La référence, constante sous la plume de Leslie Kaplan, peut surprendre des lecteurs moins familiers de son œuvre, d'autant qu'Anna-Louise Milne relie Cézanne, « la désarticulation radicale du trait et de la forme » qu'il opère, « le trop plein [...] inséparable des traits qui le hachurent, le cisèlent et l'étalent sur la surface du tableau » à l'écriture « "sous influence" du cinéma ». L'auteure distingue ce qui relève du « dialogue avec Cézanne » de ce qui tient au « frottage avec le cinéma » : effets de ralenti, « de distraction » ou encore de montage. L'analyse se concentre ensuite sur ce qu'Anna-Louise Milne nomme les « transactions » entre écritures cinématographique et romanesque, pour saisir, à la lumière de l'hétéronomie de Jacques Rancière les articulations, les passages, entre l'intime, le quotidien et le politique.

Élisa Bernard s'appuie sur un roman plus tardif de Leslie Kaplan : *Les Prostituées Philosophes* paru en 1997, pour en relire l'esthétique à la lumière de celle de Cassavetes ; Leslie Kaplan lui a elle-même consacré plusieurs articles dont un paru en 1992 dans les *Cahiers du Cinéma*, elle y comparait *Meurtre d'un bookmaker chinois* et *Crime et châtiment* pour un traitement du meurtre qui ne tient pas compte du cadavre, n'enferme personne dans « une participation fascinée au crime[2] ». Le rapprochement entre *Les Prostituées Philosophes* et *Love Streams* est appelé par une commune interrogation de relation père-fils et par l'exploration du monde de la transsexualité mais plus encore par la notion même de *stream*, à

1 « *Les Amants de Marie* "du jour au lendemain" », entretien avec Alain Veinstein, 9 septembre 2002, repris dans *Les Outils*, P.O.L, 2003, p. 282.

2 « Cassavetes, Dostoïevski et le meurtre », *Cahiers du cinéma*, n° 451, janvier 1992. Dans l'entretien, Leslie Kaplan revient sur « L'amour est rond. *Minnie and Moskowitz* (1971) de John Cassavetes » (*Trafic*, n° 54, juin 2005, p. 38-39).

laquelle Élisa Bernard consacre son analyse et qu'elle nomme aussi une « écriture de la lisière », attentive à un peut-être qui soit « l'expression d'un choix, non d'un doute ».

Après le cinéma, le théâtre donc ; mais – Agathe Torti-Alcayaga l'indique d'emblée –, la trilogie finale est solidaire du reste de l'œuvre. Il s'agit toujours de « nommer sans fermer, sans tuer », du refus de conclure, de la préférence accordée au déroulement sur le dénouement, selon le mot de Brecht, auquel Leslie Kaplan revient dans l'entretien.

Agathe Torti-Alcayaga dégage cependant la spécificité du travail pour le théâtre, une fois celui-ci dégagé de l'œuvre romanesque. On projette des films dans les romans de Leslie Kaplan (*L'Épreuve du passeur*), on les critique (*Les Amants de Marie*) ; on joue aussi dès *Le Silence du diable*, dans *Le Psychanalyste*... Mais le passage au théâtre date de *Louise, elle est folle*, publié en 2011. Frédérique Loliée et Élise Vigier en racontent la genèse dans la deuxième partie de ce volume.

Agathe Torti-Alcayaga situe également la trilogie finale dans l'histoire du théâtre depuis Beckett, à travers le foisonnement d'histoires ou la notion d'impersonnage, interchangeables[1], reprise de Jean-Pierre Ryngaert, pour qui la « parole, toute puissante non-assujettie à l'information, est alors le véritable objet du dialogue[2] ». Mettant en avant les « qualités vibratoires du signifiant », l'auteure montre que « chez Kaplan, c'est bien le texte qui parle et non les personnages. Chanté-parlé, citations, chansons, bruit, silence, anglais, récits, etc., le présentent sous la forme d'un matériau à considérer en soi et non en premier lieu pour le sens qu'il serait susceptible de véhiculer », même si le travail sur le cliché comme « la volonté de s'opposer au fatum, ce sentiment qui coupe la vie à la racine et fait le lit de l'inhumanité » inscrivent l'œuvre dans le sillage de ceux qui cherchent aujourd'hui à réinventer un théâtre dont la portée soit aussi politique.

Dans la deuxième section de ce volume, trois écrivains et deux comédiennes – metteurs en scène nous invitent à porter des « regards croisés » sur l'œuvre. Agnès Rosenstiehl, l'auteure de *Mimi cracra*, relit l'œuvre entière autrement. Entre lettre ouverte et portrait double, le texte d'Agnès Rosenstiehl évoque une amitié née au lycée Fénelon et propose une lecture dont le rythme fait entendre autrement le travail

1 Voir sur ce point Frédérique Loliée, p. 205.

2 J.-P. Ringeart, *Nouveaux territoires du dialogue*, Arles, Actes Sud, 2005, p. 19.

sur la langue, l'humour et la hantise du meurtre, l'engagement. Agnès Rosenstiehl fait surgir d'autres noms, inattendus : à côté de Freaks ou de Cassavetes, Garri Bardine[1] pour le cinéma, Dufy à côté de Cézanne, Britten ou encore Rimbaud longuement, pour faire résonner la chanson ou la poésie et souligner l'exigence dans le travail de Leslie Kaplan. Pour Jean-Marie Gleize qui cite *L'Excès-l'usine* en exergue de *Tarnac, un acte préparatoire*[2], le livre de Leslie Kaplan est « un livre exemplaire, l'un des plus beaux de la fin du siècle dernier. Les mots les plus simples, la phrase minimale, nue, l'efficacité de l'écriture littérale. Pour dire l'usine, la banalité asilaire de l'usine, la clôture et l'infini dans la clôture. Là où "les choses existent ensemble. Simultanées". Je n'ai pas besoin de dire qu'il s'agit d'un livre politique. Et qu'il constitue comme un arrière-plan à ce que j'essaie d'écrire[3] ». C'est cet arrière-plan que son texte déploie ici, le travail de l'une saisi à travers celui de l'autre, en une prose poétique qui fait résonner « la politique autrement. » C'est aussi ce que fait entendre l'hommage de Fred Léal, autre explorateur du possible, grammatical aussi bien que psychologique, dans *délaissé* par exemple[4].

Élise Vigier raconte une double rencontre, avec l'écriture de Leslie Kaplan en 1994, puis entre « établies » de générations différentes. C'est dans la prison de Rennes, où Frédérique Loliée et elle se sont établies, qu'elles jouent *L'Excès-l'usine* que vient voir Leslie Kaplan[5]. Leur collaboration, de plus en plus étroite, va des premières adaptations à l'écriture pour elles, de la trilogie finale qui ne met pas (ou pas seulement) en évidence la disponibilité de l'auteure. La poésie doit être faite par tous, tel est le programme. Avec tous, dans le langage défamiliarisé du dominé, du mineur. Par un montage de textes, réalisé à partir d'enregistrements réalisés dans un Monoprix ou encore avec les réponses des habitants de

1 Né à Orenbourg en URSS en 1941, Garri Bardine entre au Studio Soyouzmoutfilm en 1975, avant de fonder le studio Stayer, en 1991. Il passe du dessin animé aux films de d'animation dans lesquels il explore de nombreuses techniques (pâte à modeler, fil de fer, allumettes, ficelles, respectivement dans *La Boxe*, 1985, *Le Loup gris et le Petit chaperon rouge*, 1990 ; *Fioritures*, 1987 ; *Le Conflit*, 1983 ; *Le Mariage*, 1987) : c'est ce qui fonde le rapprochement proposé par Agnès Rosenstiehl.

2 Jean-Marie Gleize, *Tarnac, un acte préparatoire*, Seuil, 2011.

3 *Un entretien avec Jean-Marie Gleize*, par Philippe di Meo, Poezibao, consulté le 7 janvier 2015.

4 Fred Léal, *délaissé*, P.O.L, 2010.

5 Voir le récit qu'en donne Leslie Kaplan, « Une liberté inouïe », *ibid.*, p. 258-264.

Saint-Denis aux questions de Miss Nobody Knows[1]. Frédérique Loliée revient sur ce travail et retrace à son tour d'autres moments peu connus de leur collaboration[2]. L'une et l'autre soulignent ce qui les relie : Copi pour Élise Vigier qui rappelle l'importance de l'essai *Renversement, contre une civilisation du cliché, la ligne Copi-Buñuel-Beckett*. Le travail avec les mots pour Frédérique Lolié, sur les langues ou l'entre-deux-langues dont parle Tiphaine Samoyault.

Le volume s'achève sur un entretien et un inédit qui font surgir d'autres figures, réelles – Blanchot ou Duras bien sûr, mais aussi Paul Otchakovsky-Laurens ou Serge Daney – ou fictives, comme celle du « vieil Américain » et avec lui d'autres questions, parmi lesquelles, celle-ci : « Est-ce que ça existe, le goût de la vie ? ».

Mireille Hilsum

1 Voir « Questions-questions », *ibid.*, p. 253-255 ; et dans l'entretien l'évocation des « cafés parlés » en 2002.

2 Pour la dernière collaboration de Leslie Kaplan avec le collectif du Théâtre des Lucioles, voir l'entretien donné à Christine Kiehl, à l'occasion de la création française de *La République du bonheur* de Martin Crimp, par Élise Vigier et Marcial di Fonzo Bo, mis en ligne sur le site du RADAC (groupe de Recherche sur les Arts Dramatiques Anglophones Contemporains), http://www.radac.fr/crimpkaplan.html, 10/06/2014.

PREMIÈRE PARTIE

LECTURES CRITIQUES

MON AMÉRIQUE COMMENCE EN POLOGNE

L'invention de la liberté chez Leslie Kaplan

L'Histoire a fréquemment conduit les écrivains français du vingtième siècle à faire de leur œuvre littéraire une caisse de résonance *fantasmatique* où les événements collectifs accédaient à l'imaginaire intime au prix de phénomènes de transformations radicales : amplification, transfert ou déplacement. Le sujet singulier, tel qu'il se construit à travers l'écriture dans de tels textes, représente avec force distorsions et anamorphoses l'expérience collective traversée par les peuples au cours des récents conflits mondiaux et des génocides[1]. Aussi l'expérience intime de l'histoire est-elle fréquemment dépeinte sous couleurs inconscientes, à travers les brisures du récit, les failles de la parole, les brèches du discours : autant de signes qui ont été souvent lus comme des symptômes. Le risque encouru par les interprètes est alors – à travers la catégorie du traumatisme – de projeter une grille psychologique sur le récit d'événements dont les dimensions sont autant matérielles que spirituelles, idéologiques que mentales, sociales que subjectives et affectent non seulement les psychés individuelles mais les corps collectifs, leurs habitus.

La question prend une autre forme lorsque apparaît pour les écrivains d'après la Seconde Guerre mondiale la nécessité de raconter leur propre inscription dans l'histoire, alors qu'ils n'ont pas eux-mêmes participé aux phases les plus violentes et les plus radicales des bouleversements modernes. À l'excès succède le sentiment d'un défaut, d'un manque[2]. Pour le pallier, certains se font les hérauts des épopées de la génération précédente, dont l'engagement devient, représenté dans les livres des filles

1 Dominique Carlat, « Croisements de l'histoire et de l'intimité dans la littérature du vingtième siècle ». Colloque ens-ife, « Histoire et littérature : regards croisés. Enseignement et épistémologie ». Intervention disponible sur le site www.canal-u.tv/video.

2 À l'aune de la Résistance et de la déportation, la participation à mai 1968 et l'aide aux luttes de libération nationale des peuples colonisés demeurent souvent représentées en retrait. Les tentatives de lecture réconciliatrices, à l'aide par exemple du concept moral d'*indignation* peuvent sembler témoigner d'un désir de compensation symbolique.

ou des fils, une action héroïque à laquelle il serait permis de prendre part rétrospectivement, comme par procuration. À moins qu'il ne s'agisse d'y prendre imaginairement *sa part.* Le fantasme ressurgit, cette fois pour restaurer une image de soi jugée trop peu satisfaisante : il s'agit de suppléer les carences en héroïsme de l'histoire contemporaine occidentale. Dans la constitution des mémoires nationales et communautaires, ce phénomène générationnel joue un rôle indéniable ; le gain symbolique pour les héritiers est évident. La gloire et/ou le malheur rejaillissent sur les descendants, leur confèrent qualité et dignité historiques.

Qu'en est-il chez Leslie Kaplan – et singulièrement dans le sixième tome de sa suite *Depuis maintenant* : le récit autobiographique publié chez P.O.L en 2009, *Mon Amérique commence en Pologne* ?

Mon hypothèse de lecture est la suivante. Comme le titre l'indique, ce retour sur la destinée familiale procède par détours et refuse les voies directes de la transmission. Point ici de recueil direct de témoignages, ni d'identification narcissique aux prédécesseurs. À ceci plusieurs explications : en premier lieu l'écrivaine se trouve au croisement de deux Histoires. Par les familles de ses deux parents Leslie Kaplan appartient au monde juif yiddishophone d'Europe centrale, celui-là même que l'hitlérisme à travers la Shoah et sa dévastation criminelle a annihilé[1]. Le texte, que par simplification nous nommerons désormais *Mon Amérique...*, évoque l'extermination dans les camps nazis de tous les membres de la famille n'ayant pas pris avant guerre la décision salvatrice de l'exil. Cependant, à la différence d'autres écrivains contemporains, Leslie Kaplan n'est pas la descendante directe de témoins ayant survécu aux camps de la mort et réchappé à la destruction des Juifs d'Europe. Ses grands parents ont les uns et les autres émigré dans les années 30 et échappé ainsi à l'annihilation[2]. Juifs non religieux, ils ont choisi les États-Unis[3]. Seul un oncle, refusant de rejoindre un pays dont l'administration consigne, abusivement à ses yeux, la religion de ses concitoyens et des immigrants, a fait un choix singulier : celui de la Grande Bretagne.

---

1 Nom et prénom suggèrent une partition de l'identité : le patronyme relie l'écrivaine à son ascendance juive européenne. Le prénom l'inscrit dans l'univers imaginaire américain.

2 Une comparaison entre les œuvres de Georges Perec et celles de Leslie Kaplan se révélerait riche de suggestions quant aux formes littéraires induites par le rapport à l'histoire.

3 La famille de Leslie Kaplan semble, d'après quelques rares indices disséminés dans le texte, marquée par un engagement au Bund ; aucune allusion à un militantisme sioniste n'est en revanche perceptible dans les éléments offerts par *Mon Amérique...*.

Pour autant, cela ne signifie pas que le génocide des Juifs d'Europe ne leste pas l'autobiographie du poids d'un passé très lourd. Cet événement constitue le point de fuite à partir duquel le tableau prend sens. Le silence de cette culture ravagée s'entend fréquemment dans les interstices entre les paragraphes, comme la langue yiddish résonne, nous dit Kaplan, dans le curieux accent américain de la grand-mère Anna et se devine dans les tournures syntaxiques qu'elle emploie. Mais c'est indirectement que la Shoah s'inscrit dans le texte. Lorsqu'elle dessine le portrait des deux parents de son premier amour, la narratrice en vient à évoquer pour la première fois explicitement ce moment de l'histoire. La mère de François, nous dit le texte page 94, est une amoureuse indéfectible de la poésie baudelairienne, au point d'avoir réussi à transposer au monde concentrationnaire la leçon poétique du *Voyage* : « Au fond de l'inconnu pour trouver du nouveau ! ». Le maintien jusqu'à Auschwitz d'un exercice incoercible d'une telle curiosité lui aurait permis, selon son propre témoignage, d'entretenir coûte que coûte le désir de survivre[1]. La faculté d'affronter l'expérience et de la regarder à distance lui permit, par exemple, en arrivant à Auschwitz d'être « prise de fou rire devant les grosses chaussures, les sabots. "On avait l'air d'un clown." » (page 93). À la manière d'un personnage beckettien, celle que Leslie Kaplan nomme, en un geste d'hommage rendu à sa noblesse morale, « Madame » serait parvenue à découvrir en chacun des instants innommables vécus là-bas un objet réclamant, à la juste raison de son horreur, une attention scrupuleuse : entre acuité du regard et dislocation de toute logique. La barbarie fut pour elle cet inconnu au fond duquel elle poursuivit *absurdement*, avec l'avidité du désir de vivre, sa recherche de la nouveauté…

Que la famille proche de Leslie Kaplan ait échappé grâce à l'exil américain à cette acmé de la violence européenne ne conduit cependant pas la narratrice à s'identifier parfaitement à l'autre histoire disponible : le récit légendaire américain. Comme chez Kafka, la volonté de rejoindre cet imaginaire s'est trouvée entravée[2]. Ici aussi les voies d'identification sont indirectes. À cela une première explication, d'ordre familial : le père de Leslie, diplomate, attaché culturel de profession, rejoint l'Europe aussitôt la guerre achevée. Aussi la petite fille, née aux États-Unis,

1 Kaplan rejoint ainsi Jorge Semprun dans sa description de la mémoire culturelle comme richesse inaliénable, inaccessible aux tortionnaires.

2 Franz Kafka, *Amerika* (récit également intitulé par certaines traductions *Le Soutier*).

ayant ses premiers souvenirs outre-Atlantique, vit la fin de son enfance puis toute sa jeunesse en France. Non sans retrouver délicieusement, à chaque grande vacance, sa grand-mère maternelle Anna, Juive américaine ayant recréé à New York l'univers familier des shtetls de son enfance... Mais Anna, qui dialogue avec sa fille en yiddish, ne peut comprendre qu'après la Shoah son gendre et sa propre fille puissent vivre, fût-ce comme exilés volontaires et provisoires, sur cette terre européenne à ses yeux à jamais dénaturée... C'est donc encore dans un discours second, qui ne lui est pas directement adressé, que l'extermination apparaît. Les parents de la narratrice refusent de transmettre à leur fille cette condamnation irrémédiable de l'Europe formulée par la grand-mère. Comme Hemingway, le père s'enchante même de la vie intellectuelle bourdonnante du Paris des années 50 ; il reçoit les cénacles de créateurs, fraternise avec ces figures d'une renaissance artistique et philosophique[1]. La mère, cependant, ne partage guère avec son époux l'enthousiasme naïf devant cette ébullition de l'Europe de la reconstruction. À plusieurs reprises le texte fait allusion au sentiment d'exil et d'étrangeté que cette épouse du diplomate éprouve en ces terres naguère parcourues par la haine et la folie meurtrière, empoisonnées par l'antisémitisme collaborationniste. La vie, aussi libre et débridée soit-elle, y prend une couleur suspecte. En sourd une profonde mélancolie. Dans la chaîne des générations, dans la trame généalogique des récits familiaux, c'est donc cette mère qui semble ne pas trouver sa place, être habitée parfois, si ce n'est pétrifiée, par un passé qui ne passe pas. Leslie Kaplan rend hommage à cette figure maternelle ; elle décrit délicatement son mal-être qui croît encore lorsque le couple des parents, au hasard des mutations, se retrouve à Berlin. Mais le personnage de Leslie paraît se protéger de cette sidération, que la narratrice sait déceler et à l'égard de laquelle elle hésite, entre admiration et crainte de la contamination. Le dispositif narratif permet de rendre cette complexité : dans la perspective synchronique du récit, la division entre narratrice et personnage reflète la variation diachronique des sentiments nourris à l'égard de la mère hantée par la dépossession de soi. Si l'on souhaitait recourir à une lecture psychanalytique – comme nous y invite d'ailleurs *Mon Amérique...* à

1 *A moveable Feast* (*Paris est une fête*), texte d'Ernest Hemingway publié de manière posthume en 1964 constitue un intertexte probable de plusieurs passages de *Mon Amérique commence en Pologne*.

plusieurs reprises –, on pourrait dire que la névrose historique, frappant la figure maternelle, a permis à la fille d'échapper à la part définitivement impossible à symboliser de l'héritage. Si l'Histoire conduit névrotiquement dans les familles à un sacrifice, c'est ici la mère qui se voit frappée par une telle malédiction. Le portrait qui en est tracé reste volontairement lacunaire ; ses traits demeurent indistincts, son visage comme incomplet... Les discours maternels sont rarement rapportés, toujours habités par une suspension.

Il est d'ailleurs significatif que l'écriture, avec la maîtrise qu'elle présuppose, sa capacité à informer le destin, apparaisse liée aux figures masculines : c'est le grand-oncle paternel, Jacob, évoqué page 22, qui le premier fut écrivain dans la famille. Quant au père, il ajoute à son activité de diplomate la traduction : il est donc doublement médiateur de la pensée américaine en Europe. Là où les paroles de la mère laissent entendre le souvenir d'une langue qu'elle ne pratique plus guère qu'avec sa propre mère, le père paraît assuré de sa maîtrise de tous les idiomes. Figure séduisante, pleine d'énergie et d'entrain, toujours à l'aise dans les conversations, il est par excellence un médiateur. Son dieu serait Hermès quand celui de la mère était Saturne...

L'autre facteur qui contribue à empêcher la narratrice de faire sien le récit historique américain est politique. Leslie Kaplan relate avec humour comment, dans les discussions avec ses amis, il lui est arrivé parfois de se surprendre à déclarer : « nous, quand on a débarqué en 42 » (page 179). Et la narratrice de préciser que ce discours lui était venu, « sans y penser »... Mais un tel humour a surtout la fonction de réintroduire immédiatement une distance ; l'identification avec les GI sauveurs de l'Europe – ce que fut le père – ne dure qu'un instant. Le déplacement de l'accent psychique propre au trait humoristique permet de réintroduire la distinction entre fiction et réel : le moi découvre avec un recul amusé de quelles opérations imaginaires se nourrit la construction identitaire. Si au fil des récits, transmis fièrement par son père, du débarquement américain en Afrique du Nord puis des combats sur le territoire européen contre les armées allemandes, la petite fille a pu jadis nourrir l'illusion de participer elle-même à la "grande histoire", la candeur de cette identification enfantine se trouve dénoncée par le récit adulte. Leslie Kaplan n'est pas de la lignée des Don Quichotte : elle se préfère des ennemis moins imaginaires. Or, en pleine guerre froide, en cette fin des années 50, en ce début des années 60, les Américains sont désormais les citoyens d'une puissance qui, au nom de la lutte contre l'expansionnisme soviétique, apportent leur soutien militaire et financier aux puissances coloniales : les mêmes qui, bénéficiant du plan Marshall, combattent les velléités d'indépendance nationale de leurs "possessions" en recourant aux anciennes méthodes nazies : à la torture, aux massacres de masse. La narratrice évoque directement les répercussions privées de ce tournant historique : le conflit qui éclate alors avec son père. Ce dernier, bien qu'il fût, adolescent, séduit par un communisme internationaliste non léniniste, soutient désormais l'intervention des USA en Indochine : il ira jusqu'à accepter sa nomination au Vietnam. La rupture est alors consommée. À l'histoire d'un tel pays, le personnage de la jeune intellectuelle parisienne refuse désormais de souscrire. La seule Amérique à laquelle il lui soit encore possible de rêver, c'est, écrit-elle page 79, « celle de Lubitsch, ce juif autrichien immigré aux États-Unis » : une Amérique dont le mythe s'est nourri d'œuvres de créateurs que le Maccarthysme va bientôt poursuivre de sa vindicte...

Méfiant à l'égard des identifications avec un passé que le présent américain serait en train de trahir, le récit compense cette mise à distance soupçonneuse des légendes naguère crues par l'acuité de l'attention scrupuleuse portée au présent. Aucun abandon, même momentané, au désenchantement. Leslie Kaplan ne cultive aucunement la tonalité élégiaque. La colère répugne à perdre son temps en déplorations. L'actualité est jugée bien plus porteuse d'avenir que tous les récits dont on hérite – quelle que soit d'ailleurs leur beauté ou leur charge tragique. À petits traits rapides, *Mon Amérique...* dépeint minutieusement une époque marquée par les injustices qui inciteront la jeune femme à s'engager prochainement. Quelques éléments du récit annoncent – rétrospectivement, à la manière d'une apophétie, afin de conférer à la vie, à ses bifurcations aléatoires, une parfaite cohérence destinale – la mue prochaine de la jeune intellectuelle en une militante[1]. Son engagement ouvrier constitue, on le sait, le centre de la première œuvre de Leslie Kaplan : *L'Excès-l'usine*. C'est par exemple, au détour de la description

1 On peut d'ailleurs juger que certaines notations, consacrées à Charonne ou au 17 octobre 1961, participent de ce désir rétrospectif de construire l'image d'une prise de conscience politique immédiatement clairvoyante. Peut-être la recherche historique et la représentation littéraire interfèrent-elles ici avec la mémoire subjective.

de la banlieue parisienne, la découverte subreptice de taudis où sont entassés ceux que l'on nomme alors par euphémisme "la main d'œuvre des travailleurs Nord-Africains". Ces détails suggèrent que l'Histoire est en train de se déployer, selon une nouvelle logique : celle des guerres coloniales. La narratrice en donne une vision avisée : bien plus que les enjeux géostratégiques, c'est la logique de production capitaliste qui serait *in fine* en cause.

Entre synthèse politique – discrète – et analyse phénoménologique de l'expérience immédiate la plus incarnée – plus insistante –, le rythme du texte prend forme. Le récit saisit avec une rare finesse les détails qui, dans la chair vivante du monde alentour, témoignent de cette nouvelle inflexion historique. Leslie Kaplan illustre donc le chemin à parcourir pour que le sujet historique parvienne à se dégager de la mémoire qui lui a été léguée pour mieux accéder à une pleine perception des signes intermittents, parfois très discrets, d'un présent aux enjeux radicalement renouvelés : un présent en train de naître, d'immédiatement s'écrire. C'est à ce prix d'un oubli relatif de la mémoire des générations précédentes que le personnage peut acquérir son autonomie, s'inscrire par l'action dans un monde instable, en cours de re-formation. C'est au même moment, et dans le même geste, que se construit le désir d'écrire. Ce passage s'accompagne d'ailleurs d'un progressif renouvellement du personnel narratif : à la parentèle se substitue peu à peu la sphère de la philia : camarades d'études, amies, amant. D'autres histoires, venues d'autres horizons, éloignent partiellement le jeune personnage de son seul milieu familial.

Dans cette perspective, la mélancolie est vaincue, toute nostalgie pour les époques antérieures est congédiée. Les événements présents nous requièrent trop pour qu'on s'abandonne à la seule hantise de la mémoire. Le lecteur ne peut de ce point de vue qu'être frappé par l'analogie des termes utilisés pour décrire la jeunesse des parents, à la fin des années 40 et celle de leur fille, au début des années 60. Page 166, décrivant un musicien de jazz jouant aux débuts des années 60 sur le Pont des Arts, la narratrice peut conclure : « Tout était ouvert, tout était possible ». L'indocilité d'une musique magnifiquement improvisée reflète la liberté que cherchent alors à conquérir les luttes pour les droits civiques. Page 49, évoquant ses parents, Leslie Kaplan avait écrit : « La recherche de sa place dans le monde était en phase avec le moment, libre et ouvert, et chaotique, de l'après-guerre ». Ouvert, possible / libre et ouvert : la similitude est trop grande pour n'être pas concertée. La leçon que le lecteur est invité à en tirer est morale, politique mais aussi esthétique. La littérature elle aussi aura à conquérir ouverture et indocilité aux modèles.

Quelle que soit la nature des événements qui l'entourent, la fermeture apparente de l'horizon, le sujet pourrait donc toujours s'inscrire dans l'Histoire en y décelant les possibilités de son action. L'époque est aux yeux de l'écrivaine toujours susceptible d'entrer en résonance avec cette liberté. Bien que le modèle du capitalisme consumériste soit en train de conquérir la France des années 60, Leslie Kaplan revendique en effet pour le personnage qu'elle a été une liberté de pensée et d'agissement aussi enthousiasmante que celle de l'immédiat après-guerre. Elle ne se résout pas à abandonner à une génération antérieure, aussi valeureuse ait-elle pu être, cette soif de réflexion et d'action, ce désir de vivre et de penser qui continuent de l'animer. L'une des qualités du récit est de restituer la ferveur de qui découvre un univers à investir : d'images, de sens, de musique.

C'est avec émotion que le lecteur se voit transmettre la part d'affects dont se nourrit la vie intellectuelle et politique. Au-delà des confessions sur l'histoire familiale et personnelle, peut-être est-ce cette sensibilité aux émois de la pensée dite abstraite qui est au cœur de la confidence offerte dans le dispositif discursif de *Mon Amérique...* Leslie Kaplan rapporte, par exemple, page 88 : « Je lis la *Phénoménologie de l'esprit* avec François. Chaque fois que je lis ce passage, "l'esprit conquiert sa vérité seulement à condition de se retrouver soi-même dans l'absolu déchirement", j'ai le cœur serré ». La litote suggère l'ébranlement émotionnel maintes fois éprouvé. Le personnage, lectrice et apprentie-philosophe, perçoit chez Hegel une dramaturgie tragique de l'histoire ; loin de toute interprétation idéalisante de la *Phénoménologie*, l'étudiante entend résonner dans l'articulation de son discours une modalité singulière de douleur. La philosophie de l'histoire devient expérience incarnée ; l'étude rejoint sa souffrance[1]. L'autobiographie, dans sa construction, dit en outre l'hétérogénéité des jours et de leurs préoccupations ; elle témoigne

1 Peut-être est-ce dans de telles évocations de l'implication émotive et corporelle de l'interprète dans l'étude du texte que se révèle indirectement la fidélité de Leslie Kaplan à une certaine culture juive de la lecture. C'est dans cette perspective que ressurgirait la Pologne, non comme origine radicale, ancrage identitaire, mais comme commencement d'une pratique du livre.

par exemple de la même intensité de sérieux accordée à la philosophie, à l'histoire vivante et à l'expérience sentimentale et amoureuse. En quelques lignes, pages 68-69, Leslie Kaplan fait se succéder sans transition ces notations : « La torture. Djamila Boupacha. / Le manifeste des 121 pour le droit à l'insoumission. / Le *Traité des passions* de Descartes. / Je suis amoureuse de Saint-Just. / Je traverse le Luxembourg avec une collègue, je lui récite "Les bijoux" et "La chevelure" et "L'invitation au voyage[1]." » La juxtaposition des notations, empruntée aux procédés de l'écriture du journal intime, est destinée dans ce récit rétrospectif à restituer la richesse et l'hétérogénéité de l'expérience quotidienne. Et les sphères d'activité, loin de rester étrangères les unes aux autres, s'interpénètrent au profit du juste portrait d'un être et d'une époque, singuliers parce que divers. Là où un examen rationnel ferait intervenir des hiérarchies et opérerait des classements, l'autobiographie littéraire décrit ici les glissements, suggère les interférences : la disparate des notations dépeint la ductilité de la pensée. L'événement médiatisé à portée collective voisine avec l'anecdote la plus personnelle où se révèle l'intimité. La réflexion est fréquemment requise simultanément par des contenus jugés habituellement inconciliables. Face à l'expérience réelle du monde historique, il n'y a pas d'ordre qui tienne.

Aussi le lecteur n'est-il pas loin de percevoir sous la plume de Leslie Kaplan – la nostalgie en moins – un projet voisin de celui qu'avait formulé en 2008 Annie Ernaux dans *Les Années* : au-delà de la dimension personnelle de l'expérience relatée, l'accent est mis sur l'ensemble des signes par lesquels une époque prend sens, s'ouvre au futur proche, devient l'objet d'une reconnaissance collective de la part de ses témoins et acteurs. Pour dépeindre les années 60, à côté de l'évocation des échos de la guerre d'Algérie à Paris, il peut apparaître nécessaire de rappeler, au détour d'un paragraphe, page 73 : « Remplir à l'hôtel une fiche. Mentir sur son âge ». Les couples de jeunes amoureux se trouvent soumis à cette inquisition des autorités. Faire l'amour, pour des jeunes gens de

1 Au « Manifeste des 121 » publié en septembre 1960 vient rapidement s'ajouter un texte rédigé par des intellectuels et créateurs américains rappelant le « droit à l'opposition ». Sans doute Leslie Kaplan eut-elle des échos de ce soutien transatlantique. La cause de Djamila Boupacha fut défendue par Maître Gisèle Halimi. Le livre de cette dernière cosigné en 1961 avec Simone de Beauvoir constitue un moment important dans la dénonciation de la torture, au même titre que l'ouvrage d'Henri Alleg, *La Question*, publié aux éditions de Minuit.

vingt ans, encore considérés comme mineurs, est un acte délictueux, clandestin. Il nécessite des subterfuges, requiert le mensonge, la dissimulation. Époque rêvée que regretteront sans nul doute les défenseurs actuels de la "famille pour tous", les contempteurs de mai 1968… Inversement, certains discours empruntés à la rhétorique de l'époque des années 60, en train d'inventer la libération sexuelle, peuvent parfois sonner curieusement faux à l'oreille de la jeune femme. Lorsqu'une camarade lui confie à la même page « qu'elle a découvert l'amour physique », un soupçon s'installe. Et la narratrice de commenter, lestée de son savoir futur – cette camarade bientôt se prostituera – : « Les mots restent plantés. Quelque chose de faux. Malaise ». Le style elliptique suggère une perception diffuse, une intuition instantanée. Derrière le stéréotype de langage, ici récité avec application, se dissimule mal une imposture : un choix existentiel suicidaire. Le discours libertaire peut lui aussi être dévoyé à des fins illusoires : la jeune femme faisant cette confidence choisit elle-même d'user du langage libérateur pour se mentir à elle-même, construire sa propre prison. Le slogan émancipateur, en un retournement pervers, devient le masque d'une aliénation volontaire. À plusieurs reprises, *Mon Amérique…* y insiste : quelle que soit la violence des déterminismes – de l'impératif capitaliste de la consommation à la marchandisation prostitutionnelle des corps –, chacun peut, depuis le lieu de son aliénation, se retourner contre elle, y conquérir sa liberté. L'écriture est entièrement fondée sur cet article de foi philosophique. Le récit autobiographique, avec ses armes littéraires, rejoint ici l'essai, l'ode à la puissance insurrectionnelle de la liberté. Le domaine artistique serait celui où se manifeste le plus directement une telle force.

Parmi les signes qui, dans cette anthologie rêveuse, reflètent l'esprit d'une époque et transmettent au lecteur le sentiment d'accéder à l'authenticité d'une histoire vécue, un privilège est nettement accordé aux œuvres artistiques. *Mon Amérique…* est régulièrement ponctué de brèves notations consacrées aux chansons entendues, aux tableaux découverts, aux films – tous visionnés dès leur sortie. Leslie Kaplan reconnaît en particulier aux cinéastes de la Nouvelle Vague la rare faculté de saisir sur le vif l'évolution des mentalités, le changement des comportements, la transformation des manières qu'ont les corps de se mouvoir, d'habiter un espace. L'écrivaine leur envie ce pouvoir sensible. Le premier Godard, Jacques Demy ou Alain Resnais : tous, à ses yeux, pratiquent avec maestria un art du détail. Le mot sous sa plume retrouve sa positivité. Ainsi *Muriel* d'Alain Resnais, film de 1963 dans lequel Susan Sontag, dans *Devant la douleur des autres*[1], regrettait que le nouage entre les événements privés et l'histoire collective ne fût pas totalement abouti, suscite à l'inverse chez Leslie Kaplan ce commentaire admiratif de la page 101 : « La France gaulliste, *la sensation précise, physique* de cette France. Ce qu'on voit, ce qu'on connaît, les façades des immeubles, normales, les bistrots, habituels, les repas, arrosés, tout est inquiétant. Fissures, irruptions, retournements. Gros plans abrupts, ton coupant, phrases sans transition ». Telle serait donc l'opération alchimique, proprement romanesque, que l'autobiographie chercherait elle-même à opérer : restituer par des moyens sensibles, dans le rythme des phrases, la construction des chapitres et les arabesques d'un imaginaire, la *sensation* première qui caractérise un moment de l'histoire. Pour dire cette idiosyncrasie, le texte recourt symboliquement au paradoxe d'une habitude qui se fissure, d'une familiarité suscitant soudainement l'étrangeté. Un écart habite l'instant, désolidarise les perceptions auxquelles il était jusqu'alors lié : instaure une distance révélatrice d'un devenir inaperçu. À l'idiote identité des objets avec eux-mêmes se substitue une inquiétude. Fièvre. Tension. Légèreté conquise. Liberté proprement révolutionnaire.

Bien qu'habité par le poids de l'histoire et la conscience des déterminismes économiques, culturels et sociaux, le récit autobiographique de Leslie Kaplan ne cesse de clamer sa confiance dans la liberté, sa puissance d'effraction du réel. Les fantômes sont congédiés. Les chaînes rompues. Les hantises abandonnées à des personnages « secondaires"[2]. Leslie Kaplan a choisi pour *Mon Amérique...* une forme autobiographique qui favorise un éloge de l'émancipation. L'appropriation de l'histoire – qui implique une part salvatrice d'oubli –, l'engagement dans le présent et la pratique de la création artistique sont les trois courbes qui se rencontrent en la personne unique de l'écrivaine-narratrice-personnage. Dans leurs entrelacs, elles confèrent au texte son *tempo* singulier. De la liberté, n'était-il pas dit, page 61 : « La liberté, c'est fluide et léger et vivant comme la

1 Susan Sontag, *Devant la douleur des autres*, 2002, traduction française Christian Bourgois, 2003.

2 La mère dépressive, hantée par un mal-être inexpugnable ; mais aussi, à la fin du récit, l'alter ego que constitue Louise : abandonnée, comme Nadja, sur le seuil de la folie, rongée par dépit amoureux, envahie par une haine xénophobe proprement délirante. Névrose et psychose : double figure grimaçante que le récit se voue à conjurer.

souplesse du récit » ? C'est à propos d'*À bout de souffle* qu'apparaissait cette définition poétique à l'admirable rythme enlevé. Nul doute que nous puissions y percevoir l'idéal – conjointement esthétique, moral, philosophique et politique – de Leslie Kaplan.

Dominique CARLAT

CLAIR DE CIEL, CIEL DE TERRE

Récit et théâtre

Les livres de Leslie Kaplan déprogramment la littérature, et plus spécifiquement le roman et le théâtre. Par la fiction d'un ciel ouvert perçu par un être sans paupières, le clair de ciel qui grandit au-dessus et en nous, constamment désenchaîne le sens et le système causal exclusivement linéaire, platement chronologique, traditionnellement psychologique. Littérature : un art qui n'est plus tout à fait une technique, une *pratique* de la voix plutôt grâce à laquelle la vie se fait parole, le monde se déploie et se pense. Comme les enfants, progressivement, apprivoisent les mots sans jamais se les approprier définitivement, la narratrice et certains de ses personnages approchent les corps et les matières, prélevant des indices, des traces, des vibrations et des détails qui rendent caduques le déterminisme et la nécessité, l'associationnisme et l'explication psychologique. Beaucoup de règles préétablies par un art d'écrire et un mode de réflexion ont librement été oubliées, dans un mouvement d'abord grave, puis un jeu sérieux de plus en plus délesté. L'écrivain vise un mystère tranchant, qui, au fil des années et des publications, va gagner en clarté : l'expérimentation et l'évidence d'une voix qui rendrait visible la pensée-pesée des corps, la pesée-pensée des corps parlants, la pensée traversant l'ombrée matière humaine. Silhouettes de papier, ombres typées qui, par le souffle d'une voix engagée, deviennent au fil des écrits des êtres de et pour la parole.

Agir et créer librement c'est expérimenter le mystère de l'incarnation de la voix par une langue investie. Au départ, une voix *dans* le décor (usine, ville, corps ou institution), confondue par la matière : enfouie, empêtrée, piégée. Un timbre encombré, astreint au silence et à l'attente, domestiqué, surveillé, atteint par un mal qui ne dit pas son nom (violence de la cité, violence de l'usine, violence amoureuse). Un outrage qui se signale par l'excès. Excès des règles, des murs, des interdits, de la boisson, de la solitude : « l'excès-l'usine », certes, mais également l'excès urbain, la force excessive, le geste excédé. C'est vrai pour l'écrivain, pour le narrateur mais surtout pour ses personnages : abstraits, mécaniques, voués à une répétition dévitalisante. Écrivain privée, à l'origine, de narrateur, Leslie Kaplan trouve progressivement, à chaque nouveau récit, un relais à la fois discret et central : une présence fait se lever les voix, les observe se croiser, se superposer, alterner sur la page. Elle invente un roman vocal – qui se poursuit en théâtre récité – dans lequel la résonance parlée soulève le corps, accompagne l'intrigue, irrigue une lumière terrestre se réfléchissant jusqu'au ciel. La voix seul réel, la voix réel intégral.

Écrire pour comprendre la pensée, cette motion émotive qui traverse et soupèse les corps. Voyage et migration des voix dans la langue de la fiction, qui se dénouent dans l'espace jusqu'à faire émerger une scène consacrée à l'écho des paroles : cour, café, chambre, rue, clairière ou pont, peu importe. Faire entendre la voix, les voix qui, telles des unités en résonance, peuplent les choses et la matière, les vivants et les morts qui les habitent. La voix sur scène ; une scène – bien plus vaste qu'un plateau théâtral – toujours précise et néanmoins constamment réinventée. De même qu'une certaine Amérique commence en Pologne, les voix commencent avec le corps, qui l'ouvrent à une langue attentive à la matière des sentiments, des idées et des choix.

UNE AFFAIRE DE DEVENIR : DE LA MATIÈRE SANS VOIX À LA VOIX MATÉRIELLE

L'Excès-l'usine (1982), *Le Livre des ciels* (1983). Les deux premiers livres de Leslie Kaplan inventent une forme de récit dépouillée, qui tient de l'énoncé littéral, de la notation, de la description épurée, de la consignation élémentaire. Dure simplicité des choses simples et folles, dirait Blanchot. Procès – au double sens du terme – du réel lorsque le travail retrouve sa noirceur étymologique. Une écriture dont l'unité est la phrase, forme minimale œuvrant à la transcription de l'essentiel. Des faits, des observations, des gestes, des sentiments abasourdis parfois, soustraits à la sensibilité et à l'émotion. Des actes taylorisés, industrialisés, répétés, imposés, qui attaquent de l'intérieur la possibilité même de refuser et de se révolter. Des livres qui auraient pu s'appeler *La Douleur* ou *Le Livre de la douleur* tant la tension est immanente à la matière : une souffrance basse et continue anesthésie la vie. Le concret s'abstrait. Cette violence menaçante et diffuse est enregistrée par la prose, qui capte les charges et les décharges affectant la chair du monde comme celle des vivants. La douleur passe des choses aux mots, des corps au verbe, du ciel à la terre : court-circuit, éclat, retour du neutre, indétermination fatale. Rien ne passe et rien ne se passe, ne se transmet, sinon la contrainte et la servilité, l'acceptation du pire. Les ciels, justement, n'ont rien d'infini, sinon leur pluriel sans fin. Ils esquissent une bande, une ligne, un contenant, un barbelé interminable qui n'offre aucune ouverture, qui casse toute perspective temporelle. Les expériences discontinues sont induites par les espaces et les lieux du travail, par la rencontre avec l'Autre qui ne parvient pas à trouver la parole dans un corps toujours fermé et replié ; par l'absence enfin de toute perspective, sinon celle d'une effraction mortifère. *Sur*vivre ou *sous*vivre dans l'excès du travail, se confondre dans le décor. Vivre sous des ciels invariables qui font office de mur. Le livre semble alors la seule matière de la voix, interdite de séjour dans le Réel.

La narration, ainsi, colle à ce qu'elle observe. Elle touche (à) la douleur sans employer pour autant des mots qui la désignent explicitement. Le témoignage phrasé recueille plus qu'il n'accueille. Le malaise s'inscrit dans les bâtiments, dans l'architecture, dans les paysages eux-mêmes fatigués, dans les matières, les gestes, la solitude, l'absence de dialogue. L'exposé de l'excès exclut l'échange et raconte l'absence de paroles : le non-verbal ne parvient pas encore à faire signe, il est saturé, gonflé, branché sur un ordre qui ne souffre aucune souplesse. Les issues sont bouchées. Les lèvres restent closes. Elles tremblent, mangent, se pincent, murmurent, tout en restant fermées sur l'intérieur, fermées à l'extérieur. Rien ne se chuchote que l'ordre de l'impuissance. La vie se déroule interminablement, sans ces fractures bénéfiques qu'apporte la voix. Les travaux et les jours restent opaques, l'écriture glisse sur une matière absolument rétive. La chair est triste. La succession temporelle reconduit l'homogène : aucune surprise, aucun battement, chaque état présent est radicalement séparé de son passé, l'instant présent se vit sans futur.

L'espace est plat, rien ne pénètre rien, le ciel n'atteint jamais la terre et la terre ne rejoint aucun horizon. Le temps n'est qu'une suite d'instants juxtaposés qui attaquent et rongent les êtres vivants. L'excès dévore de l'intérieur cette parole qui n'a pas encore trouvé sa respiration. Les ciels, commensurables, écrasent les êtres qui néanmoins persistent à vivre.

Cependant... *Quelque chose* se passe, dont les livres suivants vont saisir le frémissement. Le temps écoulé écrasait la liberté ; celui qui s'écoule la traverse. Ce *quelque chose* est une prise de conscience collective, un moment qui fait événement, une rencontre qui ménage au singulier la voie du collectif : un réveil par le dialogue, une rupture grâce à la circulation des flux. Appels d'air, appels de sens. Le ciel déchire la terre et cette dernière reflète les nuances et la transparence d'horizons probables. Lorsque le silence se brise, les corps s'ouvrent, s'émancipent, et la parole rêve à d'autres formes de vie, des états-actions qui brisent la monotonie du travail, l'enfermement, la répétition des coups – ceux que l'on donne aux objets, ceux que l'on reçoit des êtres –, matraquages divers et incessants qui conditionnent le mutisme. Des mouvements incontrôlés, des bifurcations sont possibles. Des flux et des élans révèlent et colorent la douleur de colères. Surprise, retournement, détournement. On peut aussi ne pas travailler, ne plus travailler, s'arrêter ou fuir, se cacher puis réapparaître. Occuper la scène pour mieux travailler à penser la Vie, celle qui passe de moi à autrui, et qui démultiplie ce que l'on croyait identique. C'est dans la parole que se décide ce que l'on croit, ce que l'on veut savoir, ce que l'on peut espérer. Sans parole on ne peut dire ce que l'on pense ni même si l'on pense ; avec la parole quelque chose prend forme et se *panse*, dans la visée qui le destine à l'autre. Des petites cosmogonies portatives parfois, des mondes à partager, à nourrir, des artefacts de sons et de sens qui prolongent la vie dans la Vie. Chacun, chaque groupe est invité à inventer des représentations qui n'ont pas encore eu lieu, des configurations qui n'ont pas jusqu'ici obtenu d'espace-temps. Une petite parcelle de ciel, un morceau de terre suffisent pour bâtir des lieux dans le lieu, des temporalités dans le temps, des durées dans l'instant.

Le devenir déplie des capacités d'inventions et flèche des situations. L'Être s'est réveillé devenir : il se révèle instrument d'action, de parcours, de voyages. *Quelque chose* circule et le ciel s'anime : droit à l'innovation, possibles engagements, jeux de parole, pratiques plurielles.

Cette circulation modèle d'ailleurs autrement l'écriture de ces récits dès lors plus ardents. Les blocs de prose s'allègent, les chapitres se multiplient, le blanc se dégrise et capte la lumière du possible. Les livres gagnent en rapidité, en mouvement, en vitesse. Le tempo vit au rythme des paroles désenfouies qui bricolent, testent, interrogent, certes, mais avec l'intuition joyeuse qu'aucune réponse verbale jamais ne tiendra pour le tout de l'expérience. C'est en tout cas de cette manière que j'interprète toutes ces questions qui ne connaissent plus le point d'interrogation au cours de dialogues qui tendent à prendre de plus en plus de place dans ces romans – *Le Criminel*, *Le Pont de Brooklyn*, *L'Épreuve du passeur*, *Le Silence du diable*, *Les Mines de sel* par exemple. La question est la seule affirmation qui soit, comme si son mouvement ininterrompu préservait les corps, les protégeait d'une violence physique contre laquelle on peut aussi lutter par la relance infiniment vivante des interrogations.

PASSAGES DE VIES, CAPACITÉS DE PAROLE

Déjà près d'une vingtaine de livres pour Leslie Kaplan, est-ce à dire près d'une vingtaine de vies qui s'affirment de plus en plus comme des lignes vocales ?

En fait des vies par dizaines, des fragments de destinées, des traversées d'une heure ou d'un jour par un visage, un accent, un caractère : des silhouettes, des ombres, des personnages dont aucun ne fait de la figuration. Personne ne constitue un type ou un modèle, un héros ou un anti-héros. Et ce sont les prénoms qui se donnent la main, offrant une diversité sonore et voyageuse au lecteur : Pierre, Damien, Anna, Zoé, Sacha, Marcel, Yves, Élie, Claudine, Stéphane, Paulo, Marie-Claude, Francis, Louise, Marie, Simon, Éva, Jérémie, Édouard, Marc, Aurélie, Sylvain, Samia, Dominique, Saïd, Vincent, Guy, Josée, Anna, Julien, Nathalie, Chico, Mary, Jackie, Lou, Max, Pierrot et tant d'autres… Valse des métempsychoses : les âmes voyagent dans les corps, leurs lumières irradiant des silhouettes plus ou moins jeunes, plus ou moins souples. Dans les récits, les romans, les dialogues et les pièces de théâtre de Leslie Kaplan, chaque corps, chaque voix est toujours porteur d'une intensité singulière qui exprime une vie dans la Vie[1], un choix parmi le possible, un engagement au sein du multiple, une nuance par laquelle s'affirme un principe vital enthousiaste et créatif. Il n'y a pas de moi superficiel dans cet univers fictionnel, et celui de la narratrice ou du narrateur n'est d'ailleurs en rien plus profond que ceux qui l'entourent. Chaque vie donc, comme un « millefeuille[2] » riche et léger dont les miettes ont une saveur affirmée : un gâteau, un livre, un recueil de sensations, de souvenirs, de dispositions, de désirs. Un moi qui se goûte et qui se déchiffre, un palimpseste avec ses pleins et ses vides, ses zones sombres et ses ciels, ses petits pans de murs noirs et jaunes, ses éclaircies et ses orages. Une structure que l'écriture effeuille, une identité que l'écriture effleure sans jamais la fouiller ni la violenter, et encore moins l'astreindre : l'esquisse n'impose aucune forme au possible, le tracé sera le terrain de l'invention d'une liberté expressive.

À cet égard, l'excipit du *Silence du diable* paraît emblématique. Jackie, acteur de théâtre amoureux de Lou, va-t-il « être avalé » par l'acte qu'il semble sur le point d'accomplir ? Lapidera-t-il celle qu'il aime, et qu'il a néanmoins battue suite à une colère imprévisible contre son partenaire sur scène ?

> Jackie la frappe. Il la frappe brutalement, il lui tire les cheveux, il la roue de coups. Il est livide, il a les dents serrées, il marmonne des insultes.
>
> Lou se dégage, s'enfuit. En deux sauts Jackie la rejoint. Il la prend par le col, il la traîne, il la secoue. Il la jette par terre, il se penche sur elle, il répète sans arrêt, Je te hais, je te hais, il pleure presque, il l'injurie, il répète Je te hais[3].

Lou fuit Jackie et se réfugie dans une maison abandonnée, une maison dont les amants ont partagé le rêve. Jackie retrouve Lou, l'observe, et projette de la tuer si elle s'endort.

> Quand Lou s'étend, Jackie s'assoit, la tête entre les mains.
>
> Après un temps il relève la tête, il voit Lou endormie, le souffle régulier.
>
> Il se glisse dans le jardin, il s'approche un peu, doucement, il regarde Lou de loin. Ensuite il ramasse une pierre[4].

---

1 Zoé, prénom souvent choisi pour ses personnages féminins par Leslie Kaplan, signifie justement « vie ».

2 Il n'est pas étonnant que ce terme goûteux soit aussi le nom d'un personnage dont l'humanité est particulièrement savoureuse : un Jean-Pierre Millefeuille donne son nom au roman de Leslie Kaplan paru en 2012 aux éditions P. O. L.

3 *Le Silence du diable*, Paris, 1989, p. 89.

4 *Ibid.*

Ces derniers mots bordent une limite, un excès qui ne sera pas franchi par le livre. Qui frappera la pierre ? Que détruira-t-elle ? La maison vétuste, la femme abandonnée ? Jackie se mutilera-t-il ? Renoncera-t-il à la violence ? Il a pensé tuer Lou. Le roman choisit de suspendre cette préméditation, de l'étirer, de la livrer au blanc qui constitue la suite, imaginaire, du livre. Ce silence-là n'est peut-être plus le silence du diable, celui qui accompagnait le geste d'un enfant mimant un tir à la carabine.

Ces « moi » se cherchent donc comme sujets, et, le plus souvent, trouvent leur respiration et leur mobilité grâce à une rencontre, un croisement de destinées : un bref dialogue dans un parc, un café, une cour, une chambre, un cabinet de psychanalyste, une arrière-boutique. Un regard, un sourire, une question, un silence suffisent pour rappeler à chaque destin combien il est irréductible. Libre au sens où le processus dans lequel il s'insère repose avant tout sur sa propre énergie motrice et sur sa capacité de faire lien avec le monde, d'éclairer le ciel par la terre et d'illuminer la terre par des échappées célestes.

Parmi toutes ces traces de vies, l'une d'elles, bienveillante et attentive, coud certains romans les uns aux autres. Miss Nobody Knows, figure insaisissable qui traverse quelques récits, en aimante la narration, surprenant le lecteur heureux de retrouver ainsi d'un livre à l'autre une personnalité à la fois étrange et familière. Une jeune femme bizarre et attachante, libre d'aller et de venir, sans toit ni loi, un être voué aux questions et au devenir, qui observe et interroge avec une bienveillante innocence les habitudes et les frilosités des uns et des autres. Une conscience faite corps, un corps tout en conscience, au sens phénoménologique du terme. Dans l'exercice de la lecture, nous devenons tous des Miss Nobody knows. Non pas une « mademoiselle je sais-tout » : plutôt une jeune femme qui porte en elle et propose au monde une série de questions cherchant à délivrer le versant obscur de chaque donnée d'expérience. Personnage porte-question[1], mademoiselle sait qu'elle ne sait pas, et leur fait, nous le fait savoir. « Elle vivait toutes les questions de manière concrète, comme des paradoxes personnels, des déchirements, et ces inquiétudes, ces dilemmes entraient en résonance avec l'époque, donnaient à sa vie une sorte de prolongement[2] ». La Miss représente la

---

1 Leslie Kaplan parle ainsi du personnage dans un article paru sur remue.net intitulé « Le détail, le saut, le lien ».

2 *Le Psychanalyste*, Paris, P. O. L, 1999, p. 292.

chance douloureuse de questions qui, bien que sans réponses, délient le monde de ses évidences. La jeune femme nous fait entrer dans le dialogue de la pensée et de la poésie, comme une autre possibilité du dire.

SE RENDRE DISPONIBLE AU HASARD ET À LA FOLIE DANS LA LANGUE : L'ÉQUILIBRE DU DÉSÉQUILIBRE

Évolution, donc, du processus narratif depuis les premiers livres, dont le schéma répondait à une forme de nécessité immanente. La Loi répressive (politique, idéologique, sexuelle, narrative, descriptive) cadenassait le récit, emmurait les personnages dans un décor dont une ouverture cependant fléchait le ciel, heureusement mobile, traversé de formes, piqué d'indices, débordant de créativité encore contenue. Coextensive au texte, cette Loi s'immisçait dans chaque énoncé. In(dé)terminable et seule possible, elle infiltrait la réalité et sa traduction verbale : le plein, la matière, les formes, les déplacements. Les ciels – le pluriel constitue déjà une promesse – apparaissaient comme le seul élément mouvant du décor qui puisse conduire à une autre dimension : une esthétique de la modulation et de la nuance. Cette Loi inflexible coproduit à l'origine une œuvre extrêmement maîtrisée, retenue, contrainte, qui fait de la nécessité le principe premier et fondamental. Ce dont on ne revient pas. Elle produit une violence interne et silencieuse. On ne peut lui échapper. Aucune voix ne s'en délivre et n'en délivre. Les vivants et les morts s'abandonnent à sa neutralité malveillante.

Après *l'Excès-l'usine* et *Le Livre des ciels*, cette force muette et oppressive est progressivement déchirée, rompue, atteinte par une autre voix dans le texte. Cette dernière se désaliène peu à peu de cette instance de régulation qui aplatit et égalise toutes les humeurs, toutes les émotions. L'équilibre forcé n'est plus celui de la Loi, de la règle, de la norme, d'une tension si tranquille qu'elle en devient invivable. Un événement majeur, extérieur au texte, rend possible ce basculement, cette sortie de l'ordre : c'est bien entendu mai 68[1], et l'expérience de la grève, qui, faisant accéder les uns

1 Voici ce qu'en dit Leslie Kaplan dans *Les Outils*, Paris, P. O. L, 2003, p. 85 : « Contestation non pas à partir d'un savoir scientifique, d'un discours qui définissait des causes générales, exactes

et les autres à la parole, la déconfisque, la distribue, la perd, la dépense, et tue la peur, puisque les murs, plutôt que détenir (retenir contenir maintenir), se mettent à parler. *Quelque chose* se passe dans le monde social et politique, qui bouscule en retour la fiction et le récit. L'infini de l'usine tombe en mille morceaux. On s'arrête, on observe, on écoute, on attend, on explore, et alors tout se met à circuler : les expériences, les idées, les témoignages, les essais et les tentatives, les audaces et les inventions. Le travail c'était le ressassement et l'inertie. Lui succèdent la durée et le mouvant, une pensée qui invente des histoires et qui fait l'Histoire « depuis maintenant ». Le présent entrouvre l'avenir tout en retraversant le passé.

On observe alors une révolution de la vérité ; une révolution dans la vérité. Il y avait du plat, des paroles mortes ; il y aura des intensités. Il y avait du neutre ; il y aura des devenir sexués. On collait aux choses, on était chose ? On s'en décollera par les mots, on les prolongera par une parole. La fréquence était sourde, basse et continue ; désormais ça vibre avec des hauts et des bas, il y a de la différence en cours, de la différenciation en jeu. On n'en a pas fini de comprendre que les déséquilibres font aussi la loi, qu'ils préparent et accompagnent la vie. Ces derniers peuvent d'ailleurs aller jusqu'à renverser la loi dans ce qu'elle a de plus structurant, notamment lorsqu'elle permet de configurer l'ordre des générations.

Cette disponibilité à la marginalité, ce flottement par rapport au légal s'observe notamment dans *Le Pont de Brooklyn*, quatrième roman de Leslie Kaplan publié en 1987. Cinq personnages – deux couples, une petite fille – se déplacent, se rencontrent, se sondent à New York, ville énergique et vivante entre toutes : le fleuve, les parcs, l'océan, la clarté du jour et surtout ce pont entre deux rives, comme une ligne continue par laquelle on ne se sépare jamais de son passé. On est ici dans un conte d'autant plus cruel qu'il est réaliste. Julien, la trentaine, est amoureux de la fille de son amie Mary. D'autres enfants sont dévorés – Benjamin, battu par des parents incestueux (il « ne dit jamais rien, caresse sa tortue »), Danny, dont la « bonté passive » suscite chez Julien un amour fou, « un amour comme on peut en avoir pour les choses sans

---

ou non, mais la tentative de trouver une action collective à partir de l'intime-universel ». Rappelons que les deux premiers livres paraissent en 1982 et 1983 et parlent d'un monde d'avant 68.

lien, sans rapport, éparpillées et innocentes et qui tiennent ensemble sous le même ciel, malgré tout, feuilles qui tombent, bouts de ficelle, éclats de lumière et miettes de pain, et les brins d'herbe entre les pavés, ces petites forêts ininterrompues[1] », et cette petite fille violée par son père dont Chico raconte l'histoire à Anna.

> Au début, répète Chico, au début elle venait me raconter. Elle ne se plaignait pas, non. Mais, comment te dire, elle ne savait pas quoi faire de ce qu'il lui disait. Elle ne savait pas quoi penser. Elle venait, elle me racontait, je la revois exactement, elle essayait de prendre la voix, elle disait les mots, toujours les mêmes, Tu es ma fille, tu es mon sang… Il disparaissait, mendiait un peu, volait un peu et chaque fois qu'il la voyait, lui disait ça. Et rien d'autre.
> Elle n'est plus venue.
> Peu à peu elle n'a plus parlé[2].

Julien lui-même, a peut-être été, adolescent, abusé. Le roman ne le dit pas, mais montre comment il est fasciné par un quartier, Brooklyn, décor d'une enfance sans doute vouée à la violence. Entre Julien et Nathalie, une relation trouble s'installe, mais le dérèglement fou n'est jamais perçu frontalement : pas d'acte ou de geste déplacés entre l'homme et l'enfant. Des paroles qui s'accrochent à la limite, qui la retournent, qui la pervertissent. Parce qu'il a accès à la langue, parce que Julien ne va pas jusqu'à toucher le corps de l'enfant, un équilibre dangereux sauve la petite fille d'un loup qui ne dit pas son nom. Une des scènes les plus impressionnantes du récit montre Julien prenant un plaisir inquiet et inquiétant à casser les représentations symboliques et les repères linguistiques de l'enfant. Ainsi, au chapitre 9, Julien injurie Nathalie. Son vocabulaire devient grossier et déstabilise, une première fois, l'enfant :

> – À quoi on joue, demande Nathalie.
> – Je ne sais pas, dit Julien.
> – Tu sais jamais, remarque Nathalie.
> – Tu veux jouer aux cartes, dit Julien.
> – Oh oui, dit Nathalie en frappant les mains.
> – Tu es chiante, du Julien.
> Il a une voix parfaitement calme, posée. Nathalie qui était en train de chercher les cartes dans un tiroir se retourne.

---

1 *Le Pont de Brooklyn*, Paris, P.O.L, 1987, p. 190.
2 *Ibid.*, p. 181.

– Pourquoi tu dis ça, demande Nathalie.
– Tu veux toujours quelque chose, dit Julien.
– Mais c'est toi qui as dit de jouer aux cartes, dit Nathalie.
– Tu veux toujours quelque chose et tu es chiante[1].

Quelques instants plus tard, Julien met à nouveau à l'épreuve l'enfant en substituant arbitrairement un nouveau signifié aux mots et aux représentations. Désormais, dans son monde linguistique, le mot *porte* désignera l'objet *fenêtre*, de même que le dessin de Nathalie représentant une *maison* traduira le mot *bateau*. Nathalie, victime et résistante, déclare alors :

– Tu fais exprès.
C'est une maison, dit Nathalie. Elle déchire son dessin.
Julien la regarde en silence. Le silence dure, Julien le sent durer.
Le silence du dehors et la masse lourde, et silencieuse aussi, qui gonflait à l'intérieur du corps de Julien se rejoignent.
Il n'y a plus de Julien.
– Tu es stupide, dit Julien. Tu ne vois pas que c'est pour jouer ? C'est un jeu, dit Julien.
Nathalie, grise. Une petite vieille[2].

Le dévoiement linguistique a fait tomber l'enfant dans un âge excédé et excessif. Le jeune homme a certes manipulé la langue de l'enfance ; cependant il n'a pas touché le corps de l'enfant.

Julien, adulte dont l'enfance a sans doute été privée d'enfance, voudrait coïncider avec la petite fille. À la fin du roman, il va essayer de retrouver cet autre qu'il a été *infans*, c'est-à-dire sans parole ; et c'est justement à Nathalie, petite fille élue, qu'il dévoile son projet. Voyager dans l'espace pour se rendre disponible à sa propre enfance, concevoir un équilibre à venir malgré le déséquilibre originel.

1 *Ibid.*, p. 205.
2 *Ibid.*, p. 208.

SAUTER EN DEHORS DE LA RANGÉE DES ASSASSINS, DÉTACHER L'EMPRISE DE LA MORT SUR LA VIE

Un constat : la société assassine, le travail aliène, la ville assiège, la fonction écrase, les pulsions sexuelles violentent, les parents asphyxient. Pas ou peu d'air. Le ciel connaît rarement la transparence : lui aussi est plein de matières, tourmenté, agité, en colère. Les formes et les matières s'imposent. Ainsi les personnages sont souvent collés à un territoire auquel ils ne peuvent échapper. Ils sont dans l'impossibilité de se détacher d'un décor, d'un ordre social, d'un destin. Seuls quelques-uns ont la possibilité de chercher leur phrase, leur ton, leur voix. Mais cette ligne se brise fréquemment contre une grille. Le sujet est parlé par la ville, par le métier, par la voix de ses maîtres. Il est ventriloqué plutôt qu'il ne parle. Agi. Aimé, contraint. Occupé, il s'occupe pourtant, est voué à l'occupation. Alors tout passage, toute traversée lui sont interdits. Il est condamné à rester ce qu'il est, à vérifier que l'essence précède l'existence. Personne ne l'a encore assez écouté, aucun narrateur ne l'a suffisamment décrit pour qu'il devienne audible, visible, vivant. Il vit en deçà de l'existence. Il est programmé pour assassiner la vie qui le parcourt sans jamais l'emporter, figé en un être-là voué à l'indistinction. L'histoire s'est arrêtée. Elle est à chaque instant la même. Coupée de toute durée, amputée de son passé, interdite d'avenir. Le silence s'est imposé. Aucune voix ne filtre de ce monde assassiné. Or ce monde meurtrier produit des assassins qui n'en restent pas toujours à l'abstraction des mots. « Il n'y a rien de plus abstrait qu'un meurtre. Celui qui tue est abstrait[1]. »

Beaucoup des romans de Leslie Kaplan gravitent autour de ce schéma : une femme, un homme que menace ou tente la violence, une ville, un fleuve, un fait-divers, un bar ou un bistrot, un parc ou un square, des paroles de chanson dont la musique s'est perdue, la scène d'un film (Cassavetes, Chaplin, De Sica, Lang, Buñuel, Hitchcock, Truffaut, Godard) et ce ciel qui n'en finit pas de refléter et de réfléchir les tourments humains. Ciel de toutes les contradictions, toile mobile aussi mouvante que la pensée et le rêve, les pulsions et les délires.

---

1 *Le Silence du diable*, *op. cit.*, p. 49.

Le troisième livre de Leslie Kaplan, paru en 1985, s'appelle justement *Le Criminel.* Deux personnages féminins, Louise et Jenny, s'occupent de patients psychotiques dans un château-hôpital. On suit les deux jeunes femmes quelques semaines dans leur quotidien, qui consiste à accompagner, soigner, écouter, partager certains des éclats de vie de malades qui n'ont pas eu accès à la parole, et qui tentent de renouer avec cette aventure consistant non pas à communiquer, à discuter, à dire, mais bien à parler. S'ajuster à la langue, ajuster la langue à son désir, accorder son désir au possible, ne caresser l'impossible que dans le monde des signes. *Le Criminel* désigne sans doute l'un des patients, Christian Abrame (on pense à l'Abram de la Genèse qui deviendra l'Abraham comblé de bénédictions parce qu'il n'a pas refusé à Dieu son fils Isaac), qui a commis un parricide. Mais la parole n'est pas seulement du verbe. Elle constitue aussi un acte social et affectif qui permet au sujet de se reconstruire dans la patience, ou l'impatience, des mots. Christian, justement, prononce les premiers temps des sons qui ne font pas encore parole : son débit, haché, découpe les signes sans parvenir à les inscrire dans un flux qui fasse sens. Il débite son monologue, s'exprime en décollant chaque syllabe du mot qu'elle pourrait constituer, comme s'il ne pouvait que détruire cet outil qui va pourtant l'aider à se reconsidérer dans le seul miroir qui soit : autrui. Il semble qu'on soit toujours un ciel pour l'autre. « Il discute beaucoup sur l'univers, sur les mondes extérieurs. Calculs, poussières de pensée. Constellations. Comment l'écouter ? On l'écoute très attentivement, on écoute tout, tous les mots. On est distraite, pourtant. On ne peut pas s'en empêcher[1]. » Le verbe ne peut dire alors que l'extérieur, il parle depuis le dehors du corps de celui qui l'émet. Il met en place des systèmes, se confronte à l'infini : ce toujours plus loin, ce toujours plus grand dans lequel on ne peut que se perdre. Ce personnage d'ailleurs porte et transporte son malheur avec lui : son gros ventre dit son crime, pour lequel il n'a pas encore de mots. Et moins il parle, plus il enfle : « Christian Abrame est là avec une fille. Le ventre en avant, il occupe une porte. Il ne parle pas. Il a l'air d'avoir grossi, c'est le silence, sûrement[2]. » La chair, endeuillée, murmure silencieusement : elle est un socle, une structure, une construction rigide qui ne connaît ni la souplesse ni le détour. Elle fait corps avec le décor, arrachant tout sur son passage,

1 *Le Criminel*, Paris, P. O. L, p. 17.
2 *Ibid.*, p. 36.

accaparant jusqu'à l'infini, supporté ici par le ciel : « Il marche largement, les jambes bien séparées. Piliers. Le ciel, il l'entraîne, les nuages, toute la toile[1]. » Quelque temps plus tard, ce même personnage « raconte des histoires très subtiles[2] ». L'adverbe « très » marque une forme d'étrangeté persistante. Et cependant, cette fois, on peut écouter Christian et entendre ce qu'il dit. Son corps ne fait plus barrage. Il ne s'interpose plus entre le dire et le dit. Quand il parvient enfin à s'adresser à son interlocuteur, il est envahi par un verbe qui semble revenir de très loin, charriant tout un questionnement qui ne trouvera pas de réponse immédiate ou directe mais qui sera, au moins, formulé avant d'être de nouveau saccagé : « Il parle, il parle. Jenny la connaît bien, son application à marcher sur les mots et le sol en même temps. Elle l'apprécie, elle peut s'y reconnaître. Mais quel travail pénible. Des questions nécessaires, sans arrêt. Éclatement[3]. » Nouvelle étape : le personnage travaille à la bibliothèque municipale, comme s'il avait compris que les livres eux aussi avaient une parole. Dans la dernière scène du récit, lors de la fête qui réunit patients et soignants, jardinier, famille et amis, Christian rencontre à nouveau l'abîme : « D'un coup, Christian Abrame. Il ne danse plus. Il se balance tout seul, les yeux fermés, le nez pincé. Disparu, retourné comme un gant[4]. » Cette fois il ne s'y perd pas, et il en est sauvé par la musique et la danse, par le corps de Jenny – il semble qu'on soit toujours une terre pour l'autre – qui, par ses pleurs, emporte un peu de la souffrance de Christian. Désormais il marche avec élégance et selon un tempo maîtrisé. Les dernières lignes du livre lui appartiennent : « Christian Abrame est en train de marcher dans une allée, très droit, très beau[5]. » Jenny et Louise ont contribué à réunifier un corps à sa parole. L'assassin, peut-être, est en mesure de prendre conscience de son crime, de demander pardon, de se racheter, afin de laisser parler en lui la vie plutôt que sa négation.

L'Épreuve du passeur, paru en 1988, revient sur cette figure maudite. L'assassin est toujours le plus coupable parce qu'il est celui qui passe à l'acte. Mais suffit-il d'être désigné par ce mot pour l'être ? Le mot fait-il le crime ? Et comment devient-on assassin ? Par rage, jalousie, impuissance, révolte, nécessité, fiction ? Le titre du roman est expliqué

1 *Ibid.*, p. 43.
2 *Ibid.*, p. 57.
3 *Ibid.*, p. 66.
4 *Ibid.*, p. 84.
5 *Ibid.*, p. 85.

par une scène finale au cours de laquelle deux compagnons mettent à l'épreuve leur amitié en interrogeant la puissance aveugle des mots : Serge propose à son ami et rival amoureux Jean un test, un jeu au cours duquel chacun va se révéler à l'autre. Une situation, l'exposé d'un assassinat, et la question de la culpabilité, qui recouvre en fait celle de la responsabilité. Un fleuve, de chaque côté du cours d'eau des maisons. Dans l'une, la femme et son époux. Dans l'autre, l'amant. Chaque jour, pendant que son mari travaille, la femme retrouve son amant. « Mais, Serge fait une pause, théâtral, la femme doit absolument rentrer avant une certaine heure. Parce qu'après cette heure-là, un assassin vient se mettre sur le pont, et il tue tout ce qu'il traverse ». Un passeur existe qui, avec sa petite barque, pourrait sauver la femme. Mais il exige de l'argent qu'elle n'a pas. Ni les voisins ni l'amant ne veulent lui en prêter. Elle emprunte le pont malgré la présence de l'assassin et est effectivement tuée. « Qui est le plus coupable ? » La proposition de Jean – c'est le passeur – met Serge hors de lui. « Tu n'es même pas foutu de voir ça. / L'assassin assassine et toi, tu ne vois rien. Tu ne vois pas ce qui se passe, tu ne vois pas qui fait quoi, tu ne vois rien, rien de rien. / On te dit que c'est un assassin, alors ça va de soi qu'il assassine, le mot t'aveugle, toujours les mots t'aveuglent, tu ne vois rien, Serge répète sans arrêt. » À la fin de l'échange, c'est étrangement Serge qui se présente, et cette fois on n'est plus dans le jeu, comme l'assassin : « – C'est moi l'assassin, maintenant. / L'assassin, c'est moi. / Et toi, passeur de merde, il jette une autre bouteille par terre, tu ne m'as pas arrêté, tu ne m'arrêteras pas[1]. » L'assassin, dans l'histoire racontée par le personnage, est celui qui est défini comme tel préalablement. Il est une fonction, et colle si bien à son rôle que les auditeurs ne voient ni n'entendent le meurtre qu'il commet. Pourtant le véritable assassin, dans le roman de Leslie Kaplan, est l'ami blessé, Serge, qui reproche à Jean, le « passeur », d'avoir failli à sa mission. Celui-ci ne tuera personne : il volera, déchirera, détruira et s'emparera des affaires de son ami. Il couchera avec celle que Jean aime. Il assassine non pas un être, mais vérifie par ces actes destructeurs qu'il est, depuis toujours, mort à lui-même et interdit à l'amour. Les mots ont un pouvoir « parfois bon, parfois destructeur » dit la quatrième de couverture du roman. L'assassin détruit les individus ; certains individus détruisent les mots ; des mots peuvent *aussi* détruire les individus.

1 *L'Épreuve du passeur*, Paris, P. O. L, p. 169-170.

Criminel, assassin : le premier n'a pas prémédité son crime, le second est considéré par la loi comme d'autant plus coupable que son meurtre est inscrit en deçà du présent. Christian s'est découvert criminel. Serge se sait et se connaît assassin. Les deux personnages, en tout cas, interrogent leurs actes à la lumière de ce que les mots nous disent, nous cachent, eux qui peuvent libérer, eux qui savent mentir. *Pharmakon*, commentait Platon : remède, poison. Pour le dire autrement : la vie porte la mort. Elle y conduit, la supporte, la reporte. Les hommes, quelquefois, se plient aux mots, leur obéissent. Certains arrivent néanmoins à contrecarrer les mots et à leur faire tenir d'autres promesses.

LA PUDEUR ET L'IMPUDEUR : LE CORPS À CORPS DES VOIX

La beauté et la nécessité des livres de Leslie Kaplan tiennent au fait que ces derniers ont dépassé la volonté et le devoir de faire de l'art, d'être de l'art, en mettant en œuvre une disponibilité au hasard et à la rencontre. L'écriture ne vérifie rien et n'est lestée d'aucun savoir. Elle n'enquête pas. Ne vise pas plus à dénoncer ou à critiquer. Elle ne donne aucune leçon morale, esthétique ou politique, pas plus qu'elle ne tient de discours. Elle observe, entend, recueille, raconte la naissance, ou renaissance, de la parole. Heureusement, Duras et Blanchot, Kafka, Beckett et quelques autres ont montré qu'un suspens était surtout possible par les mots, dans la fiction, grâce à l'écho d'une parole qui ne retombe plus sur elle-même. Voix intime, qui décentre, tout en le mettant au monde, ce silence qui nous constitue et nous provoque. Il y a changement sans chose qui change, comme le suggère Bergson : les textes de Leslie Kaplan sont à la fois les outils[1] et les manifestations de ces transformations silencieuses.

Texte non saturé, donc : la fiction vise à agrandir le champ des pensées, à poursuivre le négatif jusqu'au moment où il deviendra, peut-être, condition du positif, ce qui constitue une démarche, un cheminement tout autres. Et ces pensées – succédanés de chagrins et de joies,

1 Rappelons l'existence de l'essai publié en 2003 qui s'appelle si justement *Les Outils*.

d'actes ou de choix irrémédiables, parmi lesquels les plus graves, les plus inacceptables – sont celles des vivants, émotions vives et délurées, audacieuses, qui reconnaissent, acceptent, et modulent la différence, les différences. Des pensées dans la Vie, des conflits toujours plus incarnés par des voix qui figurent des formes et des silhouettes existant dans un présent d'écriture. Ce dernier s'impose au lecteur comme la présence portée par le sensible : quelque chose comme ce grain de la voix que célébrait Barthes. Douceur. Rugosité.

Écrire non pour dire, dévoiler, révéler, annoncer, mais plutôt pour savoir ce que l'autre de moi, le personnage donc, le lecteur, celui à qui on s'adresse, mais aussi le paysage, le bâtiment, la ville, le château, l'hôpital psychiatrique ont à dire depuis leur silence mouvementé.

Depuis quelques années, Leslie Kaplan écrit aussi pour le théâtre, dont elle dit qu'il fait exister les mots autrement. Cette trilogie, *Toute ma vie j'ai été une femme* (2008), *Louise, elle est folle* (2011), et enfin *Déplace le ciel* (2013), pense en jouant, joue la pensée, en mettant à distance la malédiction comme le destin : la féminité, la folie et l'infini sont vus autrement, à partir d'une scène qui projette circonstanciellement la voix – voix matérielle, voix-matière, matière-émotion –, et renouvelle ainsi la dimension du personnage dans un décor qui figure cet appel conjoint du ciel et de la terre. Désormais, il suffit d'une voix pour faire un corps et une ombre interne, une vie suggérée, un questionnement, une intrigue. Dorénavant, il suffit d'une incise pour conduire une proposition : proposition d'adresse, relance du jeu. Le seul signe de ponctuation subsistant de l'arsenal rhétorique est le point d'interrogation. Toutes les autres suspensions s'effectuent grâce au rythme. Ainsi la voix est-elle la nouvelle mesure de la syntaxe, du ton, de la restriction ou de l'ampleur du sens. Flexions du désir et du sens, œuvre inapparente de la voix sur la vie, de la voix-de-la vie – comme il y avait, chez Hegel, une vie de l'esprit. L'instance narrative est dessaisie du pouvoir de dire « je », « il », ou « elle » : cette dernière laisse l'initiative à des échappées qui rappellent que la folie n'est pas uniquement chez Louise (« n'est pas fou qui veut » rappelle Lacan cité par Leslie Kaplan), que la féminité n'est pas la propriété exclusive de la femme, et que le ciel n'est pas seulement ce décor épuisable et naturaliste qui interdit tout hasard. La déraison nécessaire est aussi dans toutes les questions que la parole se pose à elle-même et à l'autre : timbre renversant qui nous fait toucher la sensibilité du sens, qui permet que l'autre soit à sa place essentielle d'autre.

Non pas séduire, ni déduire, ni induire : le mot, qui peut le tout comme le rien, plus simplement, plus audacieusement, *conduit* « je » à l'autre, et accomplit alors *quelque chose* qui pourrait bien être l'adresse, cette création plus juste que vraie pour laquelle le ciel dessine l'horizon terrestre, tandis que la terre se déploie ciel et nuages. Miss Nobody Knows l'a noté pour elle, pour nous. Elle ne l'a pas raturé mais souligné : « Pourquoi marcher vite est agréable. / Les nuages bleus. / Les nuages qui cherchent[1]. » Sérieusement, ils jouent à être et ne pas être.

Anne MALAPRADE

1 Leslie Kaplan, *Miss Nobody knows*, *op. cit.*, p. 22. C'est l'auteur qui souligne.

ÉCRITURE ET INCONSCIENT

Le travail de Leslie Kaplan

J'essayerai de partager ici ce que j'éprouve en lisant un écrivain qui fait du lieu où tout discours s'arrête le point de départ de son rapport aux mots. Vous verrez, ma démarche n'a rien à voir avec ce que certains appellent de la psychanalyse appliquée. Mon souhait est que le travail de Leslie Kaplan vous aide à réinterroger notre façon habituelle de penser la vie. Pour cela, je suivrai, dans ses livres, sa façon d'interpréter le réel.

De mon point de vue, la caractéristique la plus importante de l'écriture de Leslie Kaplan c'est qu'elle intègre la dimension de l'inconscient : absence de psychologie, absence de discours, « point de vue de l'absence », comme elle le dira elle-même dans l'entretien avec Marguerite Duras lors de la sortie de son premier livre, en 1982, *L'Excès-l'usine*[1].

À travers ses livres, nous sommes travaillés par une exigence qui nous fait violence et nous exalte, tellement insistante est l'invitation au risque d'une pensée inédite. Écriture réalisée à partir d'une rigueur éthique que Leslie Kaplan définit ainsi : « Aucun discours ne peut dire l'usine. Il faut des mots suspendus et discordants, ouverts. L'usine, on ne peut pas en finir avec elle par les mots, et les mots qui l'écrivent doivent tenir compte de cela, leur limite[2]. »

Ce parti pris d'humilité – de débilité, dirait-elle – devant le réel sera permanent. Au point qu'on peut constater que l'écriture de chacun de ses livres est déterminée par l'objet auquel elle s'attelle.

Pour *L'Excès-l'usine*, dont l'origine est une expérience où l'a menée un trajet politique, il faudra une longue période (dix ans) avant d'écrire ce « lieu de mensonge », « son irréalité », « l'irréalité absolue de ce réel ». Elle a inventé un *on* pour dire « l'impossibilité d'un Je qui soit un Je », pour dire un regard réduit à l'œil et une pensée collée aux choses, pour

1 L'interview avec Marguerite Duras a été intégrée à la deuxième édition de *L'Excès-l'usine*, puis repris dans le recueil d'essais, *Les Outils*, P. O. L, 2003.

2 *L'Excès-l'usine*, Paris, P. O. L, 1982, quatrième de couverture.

dire l'inexistence de frontières entre le dehors et le dedans, l'absence d'image ; pour dire le corps réduit au tact et fonctionnant comme une usine, pour dire le corps absent au corps, pour dire l'absence d'un point de vue sur lequel une pensée pourrait s'appuyer : « On est là, dans le cadre clair de la cantine, assise, et dans la tête il y a l'image, une jeune femme dans le cadre clair de la cantine, assise[1]. »

Une écriture pour dire ce lieu sans limites, ce lieu qui n'est pas un lieu et qui, pourtant, « respire pour vous », ce lieu sans temporalité, une écriture pour dire le temps englouti dans l'espace, l'espace infini, « l'infini en morceaux » – comme l'a souligné Maurice Blanchot[2].

Distinction importante : ce n'est pas l'usine qui devient métaphore d'autres enjeux, mais ce travail d'écriture sur l'usine qui élargit le champ des possibles de la pensée lorsque celle-ci s'éprouve à d'autres réels où se retrouvent quelques-uns des impossibles à penser de l'usine. Par exemple, le fait psychotique et le meurtre industriel des Juifs pendant la Seconde Guerre mondiale.

> Il n'y a aucune image, jamais.
>
> Dans la cour, de l'herbe au milieu de la ferraille. L'herbe pousse très bien, très verte. La ferraille est en tas.
>
> On boit, c'est normal. Les mots ouvrent l'infini. Dieu existe, l'usine. Il n'y a pas d'histoire. C'est la terreur.
>
> On ne sait rien faire.
>
> On monte une boîte de vitesses. [...]
>
> On fait des pièces à une machine de pièces en caoutchouc. On est assise. Il y a une odeur de caoutchouc. À côté de la chaise, il y a un grand bac en fer. Le fer sent. On compte toutes les pièces une par une.
>
> On est nourrie de vérité. Il n'y a que ça. [...]
>
> On parle, c'est normal.
>
> L'atelier est plein de draps blancs, ils pendent, ils débordent les tables, ils traînent.
>
> On se déplace difficilement. Les draps sont très silencieux. Au fond de l'atelier il y a une grande glace où les draps se reflètent.
>
> Le chef est dans sa cage au milieu de l'atelier. Le matin, on vient pointer.
>
> On a un nom, c'est exact.
>
> Tout l'espace est occupé. Tout est devenu déchet. La peau, les dents, le regard.

---

1 *Ibid.*, p. 47.

2 M. Blanchot, « *L'Excès-l'usine* ou l'infini morcelé », in *Libération* du 24 février 1987. Repris in M. Blanchot, *Écrits politiques, 1958-1993*, Lignes, Éditions Léo Scheer, Paris, 2003.

> On circule entre les parois informes. On bouge indéfiniment, sans temps. Le matin on va pointer[1].

L'écriture du *Livre des ciels* dit le même espace de l'usine, la banlieue, où un Je peut déjà s'esquisser : « Ce livre est l'histoire d'une rencontre dans un monde où même la douleur peut être confisquée, et où les sentiments – certainement, la passion est là – flottent comme à l'état pur, sans objet[2]. »

La parole n'est pas encore possible, le corps ne ressent pas les coups, le regard se tient prisonnier de l'oeil. Il y a déjà des mots, des images, l'oubli, l'intérêt. Les lieux sont délimités et la chronologie fait son apparition : un matin d'un samedi, son après-midi, le soir. Contrairement à l'univers de *L'Excès-l'usine*, où « les objets qu'on voit dedans (une vitrine) sont ailleurs, peut-être[3] », ici ils existent et « les pensées sont comme des choses, précises, imprécises[4]. »

Comme aucune des difficultés rencontrées pour écrire l'objet n'est éludée, les livres de Leslie Kaplan dégagent une intensité faite de la juste distance entre l'écriture et la chose sur laquelle elle écrit. Ceci restitue au lecteur une liberté, parfois très proche de la douceur, lui permettant, comme chez Dostoïevski, d'avoir un autre point de vue que celui de l'auteur.

Le Criminel, dernier volet de la trilogie, écrit un environnement tolérant où tout le temps est donné. Temps nécessaire au tissage d'une parole sur la différence et aussi celui que requiert le silence. Les temps du silence[5].

Plusieurs personnages s'y croisent. Ils sont compacts, réels et en apesanteur. Le lieu rend l'horreur légère, abordable par la pensée. La question de l'origine traverse deux femmes, Jenny et Louise. Comment naît une femme ?

Dans *L'Excès-l'usine*, le commencement – tout commencement – est une idée vite dévorée par la bête ; Dieu est folle. Dans *Le Livre des ciels* son possible rôde. Dans *Le Criminel* cette origine est portée par la gaieté, par la tendresse éruptive d'un corps de femme qui rencontre la peau et

---

1 *L'Excès-l'usine*, p. 17-19.

2 *Ibid.*, quatrième de couverture.

3 *Ibid.*, p. 88.

4 *Le Livre des ciels*, P.O.L, 1983, p. 114.

5 C'est cette dimension du silence qui a été privilégiée par Claude Régy dans la belle et étonnante mise en scène qu'il a faite de ce texte au Théâtre de la Bastille en 1988.

les volumes, accueillants, d'une femme. Dieu a des seins : « Avoir une femme. L'avaler une fois pour toutes. Et non. C'est vivant. »

Événement prodigieux qui vient – finalement – refouler cette « première mémoire » d'une mère-usine. « Souvenir violent d'une chose qui n'a jamais été. » Dieu aime : « Elle aime, aussi. Elle peut aimer. » L'agréable surgit et, avec lui, la pensée. Du coup, l'extérieur existe : « Dehors il fait très beau, très chaud. On peut voir chaque brin d'herbe, tous les espaces, les écarts. Sortir, marcher à côté des arbres, se promener sous le grand couvercle bleu du ciel[1]. »

L'écriture s'occupe du lieu, de ses habitants, de sa nourriture abondante, de l'eau qui est bonne, de la fête qu'on prépare, de la relation entre Jenny et Louise, de l'intensité variable et simultanée de leurs sentiments, des limites du même – « cette égalité violente, cette indistinction ». Dans *L'Excès-l'usine*, « tout l'espace est occupé, tout est devenu déchet[2] ». Dans *Le Criminel*, l'écriture traite de plusieurs espaces, et même les ordures appartiennent au vivant.

Dans *L'Excès-l'usine*, une petite fille demande au bébé qu'elle porte : « Tu crois que je vais te tuer[3] ? », l'enfant est exclusivement voué à la mort. Dans *Le Livre des ciels*, l'enfant surveille anxieusement sa mère, ou ne sait plus jouer. Dans *Le Criminel*, il y a place pour l'enfant : la fille du jardinier est bien vivante, bien qu'enfermée dans le désir de son père qui la rend « trop jolie ». (La question de ce désir sera reprise dans le quatrième livre, *Le Pont de Brooklyn*.) Et il y a aussi le bébé de Michèle, l'enfant de Catherine, et tous les enfants de la fête qui jouent, mangent, courent – « infatigables ».

Dans *Le Criminel*, la surprise n'est pas effrayante : « Jenny est parfois surprise, elle en parle avec Louise, quand elle voit un homme assis quelque part dans sa chemise ordinaire, à carreaux. Posé là comme une phrase sans rythme, prolongeable. Oui, elle est surprise par la forme imparfaite, supplémentaire, du corps de l'homme. Cela n'exclut pas l'intérêt, au contraire[4] », « [l]'autre jamais connu s'introduit, brutal comme un criminel. La présence est donnée avec la séparation, et la douleur s'élargit, elle se perd[5]. »

1 *Le Criminel*, P.O.L, 1985, p. 25.
2 *L'Excès-l'usine*, p. 19.
3 *Ibid.*, p. 108.
4 *Le Criminel*, p. 46.
5 *Ibid.*, p. 60.

Le récit se termine. Jenny s'en va. L'écriture de Leslie Kaplan part ailleurs.

Avec *Le Pont de Brooklyn* nous sommes dans l'espace du roman. Il écrit la parole parlée (le dialogue), donc il introduit le TU et le IL, la sexualité, le désir, l'horizon de la folie, le meurtre.

Il s'organise autour de l'interrogation : « qu'est-ce qu'un désir d'enfant ? ». Question ici conjuguée dans tous les modes :

– ce que désire un enfant,
– désirer une descendance,
– désirer sexuellement un enfant.

Le livre, comme les trois précédents, s'écrit au présent. Nous sommes dans la banalité du quotidien sans pathos d'où émergent les rencontres, où se tissent les liens. L'écriture déploie le désir, l'amour, les corps, l'amitié, l'enfance. Il n'y a pas de coulisse. La scène est *ici et maintenant*, expression de Freud pour caractériser la temporalité dans la cure analytique. Au bout de quelque temps de lecture, tous les événements sont toujours là, différents et pareillement disposés, dans cette immense étendue qu'est le monde. Il y a l'histoire d'Anna, de Chico, de Mary, de Julien. Il y a la petite Nathalie. Il y a ceux qui passent, sympathiques, attachants, insupportables, mesquins, inquiétants et meurtriers – qu'on ne reverra jamais. Rien de cela n'est pourtant équivalent. Il y a des valeurs et l'écriture se soutient d'une interrogation éthique. Seulement, voilà, il n'y a pas de hiérarchie. La vie est parfois douloureuse, parfois joyeuse – il faut avoir le courage de la joie – souvent mesquine, misérable, terrible : le regard de Dieu.

> Pendant plusieurs semaines, Anna parle sans arrêt d'un petit garçon de l'école. En un sens, il n'a rien de particulier, mais Anna est très touchée par lui. Il a une petite tortue qu'il emmène en classe. Il la garde dans une petite boîte. Une fois Anna lui a dit que la tortue serait peut-être mieux posée dans l'herbe, de temps en temps. Le garçon a souri et a secoué la tête. Non.
>
> Il ne demande jamais rien, voilà.
>
> Il joue, il fait ses petits travaux, tranquille et raide, sérieux, toujours bien coiffé, la raie sur le côté, des habits propres.
>
> Il ne se salit jamais.
>
> En fait Anna trouve qu'il n'a pas l'air d'un petit garçon. [...]
>
> Et un jour, Anna s'est dit, il est abstrait. C'est un enfant abstrait. Le mot une fois pensé n'apportait pas d'explication. Mais Anna s'est vraiment

inquiétée. Ensuite, par recoupements, elle a commencé à imaginer, et puis à être sûre, que ses parents le battaient.

Elle a décidé de demander une enquête. [...]

Anna a fait venir à l'école les parents du petit garçon, Benjamin.

Ils ont parlé volontiers. Le père s'appelle Joe, et la mère, Freddie. Joe est un grand type avec un visage lisse et jeune, un costume trois-pièces. Il porte une raie sur le côté comme son fils.

– Mon père à moi, a dit Joe, était maître d'école. Et croyez-moi je sais ce que c'est, élever un enfant.

Il a ri en regardant sa femme.

– N'est-ce pas, Freddie.

Freddie a souri.

Joe a continué :

Bien sûr nous avons nos petites inventions. Mais alors ?

D'ailleurs, Ben ne se plaint jamais.

Demandez-lui.

Nous sommes une famille parfaitement unie. Nous nous aimons. Il vous le dira.

Joe a soupiré.

– Ben est une partie de moi-même, vous comprenez. Et s'il nous quittait, c'est bien simple, nous ne pourrions pas le supporter.

Il a répété :

– Nous nous aimons.

Et encore :

Nous sommes une famille unie.

Freddie tricotait, hochait la tête.

Femme massive et lourde, avec une poitrine large, des cheveux frisés et de l'or partout. Boucles d'oreilles, bracelets et dents.

Pour la première fois, les dents en or ont impressionné Anna. Avoir cette matière morte dans la bouche.

Joe, ensuite Freddie, ont parlé calmement. Ils ont invité Anna à visiter leur maison. Anna y est allée. La maison a été propre, bien tenue, comme elle s'y attendait.

Ben était là. Il s'est tenu appuyé contre un mur, dans un coin. [...]

Freddie a servi un café à Anna. Elle a dit :

– Joe parle toujours de la mort. Il dit que ça ne nous concerne pas. Je suis d'accord. Elle ajoute, tout d'un coup pleurant, des grosses larmes stupides et molles, nous nous aimons trop.

Ensuite, prenant la main d'Anna et la gardant dans la sienne :

– Vous savez, avant Joe, je faisais la noce. Il m'a guérie de tout ça.

Anna a quitté la maison avec un hurlement intérieur. Ils n'ont fait aucune difficulté pour dire à Anna qu'ils le battaient.

– « Après on le lave, on l'emmène au restaurant[1]. »

---

1 *Le Pont de Brooklyn*, p. 188 *sq.*

Dans *Depuis maintenant*[1] Miss Nobody Knows « n'avait aucune catégorie préétablie, seulement des mots. Je ne dis pas qu'elle ne pensait pas. Elle pensait avec des mots seulement. Je ne dis pas non plus que ça suffit. Je dis que c'était comme ça à ce moment-là[2] ». Le livre met en tension deux personnages : Stéphane, homme de discours, c'est-à-dire homme sans désir, « un cadavre impossible à tuer[3] », et Miss Nobody Knows, qui est aussi le sous-titre du roman. Pour notre propos, ce qui est important c'est la présentation faite par Leslie Kaplan de cette femme. La narratrice est persuadée que Marie, Miss Nobody Knows, peut comprendre ce qu'elle lui dit, et ce qu'elle lui dit semble être une proposition esthétique, celle utilisée pour attraper le réel de l'usine, ou celui de l'inconscient : « moment où l'on voit tout, *où l'on peut tout voir, dans tous les détails, parce qu'il n'y a pas de hiérarchie entre les choses.* Il y a un sens, mais il flotte, il plane, il existe sans être là. Ou peut-être il rebondit ailleurs, autrement, il peut se rejouer plus loin, être repris, recommencé par d'autres[4]. »

Depuis Maintenant est aussi un roman sur la grève de 1968. Pour en parler, Leslie Kaplan a pris le temps de six livres, depuis *L'Excès-l'usine*. Ce ne sont pas les mots d'ordre qui l'intéressent. Ni les anecdotes, ou les discours bienveillants. Pour parler de la grève, elle devient anthropologue de l'éphémère, et cherche les ressorts du *changement de cadre de pensée*[5]. Avec la grève, ce changement commence par le rapport au temps, exactement. Grâce à l'espace qui se dilate, le temps qui y était enfermé, miracle, se déploie, se conjugue, s'étale. JE n'a plus peur, et le ciel n'est plus le ciel de l'usine, mais le « ciel bleu déployé, on n'en avait jamais vu un si large. Des hommes et des femmes assis dans une cour encombrée, en train de parler du ciel, des nuages. La vie se découpait sur ce fond bleu et blanc, et on la voyait bien, entière[6]. »

---

1 Avec ce livre débute une série qui fera de ce titre un point de vue unificateur. Soulignons que l'intitulé donné à la série reprend le mot freudien pour désigner la temporalité à partir de laquelle on reconsidère les temps d'une vie : d'ici et de maintenant.

2 *Depuis Maintenant*, P. O. L, 1996, p. 18.

3 *Ibid.*, p. 83.

4 *Ibid.*, p. 17. Je souligne.

5 Que Loup Verlet compare à la révolution opérée par Newton dans la physique, identique pour lui aux changements que peut produire une cure psychanalytique. Loup Verlet, *La Malle de Newton*, Gallimard, Paris, 1993. *Cf.* aussi notre commentaire in *Lettres à une jeune psychanalyste*, lettre n° 28, Stock, Paris, 2008.

6 *Depuis Maintenant*, p. 40.

Pour Leslie Kaplan, l'expérience de la grève n'est ni à décrire, ni à sacraliser. Elle se situe en dehors du naturalisme ou de l'idéologie. Pour elle, l'expérience est un lieu d'enseignement qui transforme notre rencontre avec le réel du monde, qui modifie, parfois radicalement, le point de vue à partir duquel on le pense. (Elle dira : « Écrire, chercher à rencontrer le réel, et non la réalité »)[1]. Pour Leslie Kaplan, deux aspects feront que l'expérience de *l'établissement*[2] soit fondatrice, change *son* cadre de pensée : la rencontre avec le monde de l'usine, qui est le monde fermé de la folie, et la grève générale, qui est le moment unique d'ouverture absolue, où le désir se vit sans culpabilité, où le désir et la vie ne font qu'un :

> [Aimer] ne pas savoir, être ignorant. [...] ignorer, avoir des plages et des plages devant soi... [...] le plaisir de l'ignorance. Au fond c'est le plaisir du temps, [...] parce que bien sûr on ne va pas *rester* ignorant. Ou peut-être c'est une autre façon de dire qu'on est vivant[3].
>
> Tout est dans la rencontre, tout est au présent. [...] Ne pas rater la rencontre, tout ce qui est possible. *Art de ça.* C'est l'ici et maintenant, c'est l'acte, ce sont les actions. Une sorte de retour dans les territoires sans hiérarchie de l'enfance, et en même temps la prévision, il faut penser. Tenter de le faire[4].

À une esthétique fidèle à l'expérience du désir pendant la grève générale et aux exigences qu'elle implique, s'oppose celle de l'usine, naturaliste, esthétique de l'enfermement dans la répétition où l'on sait tout par avance, où le monde est mort et la vie tiède, où le JE est un ON :

> Cette impression de tout savoir... qu'on retrouve un savoir lourd, pesant, déjà mâché, collé sur tout... qu'on ne sera jamais surpris, étonné, par rien... j'entre dans cette pièce, je la connais, et cette table et cette bière... N'importe quel lieu devient réduit, minuscule, et quand on est dehors, on est enfermé pareil. C'est d'abord et c'est le plus terrifiant, un savoir sur soi-même, jamais on ne s'étonnera. Tout ce que je fais, vois, pense, je le sais déjà. Évidemment on peut essayer d'en faire une dérision, le plaisir de tout savoir, faire semblant, jouer avec ça, mais ce n'est pas un plaisir, ce qu'on éprouve c'est le sentiment d'un désastre[5].

---

1 « Du naturalisme », *La Quinzaine littéraire*, numéro spécial du 15 mai 1989, en réponse à la question : « Ou en est la littérature française aujourd'hui ? », repris dans *Les Outils*, p. 225.

2 Option politique qui a mené des étudiants à travailler en usine dans la fin des années 60.

3 *Depuis maintenant*, p. 103-104. Souligné par Leslie Kaplan.

4 *Ibid.*, p. 110 et 111. Je souligne.

5 *Ibid.*, p. 103-104.

L'esthétique de l'usine enferme le temps dans un espace rétréci, étriqué et Leslie Kaplan, qui veut écrire comme Cézanne peint[1], promène son regard sur cet espace :

> Quelque chose planait, de caché et d'exagéré à la fois. Une rue trop petite pour les usines qu'elle porte. Usines larges et lourdes. Et cette rue trop petite... Un hôtel de rien. Une épicerie. Trois poireaux. Les gens se ressemblent. C'est faux, bien sûr. Mais quelque chose est pareil, quoi. Ils ne se détachent pas. Ils sont pris dans le fond, la rue, le ciel et la route, l'air. Pesanteur. L'air et le ciel, confondus. On peut toucher le ciel, le respirer. On étouffe... Le paysage ressemblait à des allées de supermarché. Tout entassé, confus. Tout confus... Dans les cafés les conversations. Les mots comme ces gros bracelets-montres, dorés, qui se voient et qui semblent faux, même s'ils ne le sont pas[2].

L'absence de hiérarchie, le souci du détail, serviront à parcourir une logique de paradoxes avec laquelle Kaplan décape la réalité en faisant fonctionner *dans le texte* la coexistence des contraires, caractéristique découverte par Freud à l'origine de la fabrication du rêve. Elle l'utilise pour faire des portraits, ou pour nous présenter l'horreur :

> [...] les femmes qui travaillent aux presses. Fortes, les pieds bien calés, leurs cheveux coupés courts, c'était exigé, leur poitrine pleine. Toujours la cigarette dans la bouche. Elles ne discutaient pas, elles affirmaient seulement, défi, défiance, très peu de mots, J'aime, j'aime pas. Quand je pense à elles, je vois la toile cirée d'une cuisine, dehors une banlieue se déroule, isolée, silencieuse. Pourtant elles avaient toutes des enfants. [...]
>
> Une fois, c'était dans une usine qui fabriquait des phares. C'est la seule fois où je n'ai pas tenu plus d'une semaine, je veux dire, où je suis partie de moi-même sans être renvoyée. Devant moi à la chaîne il y avait une dame assise, avec un chignon gris. Le troisième jour elle m'a dit qu'elle était à cette place depuis trente ans[3]. [...]
>
> On est des méfiants, tous les deux. [...] On n'a peur de rien, [...] mais on n'a pas confiance non plus. [...] on dit le contraire, d'ailleurs on dit toujours le contraire, on pense que l'on est supérieur. Mais, [...] c'est quand même une vie de rat[4].

Cette logique des paradoxes fonde aussi une intransigeance, une éthique nouée à son parti pris esthétique :

---

1 *Cf.*, entre autres, l'entretien avec Marguerite Duras, publié dans *Banana Split*, n° 8, décembre 1982, puis dans *L'Autre journal*, n° 5, mai 1985 et repris dans *Les Outils*, *op. cit.*

2 *Depuis maintenant*, p. 91-92.

3 *Ibid.*, p. 26-27.

4 *Ibid.*, p. 96-97.

> Et sous la colère, il y avait maintenant autre chose, je voyais Stéphane devant le fauteuil de son père, cette forme immobile, silencieuse, et lui, paralysé par le désastre. Et à la colère pour ce qu'il avait fait de sa vie s'ajoutait une tristesse, la tristesse devant le gâchis. *Comment garder, vivre à la fois ces deux sentiments contradictoires, rage et tristesse ?* Je ne le savais pas, et pourtant, il le fallait. Parce que ce qui était sûr, je le percevais très fort, c'est *qu'à laisser tomber l'un ou l'autre* de ces sentiments, rage ou tristesse, à oublier, refuser, dénier l'un ou l'autre, *on perdait la personne vivante qui était en face*, celle à laquelle ces sentiments s'adressaient, *et c'était cela le pire, la victoire d'une idée toute faite, limitée, unilatérale, la victoire d'une catégorie préétablie, d'un savoir mort, d'un discours, la victoire, on pouvait le dire, du cadavre*[1].

La narratrice, comme Marie, Miss Nobody Knows, est quelqu'un à qui on peut tout dire. Et Marie se pose tout le temps des questions :

> *L'origine des mots.*
> *Les prénoms* [...]
> *Les étoiles, les galaxies.*
> *Le sommeil.*
> *Pourquoi il faut dormir.*
> *Pourquoi il ne faut pas dormir.*
> *De quoi est faite la nuit.*
> *La tombée de la nuit.*
> *Le noir.*
> *Pourquoi la peur.* [...]
> *Pourquoi marcher vite est agréable* [...]
> *Ceux qui disent, Bonjour, mademoiselle, vous cherchez quelque chose.*
> *Les gens gentils. Les gens tellement gentils.*
> *Pourquoi les femmes.*
> *Pourquoi toutes les femmes*[2].

Miss Nobody Knows, n'est pas sans rappeler ce que dira, plus tard dans l'œuvre, un des personnages de *Toute ma vie j'ai été une femme* :

> je peux être une poussière.
> ce n'est pas désagréable
> la poussière flotte
> légère
> dans l'air
> une poussière. [...]

1 *Ibid.*, p. 106-107. Je souligne.
2 *Ibid.*, p. 21-22.

et je flotte
comme un nuage minuscule

[...]
un nuage
personne ne lui demande de comptes
un nuage
se déplace
un nuage
est déplacé
par le vent
dans le ciel
il a une couleur
blanc gris noir
il a une forme
c'est tout
ça lui suffit
et c'est pourquoi
regarder les nuages
calme[1].

Oui, on peut être une poussière, on peut être un nuage. On peut. Mais il faut encore le devenir. Et cela n'est pas donné à tout le monde, c'est une conquête. Parce que si être une poussière n'est pas fou, il faut un rapport certain à la folie pour n'être que ça, une poussière, un nuage.

Être une poussière, c'est ne pas avoir d'amour propre, ne pas défendre son quant à soi, ses emblèmes moïques, ses vanités de pacotille. Être une poussière, c'est pouvoir TOUT accueillir, sans hiérarchie ou moralisme, c'est avoir comme point de vue celui de « l'animal (qui) voit l'Ouvert »– phrase de Rilke si souvent citée par Leslie Kaplan. Pour elle, ce point de vue fait partie des conditions qui permettent l'acte d'écriture, ce « saut en dehors de la rangée des assassins » – que lui a enseigné Franz Kafka.

Dans *Le Psychanalyste*, la théorie et la méthode freudiennes constituent, *de manière manifeste*, la trame du tissu fictionnel. La nervure du livre est ce que Freud appelle *le travail de la culture* : nommer les affects, intégrer les interdits humanisants, conquérir la distinction entre la visée du plaisir, qui cherche l'absence de tensions, et la visée du désir : le désir vise à élargir le champ des possibles, mais cela suppose que le déplaisir qui accompagne généralement toute tension soit accueilli comme signe

1 *Toute ma vie j'ai été une femme*, p. 16-17.

de cet élargissement. Du coup, cette tension est souhaitée, elle devient l'objet d'investissement par excellence, objet vital, tension vitale, et l'intérêt porté au déplaisir se déplace sur ce qu'il indique ; l'angoisse toujours intriquée au désir perd sa lourdeur et devient un outil pour le maintien de la présence du désir et pour sa réalisation ; la certitude de la mort ne porte plus son ombre, au contraire, elle nourrit la puissance et la force du mouvement – un fauve qui cherche sa proie et la proie est la vie même, avec toutes ses richesses, ses exigences, sa temporalité. Le désir met sans cesse au travail le paradoxe constitutif de la condition humaine : l'homme a une sexualité et l'homme pense.

Leslie Kaplan choisit deux figures du courage que Jacques Lacan a mis en avant comme nécessaire à ce *travail de la culture.* D'abord, les patients ; dans leur cure psychanalytique, ils sont les chercheurs d'une vérité, parfois terrible, parfois joyeuse et légère, vérité logée au-delà des chimères forgées par le mensonge. Puis Éva qui disait, en pensant à Kafka, *La Métamorphose* a changé ma vie, qui « saute en dehors de la rangée des assassins », refuse la perversion, rejette l'inceste, tue le meurtre. Il s'agit toujours, de prendre en compte l'inconscient pour rêver la vie, affirmer son désir – le conflit est inévitable, nécessaire ; prendre en compte l'inconscient dans la rencontre avec le social, pour penser le politique.

La construction du livre, architecture incroyable, fait rejoindre à la fin du récit l'aventure analytique et la littérature. Le plaisir de la pensée : « Ce n'est pas que le contenu des pensées soit toujours agréable [...], *non, pas du tout, mais l'acte de penser – il vous mettait de bonne humeur*[1]. » Se laissant aller aux associations libres, tous les personnages feront l'expérience de comment le mot d'esprit a un lien avec le refoulé inconscient qui les encombre. Et d'avoir trouvé que l'interprétation psychanalytique est un équivalent du gag chaplinien, est certainement une des clefs de l'esthétique mise au travail dans l'œuvre.

Dans le dernier roman à la date où j'écris, Jean-Pierre *Millefeuille* a été professeur de littérature, il a la passion de ça, il aime les mots, il les respecte, c'est avec eux qu'il invente le passage des heures, traverse l'existence, trouve une consistance. Mais ce recours a des limites, bien sûr chaque homme a ses secrets, son mystère. Quel mystère, quelles

---

1 *Ibid.*, p. 22. Je souligne.

limites ? C'est toute la question, sur laquelle Leslie Kaplan, comme d'habitude, nous donnera tous les éléments d'une réponse qu'elle se garde bien d'énoncer.

C'est quoi, vieillir ? Kaplan considère la question sous deux aspects : le temps et la solitude. Le temps est nu, sans chronologie, il n'y a pas de montre : se lever, petit-déjeuner, faire sa toilette, lire ou pas lire le journal, s'habiller, l'ordre n'est pas d'importance, il s'agit de l'installation de la journée, de la mise en place d'un rythme, du temps exactement. Quant à la solitude, il ne faut pas trop tricher avec l'angoisse, ni avec les sentiments, ou le désir et la perte, avoir de la curiosité pour les gens, se rendre disponible aux autres, investir un travail.

Millefeuille est âgé, mais ne se considère pas « vieux », sinon avec l'humour, cette élégance de l'être, qui est une de ses caractéristiques. Il fait un travail sur Shakespeare, les Rois. Il aime le poète, le connaît par cœur, dans l'original. Lorsqu'il travaille *Roi Lear*, il pense que c'est trop facile de le considérer sous l'angle de la paternité. Pour lui, *Lear* est la problématique de l'identité : qu'est-ce qu'on est au-delà de nos fonctions, Roi ou... n'importe quoi d'autre, « qui donc peut me dire qui je suis[1] ? »

Traduire « *Tomorrow Tomorrow Tomorrow* » est difficile. « Demain demain demain », ça ne va pas, pourquoi parler de demain, à chaque journée suffit sa peine, et puis, comment parler de demain quand « le grand âge est superflu[2] », la mort si présente, si proche.

Mais dans les Rois il s'agit aussi de crime, le crime est présent très tôt dans le roman. D'abord, sous la forme de tragédie, lieux de crimes muets, puis le cauchemar que Millefeuille, très à l'aise en société, raconte au Select à Montparnasse à deux Américains qu'il rencontre :

> Je suis à l'entrée d'un couloir immense, je ne vois pas le bout, je m'avance, j'ai froid, le couloir est blanc, une lumière crue, j'entends des soupirs des deux côtés, il y a des grillages, je ne vois pas très bien mais je devine des visages, des mains agrippées, des prisonniers dangereux, des criminels, des assassins... c'est le couloir de la mort, mon heure est venue, je suis condamné... Les deux Américains ne purent s'empêcher de rire, Mais pour quel crime vous êtes condamné ?... La question surprit Millefeuille[3].

1 *Millefeuille*, [2012], folio 2014, p. 12.
2 *Ibid.*, p. 13.
3 *Ibid.*, p. 36-37.

Or, dans le chapitre suivant, on connaitra la relation que Millefeuille entretient avec son fils, et là, comme dirait Raymond Devos, cité par Millefeuille, il faut suivre, et, pour suivre Kaplan, on doit accompagner comment les associations ordonnent sa narrative.

Puis, il y a Macbeth.

> Est-ce que j'ai envie de tuer quelqu'un, se demanda Millefeuille en souriant. Plein de gens. Mais sérieusement ? Trop de travail, se dit Millefeuille en souriant encore plus, vraiment trop. Oui… mais il y a beaucoup de façons de tuer. Il fut étonné de cette pensée, essaya de la comprendre, ne réussit pas… Mais la pensée restait là, collée[1].

Et Richard III, « je suis décidé de me montrer un scélérat… *A villain* », Millefeuille cherche la traduction, « un scélérat, une canaille, un méchant homme, un mauvais… Il avait envie de trouver Richard sympathique. C'est parce qu'il dit tout ce qu'il pense [comme lui, Millefeuille, dit souvent tout ce qu'il pense] un type qui dit tout ce qu'il pense, on le trouve toujours sympathique[2]. » – Ce sont des pensées vagabondes, promenades dans l'ennui, Millefeuille s'ennuie beaucoup, presque tout le temps, l'ennui est agressif, il pense à Baudelaire, « il avalerait le monde… Les sauvages se battent, les civilisés s'ennuient, Millefeuille se trouvait en forme. Pas de conflit. De l'ennui… Il laissa tomber[3] ». Il laissa tomber au seuil de la question de la haine.

Mais Millefeuille ne baisse pas les armes, il essaye de rendre léger la lourdeur, il est convainquant, pour les autres, pour lui aussi. Il zappe, il glisse, d'une chose à une autre, flottant, « c'est intéressant. » Rejeter sa tristesse d'enfant a évidemment un coût, il le sait. Il va au Louvre, discuter avec l'autoportrait de Rembrandt.

> Le vieux le regardait sans complaisance. Il me regarde sans complaisance, se murmura Millefeuille… C'est vraiment bizarre de penser ça, l'idée de rester là devant le tableau pour toujours… Et non. C'est une idée simple, normale. C'est ridicule, se dit Millefeuille, complètement ridicule… Au bout d'un moment il entendit distinctement, Ça suffit l'agitation. Il regarda autour de lui, personne. Évidemment c'était le tableau. Il soupira. Ensuite il dit, Je sais, je sais. Il avait envie de pleurer. Qu'est-ce que je vais faire,

1 *Ibid.*, p. 83-84.
2 *Ibid.*, p. 123-124.
3 *Ibid.*, p. 54-55.

> se dit Millefeuille. Rien. Rien. Rien. Rien à faire ... Il faillit éclater en sanglots[1].

Tout d'un coup arrive ce qui devait arriver, le crime est là. Bien réel, conséquence d'une promesse non tenue à un enfant. – Leslie Kaplan s'était déjà attardée sur cette question d'une promesse non tenue. Le titre de sa réflexion était d'ailleurs, « L'expérience du meurtre », à partir de la nouvelle de Dostoïevski, *Mémoires du sous-sol*. Le meurtre, démontre Kaplan, est le franchissement d'une limite, d'un seuil, au-delà duquel tout bascule, où l'on devient, « comme Macbeth "*a walking shadow*", une ombre qui marche. Le meurtre vise l'anéantissement de l'autre, mais c'est l'autre qui est le support de la parole, sans adresse la parole se perd, se dilue, "s'effiloche" ». Et plus loin : « explorer jusqu'au bout la parole, reconnaître qu'elle est toujours déjà adressée, traversée par une autre parole, et le soutenir : sans quoi ce ne sont que des "formules", nouvelles et toujours si vieilles manières d'enfermer l'autre, de le tuer[2]. »

Après la mort de Loïc et Cristelle, Millefeuille et la narration basculent. Comme souvent chez Leslie Kaplan, plusieurs indices ont discrètement indiqué un impensé : sa violence à l'égard de son fils, la paternité l'ennuie, sa difficulté à lire le chapitre du jeune Léo, son énervement avec les étudiants et leurs ordinateurs dans sa brasserie, et, finalement, son souci « théorique » pour les deux gamins sans toit ni loi. L'impensé qu'il refuse de considérer et qui revient dans le réel, est son envie haineuse de la jeunesse, de « ceux qui viendront après lui et... à bas les enfants[3]. » Maintenant le récit va vers la direction de Joseph et Ernest, ces hommes de la rue, sans lieu où se poser, à la dérive. Que fait Millefeuille après que Loïc et Cristelle aient été tués par la police ? Il va aux Invalides, association association, il déteste les Invalides, mais avant cela il avait vu Loïc dans sa tasse de café, qui lui tirait la langue.

Mais Millefeuille résiste, fait de l'humour pour que le quotidien soit plus fort que la folie. Le quotidien : les courses au marché et au Monoprix, remplir le frigidaire, parler à Mireille, la propriétaire de la brasserie, à Gérard, le garçon du Select, regarder le ciel, s'asseoir dans un jardin et bavarder avec les gens autour, boire un verre de bordeaux,

1 *Ibid.*, p. 44-46.
2 Leslie Kaplan, « L'expérience du meurtre », *Les Outils*, *op. cit.*
3 *Millefeuille*, p. 66, p. 90.

ou de la bière, se mettre au travail, travailler, faire un tour, revenir, voir des DVD avec Sammy, qu'on a connu dans *Les Amants de Marie*, inviter du monde chez lui, se plaindre un peu auprès de ses amies femmes. Et, c'est l'art de Kaplan, il y a dans cette bagarre que mène Millefeuille pour être dans le temps, pour penser véritablement, mais pas trop, question de ne pas être englouti dans la culpabilité – le recours au déni est alors incontournable, il y a dans cette bagarre un combat par où passe un souffle de liberté, oui, certes mélangé à un désespoir innommable, plus qu'absurde, aphasique. Millefeuille est au milieu de nulle part, au bord de la folie, et Kaplan fait de cela un enseignement, la vie vivante, on l'accompagne, il nous émeut.

La folie se loge entre angoisse, hallucination et errance. L'hallucination, le moment où Millefeuille voit Loïc, est traitée, trouvaille de Kaplan et grande justesse clinique, comme une simple perception, comme chez Damien, dans *Fever*, qui est accueilli dans sa chambre par le clown. Réunion étonnante de contraires violents qui coexistent en s'ignorant : côté face, Millefeuille a un accès immédiat et sans pudeur à la position subjective de l'autre, à ses conflits, souhaits et inhibitions ; côté pile, une frayeur infantile de tout engagement, de tout désir mettant en mouvement les risques qui accompagnent une vraie rencontre. Le livre nous rend intime, par une écriture à la fois légère et sinistre, l'étendue du désastre qu'est l'absence d'amour chez un homme de grande intelligence. Cet homme à qui on finira par s'attacher, qui nous captive, est un péril permanent pour lui-même, une catastrophe imminente pour son entourage, pour ceux qui l'approchent et lui font confiance.

J'ai dit que l'écriture de Leslie Kaplan intègre l'existence de l'inconscient. Je rappelle quelques lignes de force :

> a) Le refus de tout discours – discours qu'elle situe du côté du vraisemblable, des « limites naturelles induites par les préjugés du temps[1]. » Ceci l'amène à aborder le monde et à construire ses personnages d'un point de vue radical de non-savoir : ceux-ci ne sont jamais enfermés dans une catégorie, le point de départ de leur construction n'est pas une idée de ce qui aurait pu être le dénouement de la tension de la narration. (Dans *Le Pont de Brooklyn*, c'est un personnage antipathique, Irène,

1 Entretien avec *La Quinzaine Littéraire*, octobre 1989, repris dans *Les Outils*, *op. cit.* p. 225.

qui énonce, à la façon d'Irène, un des enjeux fondamentaux du roman.) Cette tension, Kaplan la cherche et la maintient. Elle en extrait une quantité d'interrogations qui façonnent, au fur et à mesure du livre, les personnages – chacune et chacun a son petit lot de questions qu'elle, délibérément, laisse sans réponse –, sa manière de donner au lecteur la liberté de penser ou non. Ce qui est aussi, bien sûr, une exigence.

b) La deuxième ligne, est l'usage des associations libres pour la construction du récit. Un exemple, parmi d'autres : un personnage du *Pont de Brooklyn* est très angoissé par la tension qui se dégage des échanges du groupe. Elle se met alors à raconter l'histoire d'une femme qu'elle connaît et qui parle à tort et à travers. Au lieu d'écrire, « l'angoisse de Mary lui fait raconter n'importe quoi », Leslie Kaplan la fait parler d'une bavarde – mode par lequel le personnage bavarde. La différence est essentielle : à mon sens, peu importe si le lecteur a ou non saisi ce qui se passe. L'important c'est qu'il y a eu une torsion dans le récit. Et même s'il ne reconnaît pas cette torsion, le lecteur l'éprouve. Il est, au même titre que les autres personnages à qui Mary s'adresse, devant un événement.

c) La troisième ligne de force de cette écriture je la reconnais dans la suspension de tout jugement. Je pense à Anaïs, à Jean, à Sébastien – personnages de *L'Épreuve du Passeur.* À Julien, dans *Le Pont de Brooklyn*.

Un exemple précis, parmi tant d'autres : Anna vient de raconter à Mary son interview affolante des parents de Ben, son petit élève martyrisé. Elle en est bouleversée. Elle dit : « Ce sont des maudits [...] Ils n'ont pas arrêté le malheur, ils sont ceux par qui le malheur se perpétue. Ils sont au milieu d'une zone massacrée et ils ont entraîné leur garçon là-dedans ».

Mary lui répond : « Nathalie, c'est ma fille. Eh bien, il y a des choses que tu racontes de Joe et Freddie que j'ai pu éprouver avec Nathalie : [...] un point de non-retour où on serait ensemble toutes les deux. Inséparables. Définitivement[1]. »

1 *Le Pont de Brooklyn*, p. 177.

Anna, comme la plupart des lecteurs, est choquée par ce que lui dit Mary. Ce qui était l'effrayant pur, de la psychopathologie, devient, par cette torsion, la pointe extrême d'un possible dans la relation entre une mère et son enfant, une question partageable par tous les sujets, un enjeu inconscient.

d) Un autre fil rouge du transport des outils freudiens dans l'œuvre est le nouage entre associations, répétitions et la fonction des détails. Pour les associations, *Millefeuille* nous a permis de reconnaître l'usage qu'en fait Leslie Kaplan dans la construction de son récit. La répétition dans son rapport à l'inconscient traverse tous les livres et est l'architecture même de *Fever* : deux adolescents assassinent une femme pour affirmer l'existence du hasard. Et ils découvriront comment le meurtre s'enracine dans les horreurs et les non-dits des histoires de famille : un grand-père collaborateur, l'autre rescapé des camps de la mort. Compréhension étourdissante de ce que le silence transmet de génération à génération, les traumas, et les meurtres. Un autre exemple : dans *Depuis maintenant*, la narratrice dit à un moment donné que « la tristesse [qu'elle] éprouvai[t] *appartenait* à Stéphane [son oncle], [*qu'elle*] *l'éprouvai*[*t*] *mais elle était à lui*[1]. » Et Stéphane, publicitaire, comprend qu'il est rattrapé par un aspect de la vie de son grand-père, un luft mensch, un « "homme de vent" [...], "ce vieux qui poussait 'la petite brouette'[...]" : Moi, j'ai rien su faire d'autre, j'ai repris les affaires, le fonds de commerce : je vends du vent[2]. »

L'attention portée aux détails a une fonction décisive dans l'organisation de la narrative. Chez Kaplan, les détails sont des éclats de réel où se loge l'impensé et l'angoisse des personnages ; associés, ils seront les ressorts qui feront basculer le récit, qui permettent les franchissements, l'inattendu. Dans l'espace du livre, les détails fonctionnent pour le lecteur comme les équivalents des *restes diurnes* découverts par Freud : ces perceptions fugaces, non retenues par la conscience en état de veille, et qui constituent pendant la nuit le matériau avec lequel l'inconscient fabrique les désirs que portent les rêves. Dans *Les Prostituées Philosophes*, Marie-Claude, qui

1 *Depuis maintenant*, p. 90. Je souligne.
2 *Ibid.*, p. 94.

est un travesti, raconte à Stanley, père de Thomas qu'elle l'a tout de suite détesté, l'histoire suivante :

> Enfin, il m'a mise hors de moi. Alors j'ai décidé de faire une farce, mais la farce a failli mal tourner. J'avais compris que le type n'avait pas perçu qui j'étais, le bar était mal éclairé, je ne sais pas. J'ai commencé à le draguer, direct, violent. Lui, il s'est laissé prendre. Au bout d'un moment je suis allé aux toilettes, il m'a suivie...
> [...]
> – Et alors il est sorti en hurlant, il criait comme un animal [...]
> – Vous pensez qu'il allait vous tuer ? dit brusquement Stanley.
> – Exactement, dit Marie-Claude, en le regardant d'un air bizarre, ironique.
> – Il aurait pu, dit Stanley, sans paraître percevoir l'ironie. Il ajouta, Il attendait une femme, il trouve un homme, c'est normal.
> Marie Claude le regarda en souriant. Au bout d'un moment elle dit, en appuyant :
> – Non, non, non. Vous vous trompez. Il n'a pas trouvé un homme. Il a trouvé une femme avec une grande queue, et qui bandait, en plus. C'est pas pareil. Voilà ce qu'il a trouvé.
> Je pense, dit Marie-Claude, toujours souriant, que c'est ça qu'il attendait, même s'il ne l'avait soi-disant pas vu avant. Qu'il attendait même depuis longtemps. C'est pour ça qu'il hurlait. Et qu'il aurait pu me tuer[1].

L'inquiétant qui nous tourmente pendant la lecture, la chose qui pourrait venir du fond de l'espace ou du temps, c'est qu'un personnage soit confronté à son désir avant de le reconnaître comme tel. Leslie Kaplan, qui connaît Freud, sait que ça peut rendre fou.

Au fil des pages de ces livres, où se déroule la banalité de l'existence – parfois engloutie dans l'horreur –, le lecteur est porté par l'attente d'une surprise. Plus cette écriture nous devient intime, plus se tisse le virtuel d'une promesse d'inattendu. Et lorsque, étonnés, par la constance fidèle de Leslie Kaplan à nous émouvoir grâce « au don précaire » (Blanchot) qu'elle extrait des mots, nous constatons qu'une intransigeance implacable, celle que nous réservons à ceux qu'on aime d'amour, a transformé férocement ce qui a été une attente, ce qui était devenu une promesse, dans une nécessité de notre désir. Alors, à partir de ce moment, nous sommes reconnaissants, certes, mais, surtout et pour toujours, nous nous installons dans ce registre des vraies rencontres où nous sommes injustes, avides, cannibales. Et c'est sur ce registre que le lecteur peut

1 *Les Prostituées philosophes*, p. 104-106.

dire cette phrase à la fois merveilleuse et terrible réservée à quelques rares : « ça c'est du Kaplan ! ».

Merveilleuse en tant qu'elle célèbre notre dette à l'égard d'une pensée qui nous est devenue nécessaire. Terrible dans la mesure où elle éjecte la personne de l'écrivain de ses livres. Inutile tout recours à l'anecdotique d'une biographie. Il est dorénavant réduit à son nom, un nom qui penserait par lui-même, sans lien à aucune objectivité ou existence réelle, un nom qui aurait quitté le temps sans pour autant quitter la vie. Le prénom devient alors cette compagnie inestimable, sans laquelle il n'y aurait plus d'angoisse, ni de désir, ni de joie, ni de corps, ni de risque. Un prénom pour redevenir mortelle, pour déjouer le confort mortifère de l'impersonnel du nom. Dialectique féconde et désespoir sans issue : toute victoire sur le nom c'est encore un triomphe de celui-ci. On est forcé de reconnaître que tout un pan d'imaginaire devient, irrémédiablement, sans intérêt pour les autres. Chaque livre augmente cette brisure, confirme un abandon. Garantie de solitude absolue. Nous pouvons supposer que plus un écrivain écrit, plus le sujet en lui se tient sur cette seule donnée fragile qu'on appelle une existence humaine. Cela, on l'imagine, ne va pas sans douleur. Or, on a l'impression que plus Leslie Kaplan écrit, plus est évidente la joie de sa pensée, sa joie de penser. Il y a certainement un travail psychique qui rend compte de ce paradoxe. Mais je me contenterai, pour conclure, d'évoquer ce que disait Freud en écrivant à sa fiancée Martha : « Le juif est fait pour la joie, et la joie pour les juifs » !

Leslie Kaplan, notre contemporain.

Heitor O'Dwyer de Macedo

L'EXCÈS-L'USINE, L'ÉPOQUE ET LE TEXTE

AVANT L'USINE

À l'été 1967, un petit groupe de militants de l'Union des Jeunesses Communistes (marxistes-léninistes) descend dans le Languedoc pour y mener des enquêtes sur la paysannerie. Là, certains d'entre eux, dont Nicole Linhart, nouent des contacts avec les ouvriers de Perrier-Vergèze. Les conclusions qu'ils en tirent rejoignent celles d'autres militants, revenus d'un voyage en Chine maoïste où leur a été montrée une mise en scène glorieuse de la Révolution culturelle commencée en 1966 : pour aider à faire triompher les intérêts de la classe ouvrière, il faut que les militants « intellectuels » partagent ses conditions de vie et de travail. Après des débats contrastés au sein de l'organisation, la ligne politique de « l'établissement » l'emporte : on est prié de « descendre de cheval pour cueillir les fleurs », selon une métaphore prêtée à Mao Tsé-toung dont on ne retrouvera pourtant jamais trace dans les livres du Grand Timonier. Des dizaines d'étudiants gagnés aux idées marxistes-léninistes, d'origines sociales et de cultures pourtant différentes, décident de s'embaucher dans différentes usines, à Paris ou en province, mettant un coup d'arrêt aux formations intellectuelles dans lesquelles ils étaient initialement engagés.

Leslie Kaplan a raconté dans la deuxième partie de *Mon Amérique commence en Pologne* comment elle avait croisé la route des membres de l'UJC (ml). Née en 1943 à Brooklyn, fille d'intellectuels américains ayant choisi de vivre en France après la Deuxième Guerre mondiale, elle a déjà notamment milité contre la guerre d'Algérie lorsqu'elle embrasse la cause marxiste-léniniste. Elle étudie la philosophie, l'histoire, l'économie et est sur le point d'intégrer l'École Normale Supérieure de l'Enseignement Technique (ENSET) à Cachan. Elle devient une établie en janvier 1968 et vit les événements de mai 68 à l'intérieur d'une usine occupée avant d'en être congédiée au mois d'août. D'autres usines se succéderont : à Lyon, en région parisienne. Pour plusieurs mois, parfois pour seulement deux jours. Leslie Kaplan restera en usine pendant presque deux ans et demi.

Virginie Linhart, fille de Nicole et Robert Linhart, a tenté de retracer le mouvement général et les parcours singuliers de ces établis, militants marxistes-léninistes dans la très large majorité des cas. Dans un livre intitulé *Volontaires pour l'usine*, publié en 1994, elle reprend le travail déjà effectué par Hervé Hamon et Patrick Rotman dans les deux volumes de *Génération* et le complète en y ajoutant des témoignages de femmes et d'hommes s'étant engagés dans la voie du militantisme de l'intérieur des lieux de production. Si Leslie Kaplan n'a pas été interrogée par la documentariste, son expérience semble pouvoir être rapprochée de celle des militants de la première vague d'établissement, avant mai 68. La ligne politique de cette première vague est définie ainsi dans l'un des bulletins internes de l'UJC (ml) : « Notre mot d'ordre d'établissement ne part pas de la nécessité pour chacun de refondre sa conception du monde par le travail productif [...] Il doit être bien clair que ce qui est en question, fondamentalement, c'est de transformer la base de classe du mouvement marxiste-léniniste, c'est de mettre fin à un état d'isolement des masses[1] ». On s'établit par conviction, avant tout pour comprendre de l'intérieur ce qui anime la classe ouvrière et pour rencontrer les éléments les plus révolutionnaires d'une population qui, de fait, tient entre ses mains le pouvoir de faire fonctionner les moyens de production.

L'EXPÉRIENCE À RECONSTRUIRE

Dans un numéro de *The Review of Contemporary Fiction* consacré aux éditions P. O. L, Leslie Kaplan raconte qu'elle a achevé *L'Excès-l'usine* en décembre 1979, quelques jours avant le début des années 80. Publié une

1 *Bulletin intérieur de l'UJC (ml)*, n° 6, 17 décembre 1967, cité par Virginie Linhart dans *Volontaires pour l'usine*, Paris, Seuil, coll. « L'épreuve des faits », 1994, p. 33.

première fois en 1982 aux éditions Hachette par Paul Otchakovsky-Laurens, le texte sera republié en 1987, une fois que l'éditeur aura mis sur pieds sa propre maison d'édition, et qu'il s'avisera de reprendre certains des titres publiés sous sa férule chez Hachette.

Entre l'expérience de l'établissement et la fin du processus d'écriture passent les années 70. Dix années durant lesquelles s'éteignent les groupes politiques marxistes-léninistes, durant lesquelles les établis, hommes et femmes, s'échappent petit à petit des usines pour reprendre une carrière interrompue ou commencer une nouvelle vie. Certains ont connu une forme de béatitude dans le travail ouvrier mais la plupart n'ont pu que constater à quel point la soumission aux règles les plus néfastes promulguées par le capitalisme n'était pas remise en cause. Si une partie non négligeable de la population ouvrière est sensible au travail militant des établis, à leur souci de combattre les petits chefs notamment, la partie restante ne témoigne d'aucune velléité révolutionnaire.

Pourquoi y être allée ? La question hante le lecteur de *L'Excès-l'usine*, qu'il l'ait lu lors de sa sortie en 1982 ou qu'il le découvre dans le XXIe siècle commençant. Le texte semble parfois répondre à cette question (« On est nourrie de vérité. Il n'y a que ça[1] ») témoignant d'une attente et d'un désir (« On lit le journal attentivement, on cherche[2] »). Mais aucune allusion directe au militantisme ne trouve sa place dans *L'Excès-l'usine*. Leslie Kaplan évoquera beaucoup plus directement ce registre dans certains de ses ouvrages suivants, de *Mon Amérique commence en Pologne* au premier volume de la série *Depuis maintenant*.

Les témoignages des établis comme ceux que l'on peut trouver dans *Volontaires pour l'usine* de Virginie Linhart montrent à quel point, loin du cliché de l'intellectuel très vite dépassé par les vicissitudes du travail manuel, les établis ont su parfois parfaitement s'adapter au milieu dans lequel ils s'immergeaient et dénoncer l'insoutenable organisation de la production à la charnière des années 60-70 en France. Dans les différentes publications marxistes léninistes, de *Servir le peuple* à *La Cause du peuple*, les établis témoignent ou font témoigner. Observent et transmettent le fruit de leurs observations. Sont souvent les seuls à défendre les travailleurs immigrés, délaissés par les syndicats. *L'Établi* de

1 Leslie Kaplan, *L'Excès-l'usine*, Paris, P.O.L, 2012 (1re édition : Paris, Hachette/P.O.L, 1982), p. 18.

2 *Ibid.*, p. 19.

Robert Linhart, paru en 1978 aux éditions de Minuit, laisse entrevoir la hauteur de vue morale qui était celle du leader de l'UJC (ml), lorsqu'il s'agissait de dénoncer les conditions de travail des ouvriers de Citroën et la discrimination dont certains étaient victimes[1]. Dans de nombreux sites de production, les établis ont aidé à déclencher des grèves qui, si elles n'ont pas abouti à la gigantesque déflagration dont ils espéraient qu'elle soit portée par le prolétariat lui-même, ont permis de contester l'appareil hiérarchique. Le tribut à payer a souvent été lourd pour de telles agitations militantes.

Reste la question de la langue dans laquelle on témoigne d'une telle expérience. Du rapport qu'entretiennent ces récits avec le régime de la littérature. Ce qui fait la singulière différence entre *L'Établi* et *L'Excès-l'usine*, voire entre tous les autres récits d'établis et *L'Excès-l'usine*, c'est le choix qui est fait par Leslie Kaplan de s'écarter des normes narratives les plus courantes dans la mise en récit d'une expérience dont on souhaite témoigner. L'auteur s'en est souvent expliqué dans les conférences où elle fut invitée à commenter le désir de s'écarter d'une écriture naturaliste : « Je ne voulais pas écrire comme Zola, je voulais que l'usine apparaisse comme étonnante, à la fois banale et surprenante, choquante[2] ». Pour que le lecteur comprenne qu'il entre dans un récit où l'écriture ne diluera pas les éléments de signification que le témoin souhaite placer au centre du champ d'appréhension dans un flot narratif préétabli, il faut, selon Leslie Kaplan, bouleverser la manière dont les récits les plus traditionnels – et les plus populaires – agencent la transmission de l'information narrative.

> Quand j'ai voulu écrire cette expérience je cherchais à rendre compte de la sensation : à la fois le dehors, et ce qu'on avait dans la tête, à l'opposé du naturalisme, du déterminisme, où les choses, et les êtres, sont soi-disant à leur place, correspondent à leur définition. C'est seulement dans l'après coup que j'ai perçu combien « l'usine », et le monde « sous le ciel de l'usine », remettait tout en cause, contaminait tout, et, comment ne pas le reconnaître, pouvait vider l'expérience, en faire quelque chose de vide. On ôtait même leur expérience aux hommes. Prenons le mot cadence, j'y pense à cause d'un article lu

1 Reconnaître le prix de ces valeurs morales n'empêche cependant pas de jeter un regard critique sur les diverses organisations marxistes-léninistes, que ce soit dans leur refus de fonctionner démocratiquement ou plus généralement dans leur conception de la « guerre de classes ».

2 « Écrire déplace le ciel », lesliekaplan.net, consulté le 28 avril 2014.

> récemment sur le travail dans les usines en Chine. Qu'est ce que ça veut dire : il faut suivre la cadence. Suivre la cadence ne dit rien ou presque. Devenir la cadence serait peut-être plus juste. On peut aussi parler des cadences infernales. À bas les cadences infernales, mot d'ordre de mai 68. Cette question : l'aliénation de l'expérience, comment l'expérience réelle est rendue irréelle, comment le langage devient faux, mensonger, cette question appartient à tout le monde, et c'est pourquoi une vision naturaliste, où la parole est ramenée à une origine sociale, psychologique, etc., ne m'a jamais convenu[1].

Il en résulte un livre *inhabituel* : il y est question, très frontalement, de déranger le lecteur non pas en usant des clichés transgressifs habituels mais de lui ôter ses habitudes de lecture, afin que celle-ci ne se fasse pas selon les attendus du récit le plus couramment mis sous les yeux des amateurs de littérature. À travers neuf chapitres – neuf « cercles » – Leslie Kaplan propose des fragments de visions, de sensations, de réflexions liées à l'univers « excessif » de l'usine. Pour elle, l'expérience même de l'usine implique la recherche d'un agencement particulier des mots entre eux, afin de briser l'automatisation de la représentation telle qu'elle nous est présentée dans une littérature qui ne s'interrogerait pas sur les conditions de sa construction.

CERCLES

Or, d'emblée, les soixante-dix huit tableaux proposés dans le livre empêchent le lecteur de se prédisposer à un type de lecture : nous ne sommes ni dans le roman, ni dans le récit politique traditionnels. Nous ne sommes pas plus dans un recueil de poésie, aussi contemporaine soit-elle. Nous sommes au cœur d'une expérience poétique qui voudra rendre aux mots leur pouvoir de suggestion. Passée cette surprise, le livre se révèle d'une implacable cohérence : à la manière d'une partition dirigeant la transmission du sens, il va distribuer les éclats de pensée selon un agencement assurant des solutions de continuité dans la lecture. Au lecteur de fabriquer ensuite – Leslie Kaplan lui fait confiance – sa propre pérégrination par la superposition de ces différentes continuités.

1 « Usine », lesliekaplan.net, consulté le 28 avril 2014.

La référence aux cercles de l'enfer décrits par Dante Alighieri n'est pas anodine. Il n'est nullement question de faire croire à une écriture en apparence naturelle, une écriture qui mentirait sur les artifices dont elle choisit d'user. L'ascendance poétique du récit qui s'offre à nous est revendiquée. On pense à Mallarmé, bien sûr, mais aussi à *The Waste Land* de T. S. Eliot, à e. e. cummings ou à la poésie beat. Certaines des lectures marquantes faites dans les années 60 sont racontées dans *Mon Amérique commence en Pologne* : Kafka, Dostoïevski, Dos Passos, Coleridge, Brecht. Le cinéma et la chanson trouvent une place non négligeable dans cet inventaire des saisissements esthétiques : Bob Dylan, Ray Charles, Jean-Luc Godard, Michelangelo Antonioni, Jerry Lewis, Robert Aldrich. Et puis le free-jazz, la peinture de la Renaissance.

Les « cercles » n'organisent aucune chronologie : nous progressons dans la lecture de *L'Excès-l'usine* sans suivre le parcours biographique de l'établie Leslie Kaplan, qui ne fait pas ici la chronique de son établissement. Nous sommes projetés dans une série de tableaux[1] construits eux-mêmes selon une série de paragraphes n'excédant jamais quatre ou cinq lignes. On pourrait s'attendre à ce que la représentation que nous donne Leslie Kaplan de cette « grande usine univers » suivît la structure en spirale de *L'Enfer* de Dante, où le poète s'enfonce jusqu'au centre de la Terre pour rencontrer les damnés, dont le nombre va en s'amenuisant au fil de son exploration. Mais *L'Excès-l'usine* semble architecturé autrement : hormis le neuvième cercle qui proposera une scène autonome, en un lieu précis (« dans un quartier populaire, une vieille place, très belle[2] »), tous les autres proposeront une circulation entre le lieu de production – une chaîne de montage, un « atelier » – et d'autres espaces où se dit la vie quotidienne et ce qu'elle emporte avec elle de l'aliénation née au cœur du rapport à la production industrielle. Leslie Kaplan semble avoir voulu jouer d'un effet de surimpression des différents cercles qui se succèdent dans le livre : chacun d'entre eux s'apparente plutôt à une ellipse joignant à la description de l'usine celle de la vie enchaînée qui l'accompagne, comme si depuis ce point fixe de l'atelier, l'auteur avait jeté un lasso pour attraper ce qui est encore l'usine au dehors de l'usine, sur les berges de la Seine comme au Monoprix.

---

1 Dix pour le premier cercle, dix pour le deuxième, sept pour le troisième, onze pour le quatrième, huit pour le cinquième, neuf pour le sixième, quatre pour le septième, quinze pour le huitième et quatre pour le neuvième et dernier cercle.

2 *L'Excès-l'usine*, *op. cit.*, p. 105.

C'est l'écriture elle-même qui fera le lien entre les différents cercles, fabriquant l'effet de surimpression par le jeu des répétitions. Constamment, le texte fait revenir des éléments identiques, au sein d'un même cercle ou de cercle en cercle, et laisse jouer à cette structure répétitive un rôle d'éveil à la sensation de ressassement qui se joue dans l'aliénation. Une ritournelle viendra en outre jouer le rôle de fil d'Ariane dans ce labyrinthe. Entendue dès le quatrième tableau du premier cercle, elle refait son apparition dans le septième cercle puis dans la scène finale. « *Those were the days, my love*, ah *yes those were the days* » : c'est l'air que l'on entend au café, avant de rentrer dans l'usine, cet air entêtant des pop-songs diffusées en « haute rotation » sur les ondes radiophoniques[1].

Toutes les procédures stylistiques jouant sur la répétition vont être mises à profit dans *L'Excès-l'usine*, de l'anadiplose à l'épanalepse, en passant par l'épanadiplose, afin que puisse se dire dans le schéma général du livre le constant retour des mêmes motifs existentiels dans une vie tout entière ré-articulée par le travail posté. Ce souci de la répétition sera en outre corrélé à une forme de minimalisme sémantique. *L'Excès-l'usine* est un livre avare d'explications, de circonlocutions, de développements. Il lui importe souvent de *montrer*, en redonnant au mot un pouvoir de suscitation univoque de la chose. La répétition n'est d'ailleurs pas là que pour signifier la monotonie des jours, mais pour décrire l'épuisement qui résulte de l'immanquable retour du même. L'usine et son rythme ne sont pas seulement une structure qui encercle l'être humain pour l'impliquer dans une production dont il ne retire aucun fruit : elles sont aussi un processus de dévitalisation, qui extorque continûment son tribut au capital vital de celui qui travaille. Dans *L'Excès-l'usine*, la répétition n'est pas qu'une affaire de rythmique, elle dit l'usure. Usure d'une vie humaine saisie à ses deux extrémités économiques – production et consommation – et rongée, affaiblie, déchue de son inventivité et de sa singularité. Une vie dont on ne peut plus témoigner que par

1 Leslie Kaplan a évoqué cette chanson dans l'entretien qu'elle a accordé pour le présent volume à Mireille Hilsum, l'associant à la version livrée par Mary Hopkins d'un morceau musical issu du folklore tzigane, popularisé en français par Dalida avec la chanson *Le Temps des fleurs*. Qu'il soit question d'une « reprise » n'est évidemment pas anodin : on retrouve là les caractéristiques d'un monde industriel fonctionnant selon des cycles immuables. En outre, la pop-song, chanson le plus souvent fabriquée selon les principes modernes de la division du travail dans des lieux de production assimilés à des usines (le Brill Building, par exemple), est emblématique du mouvement de « marchandisation » de toute production humaine décrit dans *L'Excès-l'usine*.

le « on » de l'impersonnel, dont l'omniprésence – il débute plus de la moitié des phrases du livre – crée une sorte de basse continue, à la fois sonore et graphique[1]. Un « on » dont on s'aperçoit rapidement qu'il n'est pas l'expression d'une possibilité collective mais bien au contraire l'expression d'une érosion du sujet.

« PERSONNE NE PEUT SAVOIR LE MALHEUR QUE JE VOIS »

L'Excès-l'usine pose ainsi la question de l'énonciation littéraire d'un discours d'attestation. Quand de nombreux rescapés des camps de concentration nazis utilisent le « nous » pour témoigner d'une violence politique qui s'est tournée vers une collectivité, celle qui veut témoigner de la violence qui s'exerce dans le travail d'usine en est empêchée : aucun pacte ne lie celui qui réussit à s'exprimer à un collectif dont les membres se seraient juré de témoigner s'ils s'en sortaient. L'on ne saurait user du « nous » quand le « nous » n'est pas l'objet d'un projet collectif, même porté *in fine* par un individu. Le « on » de *L'Excès-l'usine* sera donc le résultat d'une double impossibilité : dire « je » et perdre l'espoir d'une énonciation collective ; dire « nous » et déformer le résultat de l'observation d'un espace où précisément manque la conscience collective.

Un « je » surviendra pourtant au troisième tableau du premier cercle, en une unique occurrence : « Personne ne peut savoir le malheur que je vois[2] ». Nous ne le verrons dès lors plus réapparaître. Comme s'il était venu, subrepticement, nous prévenir que l'usine ne se donnait pas à voir entièrement, quels que soient les pouvoirs de l'écriture. « Savoir » quelle est l'étendue des dégâts que s'inflige une société conçue autour l'aliénation du travail et des travailleurs, « savoir » cela, donc, est inenvisageable.

Ce qui n'empêche pas, ces précautions prises, de tenter d'énoncer ce qui peut s'énoncer : « On travaille neuf heures, on fait des trous dans des pièces avec une machine. On met la pièce, on descend le levier, on

1 La circularité du « o » initial vient ainsi marquer l'œil et renforcer l'attention aux différents « cercles » décrits dans le livre.

2 *Ibid.*, p. 14.

sort la pièce, on remonte le levier. Il y a du papier partout[1] ». Quelque chose de l'usine peut se dire, mais le morcellement qu'elle impose à la conscience de celui qui veut la penser empêche qu'une vue totalisante puisse être proposée. Même si « De la chaîne, on voit tout[2] », on ne voit en réalité que ce que l'usine veut bien montrer d'un réel qu'elle transforme de la terre au ciel. « Tout l'espace est occupé : tout est devenu déchet. La peau, les dents, le regard » nous rappelle le deuxième paragraphe du livre, après que nous a été présentée « L'usine, la grande usine univers, celle qui respire pour vous[3] ». Le sujet qui tente de témoigner peut légitimement se poser la question de son propre récit, lui qui dérive en un espace cerné par la déraison, où l'on scrute son propre visage pour vérifier que l'on existe encore : « Très souvent, on se regarde dans une glace, un miroir de poche, un reflet. On se regarde, on se regarde. L'image est toujours là[4] ». La persévérance du témoignage est aussi une persévérance à exister, à faire que le « on » retrouve ce qui fait de lui un sujet, ce qui fait son énonciation propre.

Une séquence ternaire du deuxième tableau du livre vient cependant nous aider à situer cette énonciation : « On est prise, on est tournée, on est à l'intérieur[5] ». Le « on » de *L'Excès-l'usine* voit tous les adjectifs qui lui sont associés s'accorder au féminin : on est une femme. Une femme qui regarde d'autres femmes. Y a-t-il seulement des garçons dans ces usines de femmes ? Il y a un chef, au loin : « Le chef est dans sa cage au milieu de l'atelier ». L'usine attribue un espace aux femmes et un autre aux hommes : « On monte. Les sexes sont séparés. Les hommes restent en bas[6] ». L'auteur-narrateur ayant vraisemblablement décidé de ne décrire que ce qui a été à portée de sa vue, les hommes n'entrent dans le champ de la description que lorsqu'on a quitté l'usine proprement dite[7].

L'Excès-l'usine fait donc défiler les ouvrières, en s'arrêtant parfois sur certaines de leurs caractéristiques, à défaut de dresser pour chacune d'elles un portrait qui se voudrait réaliste mais enfouirait le détail déterminant

1 *Ibid.*, p. 13.
2 *Ibid.*, p. 23.
3 *Ibid.*, p. 11.
4 *Ibid.*, p. 16.
5 *Ibid.*, p. 12.
6 *Ibid.*, p. 51.
7 Cette absence aura valeur de symbole : l'établissement en usine de l'auteur correspond à la période durant laquelle les premiers mouvements féministes s'organisent.

sous une avalanche de conventions descriptives. Le détail peut être physique et condenser en un seul symbole les conditions d'existence d'une classe sociale entière : « La plupart des femmes ont un merveilleux sourire édenté[1] ». Les récits d'établies collectés par Virginie Linhart dans *Volontaires pour l'usine* font volontiers référence à l'intérêt que les ouvrières portaient à la mode, à l'air du temps, aux produits de beauté[2]. Dans *L'Excès-l'usine*, la beauté des femmes est souvent soulignée – une érotique s'en dégage d'ailleurs – mais c'est surtout la puissance que dégagent les ouvrières en tant que travailleuses qui irradie dans le texte :

> La petite bossue est à sa place, près du radiateur. Elle est très petite et très jeune. On la voit, de dos, Quand elle est debout, une de ses épaules arrive juste à la table. La table est bien nette, rectangulaire et blanche. Au-dessus il y a la fenêtre avec son rebord obscène. La fille est à la table, on voit ses épaules, et son petit dos massif. Elle fait ses pièces, très vite, avec des gestes anguleux[3].

Les caractéristiques physiques présentées comme défavorables – bosse, petitesse, jeunesse – servent de point d'appui à un renversement qualitatif en bout de chaîne sémantique : l'ouvrière devient un « dos massif » dont le savoir-faire est admiré.

Et ces femmes attisent un amour infini, au-delà de l'empathie, de la simple camaraderie. Le livre a beau avoir émergé d'une latence de huit années, il conserve de l'idéologie ouvriériste cette fascination pour le prolétaire, mais la transforme en amour de l'humain : « On regarde celle qui est devant. Elle a la taille ronde. On l'aime, on l'aime tellement[4] ». Si l'établissement a paru aussi nécessaire aux marxistes-léninistes, c'est bien parce que les ouvriers leur semblaient, dans leur contact privilégié

---

1 *Ibid.*, p. 12. À l'inverse des « édentées », la « contre-dame » du quatrième cercle affiche des « dents en or » et une « jupe large ».

2 Nicole Linhart raconte ceci : « En réalité les ouvrières étaient coquettes et ne cessaient de parler des toilettes et des dessous qu'elles allaient s'acheter. Elles se moquaient gentiment de moi, me montrant des magazines de mode et me conseillant sur mon allure vestimentaire pour "garder mon mari". Elles m'avaient surnommé "Nana", me trouvant une ressemblance avec Nana Mouskouri, à cause de mes longs cheveux noirs et de mes grandes lunettes carrées, que je ne quittais jamais à l'époque » (Virginie Linhart, *Volontaires pour l'usine*, *op. cit.*, p. 115). Détail amusant : Leslie Kaplan raconte dans *Mon Amérique commence en Pologne* qu'on évoquait la même ressemblance la concernant : « Je porte des lunettes. À l'atelier, on m'appelle Nana Mouskouri » (Leslie Kaplan, *Mon Amérique commence en Pologne*, Paris, P.O.L, 2009, p. 128).

3 *L'Excès-l'usine*, *op. cit.*, p. 63.

4 *Ibid.*, p. 51.

avec le réel, détenir quelque chose de supplémentaire. Il n'était pas seulement question pour eux de se débarrasser de leurs oripeaux bourgeois et de s'intégrer à la vie ouvrière – certains en venaient et ne souhaitaient d'ailleurs pas vraiment y revenir – mais de toucher du doigt ce savoir "en plus" qui serait celui de l'ouvrier, du fait de son rôle dans la production. Ce que persistent à penser les marxistes-léninistes, c'est que si la classe ouvrière n'est pas "toute" – elle n'est pas organisée, elle n'est pas unie, elle n'est pas consciente de son pouvoir – il y a malgré tout en elle un "en plus" qui fait d'elle une classe supérieurement révolutionnaire.

Tous les récits d'établis feront la part belle à ce "en plus" mais peu évoqueront avec autant de lucidité que *L'Excès-l'usine* l'envergure prise par l'acceptation de la soumission. Le « malheur » du travail posté n'est pas seulement celui de l'assignation à une tâche unique, répétitive, mais aussi celui de sa sourde légitimation : « Pièces, morceaux et vie, l'usine. Et brique et tuile. Et entre et sort. Et droite et gauche et brique et tuile et mou et gras et tourne et tourne et vie et vie et bois et clou et fer et fer et entre et sort et tourne et bruit. Jamais un cri. L'usine[1] ». Pas de cri, pas de révolte. Le contraire de la révolte, même :

> On arrive à la tête de chaîne
>
> C'est une femme un peu lourde, elle a un chignon gris.
>
> On passe, on la regarde. On voit ses formes.
>
> La femme est assise. Origine. Les morceaux arrivent.
>
> La femme fait ses pièces, absorbée.
>
> Corps épais, retenu. Elle est assise dans sa robe, sur un coussin.
>
> Le coussin est tricoté, en crochet. À côté d'elle, on voit son panier. De la laine dépasse, par filaments, et des grosses aiguilles[2].

L'aliénation se lit ici dans le détail : le coussin tricoté ne correspond pas seulement à ce temps de travail artisanal que l'ouvrière récupère à son profit, il est l'aménagement individuel trouvé par l'ouvrière pour supporter sa condition. Or, tenter de « savoir le malheur » présent à l'usine, c'est tenter de comprendre en quoi l'usine a non seulement dépossédé ceux qui la font fonctionner de leur travail et des produits de leur travail, mais aussi

1 *Ibid.*, p. 49.
2 *Ibid.*, p. 26.

comment elle leur a fait accepter, par la transformation de la vie quotidienne, un monde-usine où tout les oriente vers l'acceptation de l'inacceptable.

CRITIQUE DE LA VIE QUOTIDIENNE

Les ateliers ne sont pas les seuls espace de l'aliénation dans *L'Excès-l'usine*, ils n'en sont même que la partie la plus visible. Car aucune consolation, aucune compensation n'attend celui qui travaille à l'usine une fois le temps de travail accompli. Le temps qui lui reste est sans saveur et c'est la perception tout entière qui se voit conditionnée par « la grande usine univers ».

Dans *Mon Amérique commence en Pologne*, Leslie Kaplan mentionne sa lecture de la *Critique de la vie quotidienne* d'Henri Lefebvre, dont le deuxième tome est paru en 1961. Dans ces « Fondements d'une sociologie de la quotidienneté », Lefebvre élargit la réflexion marxiste sur l'aliénation en montrant comment se joue dans la société post-industrielle un « contrôle social des possibilités individuelles[1] ». Probablement influencée par cette réflexion sur l'extension de l'aliénation au secteur de la vie privée, Leslie Kaplan ne s'est pas seulement intéressée, dans *L'Excès-l'usine*, au fonctionnement de l'appareil productif à strictement parler. C'est d'ailleurs la liberté qui lui est donnée par le recours à une écriture moins descriptive qu'impressionniste. Elle peut ainsi montrer combien la chaîne et l'atelier ne sont pas les seuls lieux de production d'un régime de l'aliénation : tous les "ailleurs" de l'usine sont contaminés par la dévitalisation à laquelle soumet la division du travail. En témoigne la volonté de proposer dans les différents cercles des tableaux mettant en scène telle ou telle usine où l'auteur s'est embauchée, mais aussi l'avant et l'après du labeur : réveil, transport, courses, retour à l'hôtel ou dans la chambre louée. Et là encore, l'univers de la production a conditionné l'espace : « La banlieue, c'est pareil. L'espace, l'espace tue[2] ». De manière plus évidente encore, le moment de la consommation s'affirme comme

1 Henri Lefebvre, *Critique de la vie quotidienne*, II, Paris, L'Arche, 1980, p. 67 (1re édition : Paris, L'Arche, 1961).

2 *L'Excès-l'usine*, *op. cit.*, p. 40.

un nouveau round de l'aliénation : « On va faire des courses. L'épicerie, c'est pareil[1] ».

L'usine fabrique non seulement les marchandises qui vont peupler ce monde sensible, mais elle fabrique aussi un rapport au monde déformé par le désir manipulé pour ces marchandises. Pourtant, quand ces marchandises sont mises en circulation et offertes à la dévotion du consommateur, quand elles gagnent les commerces où elles seront vendues après qu'on en aura attisé l'irréfragable convoitise, elles apparaissent à celle qui a saisi tout le malheur de l'usine comme des présences fantomatiques peuplant des lieux abîmés : « Les magasins sont légèrement défaits, démolis de l'intérieur. Vitrine irrégulière, molle. Les objets qu'on voit dedans sont ailleurs, peut-être[2] ». Surgit alors la contradiction essentielle de la société de consommation : le désir pour les marchandises trouve une place pour s'exprimer dans la vie aliénée (« On achète quelques objets, c'est certain. On les veut[3] ») même si l'exposition de ces marchandises chez autrui n'entraîne qu'un immense sentiment de lassitude (« Sur le buffet, il y a des objets. Les objets sont inutiles, c'est terrible[4] »).

Chaque évocation d'un ailleurs de l'usine est l'occasion de montrer combien l'usine a siphonné l'énergie nécessaire au maintien d'une vie privée autonome du processus de production. Dans la foulée des réflexions lefebvriennes, à quelques pas d'une pensée situationniste de l'espace, Leslie Kaplan montre combien la colonisation de la vie quotidienne gagne jusqu'à l'intimité la plus reculée, celle du rêve :

> On y va. En un sens, la chambre est toujours trop grande.
>
> On mange sans faim. Où est le goût ?

1 *Ibid.*, p. 38.
2 *Ibid.*, p. 88.
3 *Ibid.*, p. 71.
4 *Ibid.*, p. 83. Dans *Mon Amérique commence en Pologne*, Leslie Kaplan a évoqué un petit boulot effectué en marge des études de philosophie : « Je cherche du travail, j'arrive à me faire recruter par une agence de pub pour faire des enquêtes. Il s'agit de savoir quel public viser, et comment. Les enquêtes sont payées à la pièce. Le directeur de l'agence, bronzé, bien habillé, avec des cheveux blancs un peu longs, parle sans arrêt, sourit beaucoup, mais il est agité, inquiet. Il me confie la cause de son tourment : ne sommes-nous pas en train de créer des faux besoins, en avons-nous le droit » (*Mon Amérique commence en Pologne*, *op. cit.*, p. 96). Nous sommes quelques années avant le marxisme-léninisme, l'usine et l'établissement et déjà se dit une réflexion sur la société de consommation et la manipulation des besoins qui sera majeure dans l'œuvre de Leslie Kaplan.

On mord les dents de l'autre.

On regarde un ongle, un coude, un œil.

On regarde, on regarde.

On est immobile. On circule entre des parois de chair, des petits canaux sanglants. Le corps travaille et tombe. On ne va nulle part, la jouissance est dure, transparente.

On dort dans un cauchemar. On glisse de la chambre au rêve, la matière est la même.

La chambre est une chambre. On paye le loyer.

On vit, on meurt, à chaque instant[1].

L'usine complique la jouissance, fausse le goût, modifie la perception de l'espace. Elle altère le rêve, dont le désir s'absente pour ne plus laisser la place qu'au réel et à sa réduplication. Stoïque, le corps entre dans une catatonie caractéristique des pouvoirs de l'aliénation, maintien de l'être au-dessous de ses capacités d'invention existentielle. L'usine est une puissance qui s'insinue dans le sujet, jusqu'à l'empêcher de trouver le repos : « Il n'y a pas d'oubli, jamais. On est traversée[2] ».

L'usine est toujours vue dans le texte comme une omnipotence. Une *potence* omniprésente, aussi, car la dévitalisation totale, voire la mort, apparaissent comme le couronnement d'une telle activité. L'ultime cercle fait cette démonstration : dans l'ailleurs de l'usine, on est contaminé par la folie de l'usine. Jusqu'à s'amuser à penser au meurtre d'un enfant. Une fillette s'est emparée d'un bébé et joue avec lui comme avec une poupée, marchandise que l'on pourrait avoir fabriqué de ses mains dans une des usines du texte. Mais à quoi joue exactement la petite fille ? « La petite fille le plie, le presse. À un moment celle qui est peut-être la mère dit à la petite fille : Mais voyons, tu vas le tuer. La petite fille soulève le bébé et lui demande : Tu crois que je vais te tuer[3] ? ». Point final de *L'Excès-l'usine.*

1 *L'Excès-l'usine*, *op. cit.*, p. 39.
2 *Ibid.*, p. 82.
3 *Ibid.*, p. 108.

CONCLUSION

L'exploration des années 60 que fera rétrospectivement Leslie Kaplan dans la deuxième partie de *Mon Amérique commence en Pologne* nous aide à comprendre combien *L'Excès-l'usine* n'est pas que le produit d'une expérience militante. Et c'est sans doute ce pourquoi le livre a connu une gestation aussi longue : l'expérience, l'époque, les lectures devaient trouver une forme susceptible de dire à la fois l'établissement et l'usine, mais aussi, au-delà, en quoi le langage est capable de dépasser ce qui l'instrumentalise pour proposer une communication vraie. Leslie Kaplan, dans certains de ses textes critiques, revient régulièrement sur « l'usine » pour en faire le point de départ d'une réflexion plus large sur la société contemporaine et l'usage des mots qui ne manquent pas être pris dans l'aliénation généralisée :

> Mais la question de « l'usine » me paraît toujours liée à la fois à une recherche sur le langage, et à une recherche sur la folie. Est-ce qu'on parle, pense, écrit, comme à l'usine ou autrement ? Est-ce qu'une phrase est ouverte ou fermée ? Est-ce que nous habitons le langage en consommateur aliéné ou en homme / femme libre ? Est-ce que nous parlons entre nous comme à l'usine ? Est-ce que nous enchaînons nos phrases sans penser comme en faisant des pièces fabriquées ? Est-ce que nous fabriquons des phrases comme des produits du marché ? Est-ce que nous parlons à quelqu'un ou à personne[1] ?

Loin de céder à la mélancolie des repentis, Leslie Kaplan a prouvé dans les livres qui suivirent *L'Excès-l'usine* combien les questions posées par l'écriture de ce premier ouvrage méritaient une réponse littéraire. S'interrogeant sur la société de consommation dans nombre de ses textes, comme la trilogie *Toute ma vie j'ai été une femme*, *Louise elle est folle* et *Déplace le ciel*, elle n'a ainsi fait que poursuivre une réflexion entamée avec *L'Excès-l'usine*, où, comme nous avons tenté de le montrer, le règne de la marchandise poursuit le travail de l'aliénation débuté avec le cycle de la production.

Mon Amérique commence en Pologne nous le prouve : la lectrice de Lefebvre et du *Capital*, l'apprenti-sociologue pour agence de publicité, l'établie

1 « Écrire déplace le ciel », lesliekaplan.net, consulté le 28 avril 2014.

marxiste-léniniste et l'exploratrice de la psyché humaine superposent leur accès au réel pour que naisse une œuvre littéraire et poétique. Une œuvre littéraire et poétique dont un savoir doit pouvoir naître, ce qui n'est pas sans importance. Un savoir sur le réel, retrouvé grâce à la littérature mais sans les conventions littéraires. Et qui nous mènerait tout naturellement à ce que les conventions littéraires nous empêchent précisément d'atteindre : un savoir politique.

Matthieu RÉMY

LE DÉTAIL, LE RÉEL

« MARIE OUVRE SA PORTE »

Au troisième chapitre des *Amants de Marie*, « Marie ouvre sa porte[1] ». Un détail. Mais un détail qui insiste, qui revient, qui occupe la pensée de Marie et de Sammy :

> Au bout d'un moment elle se rendit compte qu'elle avait dans la tête l'image de l'homme à qui elle avait ouvert sa porte, le monsieur qui plaçait des abonnements[2].
> il pensait à la jeune femme qui lui avait ouvert sa porte, il se demandait s'il la reverrait. Ouvrir la porte, rêvait Sammy, ouvrir la porte, il voyait le geste, le mouvement, l'image était là, une porte qui s'ouvrait, il trouvait l'image, il ne savait pas pourquoi, parfaite, quand on dit, ouvrir la porte, ou encore mieux, elle m'a ouvert sa porte, on pense à beaucoup plus de choses que simplement ouvrir une porte, se disait Sammy[3].

Par la généralisation qu'opère Sammy, en transformant ce détail en « image », puis en expression toute faite à travers l'usage du « on » et la modalisation autonymique (« quand on dit, ouvrir la porte »), le détail ouvre la pensée, fait qu'« on pense à beaucoup plus de choses que simplement ouvrir une porte ». Surtout chez Marie, qui dit d'elle-même qu'elle a « toujours claqué la porte[4] » dans ses relations amoureuses. Surtout chez Marie, qui ouvre son cœur et son corps comme elle ouvre sa porte – et le déterminant possessif fait ici détail dans le détail, ouvrir « sa » porte représentant un geste d'ouverture (au sens figuré) sinon

1 *Les Amants de Marie*, P.O.L, 2002, p. 19. Les références sont celles de l'édition « Folio », 2004.
2 *Ibid.*, p. 72.
3 *Ibid.*, p. 55.
4 *Ibid.*, p. 51.

intime du moins subjectif, beaucoup plus important qu'ouvrir « la » porte, geste pratique. Quand Marie se décide à aller voir Max, la porte qui s'ouvre est de nouveau le détail qui pointe :

> Marie sonna
> Max ouvrit la porte
> réalisme et irréalisme
> la porte qui s'ouvre[1]

Au « Marie ouvre sa porte » initial répond ainsi le « Marie dit oui » final, dernier chapitre, isolé – mis en valeur – par le fait qu'il forme à lui seul la septième section numérotée, « oui » à Max, « oui » à l'amour, en tout cas à son commencement, « oui » au dehors, aux autres :

> J'adore la ville, hourra, la ville, les gens, les rencontres, mais pourquoi on a toujours l'impression que l'autre c'est un effort, *il faut* sortir de soi, *il faut* aller vers l'autre, non, l'autre, c'est OUF, ouf, ne plus être enfermé en soi, ouf l'autre, ouf dehors[2]…

Le livre entier est structuré par les rencontres qui mèneront à ce OUI ou ce OUF final, où Max et Marie rient et questionnent, même si Max rappelle à Marie qu'elle est un peu lourde, en la portant sur le lit[3]. Dans *Le Psychanalyste*, Sylvain raconte un cauchemar à Simon, où la porte reste, cette fois, fermée :

> J'ai fait un rêve. J'ai rêvé d'une porte.
> C'était un cauchemar.
> J'étais devant une porte, elle ne s'ouvrait pas. J'étais petit, je pleurais. Je me sentais idiot. Comme maintenant. Avec vous je me sens idiot.
> Une porte fermée d'accord. Mais vous m'avez ouvert, quand même. Dans le rêve c'était un dessin, cette porte. Comme un dessin dans un livre d'images.
> Elle était bleue.
> On dit une peur bleue.
> Je connais.
> Il y avait une tour à côté, ça me revient. […]
> *Au clair de la lune, mon ami Pierrot.*
> *Prête-moi ta plume, pour écrire un mot.*

1 *Ibid.*, p. 183.
2 *Ibid.*, p. 288. Marie, elle est OUF ? À la différence de Louise qui, elle, est folle, « ne voit rien », « ne voit personne » (*Louise, elle est folle*, P.O.L, 2011, p. 14).
3 *Ibid.*, p. 286.

> *Ma chandelle est morte, je n'ai plus de feu.*
> *Ouvre-moi ta porte pour l'amour de Dieu.* [...]
> Sylvain se mit brusquement à pleurer.
> Porte-moi. Je suis à bout. Porte-moi[1].

Le détail est, on le voit, moins une chose (une porte) qu'un mouvement (une porte qui s'ouvre) et un mot chargé de relations en langue (le mot « porte », homonyme renvoyant au substantif ou au verbe, à l'objet ou au fait de porter) ou dans l'interdiscours (la chanson « Au clair de la lune »). Il est « une condensation, une convergence de sens » :

> Le détail est un révélateur, mais il résiste aux explications, il déborde l'explication, il est en excès, il est un morceau de réel dans lequel l'ensemble se reflète mais ne s'explicite pas. Il est singulier, irréductible, et pourtant une fois qu'il est dit, écrit, découvert, il est évident. Il crée une irruption de sens.
> La puissance du détail vient de son caractère surdéterminé, il est une condensation, une convergence de sens.
> Mais le détail c'est le singulier, l'unique, pas l'« individuel », pas l'affirmation abstraite, pure et figée, pas le « moi c'est moi et toi tais-toi ».
> Alors que le singulier est : la vie même, le brin d'herbe, la feuille...
> La responsabilité de l'écrivain est envers le singulier, l'unique.
> Parce que c'est là où se loge l'étrange, ce qui ne va pas de soi, ce qui n'est pas connu.
> Ce qui saute et fait lien avec l'inconnu.
> Ce à quoi on ne s'attend pas, jamais.
> Y compris dans le plus ordinaire, le plus banal, comme le chiffon de l'usine.
> Le détail porte l'éveil, la surprise, l'inquiétude, le questionnement[2].

Les enjeux du détail concentrés dans ce texte[3] sont au fond, pour ou chez Leslie Kaplan, ceux de la littérature, aussi bien du point de vue de la

---

1 *Le Psychanalyste*, P. O. L, 1999, p. 248-249. Les références sont celles de l'édition « Folio », 2001. On pense à la scène évoquant *Freaks*, dans *Les Amants de Marie*, où « la belle écuyère » « fait le tour de la grande table de noce en le [le nain] portant, à son corps défendant, sur ses épaules » (*Ibid.*, p. 207-208), mais aussi à Damien, dans *Fever* et à son rêve : « j'arrivais à une porte, elle était fermée, je voulais l'ouvrir, je ne pouvais pas » (*Fever. Depuis maintenant, 5*, P. O. L, 2005, édition « Folio », 2007, p. 13).

2 « Les chiffons sont faibles (l'ordinaire de l'écrivain) », dans « Le détail, le saut, le lien », écrit pour les journées de la Fédération des Ateliers de psychanalyse, 2-3 décembre 2011, « jeux et enjeux du récit en psychanalyse, récit littéraire et œuvre d'art », publié dans *Épistolettre* n° 39, mis en ligne le 28 mai 2012 sur *Les Outils*.

3 Et développés aussi dans l'autre grand texte théorique sur le détail sur lequel je m'appuierai beaucoup : L. Kaplan, « Le détail, le saut, le lien », texte lu au cours des « Leçons de littérature » données à la BNF, été 2006, repris sur Remue.net, 14 janvier 2008 [en ligne].

création – de l'écriture, du style – que de la réception. Il y a ainsi dans son œuvre une poétique du détail : une poétique au sens où le détail est à la fois l'objet d'un style et l'enjeu d'une théorie, d'une réflexion sur la littérarité – en particulier dans le rapport mots / choses.

« LES CHIFFONS SONT FAIBLES »

Il s'agit là d'une sorte de détail primitif de l'œuvre entière selon l'auteure elle-même :

> Quand j'ai commencé à écrire mon premier livre, *L'excès-l'usine*, il y a eu un moment où je me suis dit, C'est ça, écrire, c'est ça. C'était une toute petite phrase, « les chiffons sont faibles ». En y repensant bien après j'y vois ce que j'ai pu appeler par la suite pour caractériser les enjeux du travail littéraire : « le détail, le saut et le lien ».
>
> À l'usine, « les chiffons sont faibles ». Évidemment on se sent petite et faible. Mais l'écrire, c'est aussi sauter, passer ailleurs. On est un petit chiffon, un petit morceau de tissu vieux et sale, jeté, en tas, dans un coin, et en même temps justement on quitte le règne des chiffons, l'écrire ouvre sur autre chose[1].

Si on retrouve bien deux traits sémantiques du détail littéraire – ou artistique – qui a donné lieu à toute une littérature critique[2], à savoir le caractère référentiel – « un petit morceau de tissu » – et la petitesse – « une toute petite phrase », « petite et faible », « un petit chiffon » –, le détail apparaît bien ici dans toute sa « surdétermination », ouvrant sur « autre chose ». Les « chiffons » relèvent du « détail-*particolare* » évoqué par D. Arasse, « petite partie d'une figure, d'un objet ou d'un ensemble[3] », comme le manteau de Joseph dans *Millefeuille*, vu par

1 « Les chiffons sont faibles (l'ordinaire de l'écrivain) », *op. cit.*

2 Outre à l'ouvrage fondateur de D. Arasse (*Le Détail. Pour une histoire rapprochée de la peinture*, Flammarion, 1992, « Champs », 1996), sur le détail pictural, on renverra, pour le détail littéraire, aux travaux de N. Schor (« Le détail chez Freud », *Littérature* n° 37, 1980, p. 3-14 ; *Lectures du détail*, Nathan, 1994) et de J. Dubois (*Les Romanciers du réel*, Seuil, « Points », 2000, chapitre 5), ainsi qu'aux collectifs publiés dans *La Licorne* (*Le Détail*, éd. L. Louvel, Hors série colloques – VII, UFR Langues Littératures de Poitiers, 1999), et *Études romanesques* (*Le Parti du détail, enjeux narratifs et descriptifs. Études romanesques*, n° 7, éd. M. Ricord, UPJV, Lettres modernes Minard, Paris-Caen, 2002).

3 D. Arasse, *op. cit.*, p. 11-12. Voir aussi p. 224-225.

Millefeuille comme « une loque, un chiffon[1] ». Ce détail *particolare* est le détail mimétique tel qu'il a été identifié dans, voire érigé en emblème de, la littérature réaliste[2], comme en témoignent l'ouverture de *Mimésis* d'Auerbach sur la cicatrice d'Ulysse dans *L'Odyssée*[3], la fin des « Deux amis de Bourbonne » de Diderot décrivant le conteur réaliste comme celui qui sait faire « apercevoir au front de cette tête une cicatrice légère, une verrue à l'une de ses tempes, une coupure imperceptible à la lèvre inférieure[4] », ou encore cette note des frères Goncourt dans leur *Journal* :

> Le caractère de la littérature ancienne est d'être une littérature de presbyte, c'est-à-dire d'ensemble. Le caractère de la littérature moderne – et son progrès – est d'être une littérature de myope, c'est-à-dire de détails[5].

Dans tous ces cas, le détail est lié à la mimésis[6] ; il relève de la fragmentation d'un ensemble ce qui ne prend sens que dans un ensemble, une composition. Ce détail *particolare* n'est pas absent des textes de Leslie Kaplan mais sa poétique du détail ne s'appuie que peu sur ce type de détail. Elle relève plus généralement de ces « choses communes », de cet « l'infra-ordinaire » que décrit Perec, dans un texte où il est d'ailleurs / aussi question de portes ouvertes :

> Comment parler de ces « choses communes », comment les traquer plutôt, comment les débusquer, les arracher à la gangue dans laquelle elles restent engluées, comment leur donner un sens, une langue : qu'elles parlent enfin de ce qui est, de ce que nous sommes.
>
> Ce qu'il s'agit d'interroger, c'est la brique, le béton, le verre, nos manières de table, nos ustensiles, nos outils, nos emplois du temps, nos rythmes. Interroger ce qui semble avoir cessé à jamais de nous étonner. Nous vivons, certes, nous respirons, certes ; nous marchons, nous ouvrons des portes, nos

1 *Millefeuille*, P. O. L, 2012, p. 97.

2 D. Arasse, *op. cit.* : « Ainsi, le détail articule, dans le tableau, l'activité de représentation qui est à la base du tableau lui-même ; dans la mesure où ce tableau "imite la Nature", le détail y est l'emblème du processus mimétique de la représentation picturale », (p. 203). Et J. Dubois souligne de son côté que « tout réalisme commence par un détaillisme » (*op. cit.*, p. 88).

3 E. Auerbach (1946-1968), *Mimésis. La représentation de la réalité dans la littérature occidentale*, Gallimard, « Tel », p. 11.

4 D. Diderot (1770), « Les deux amis de Bourbonne », repris dans *Nouvelles françaises du XVIIIe siècle* t. II, Librairie Générale Française, « Le livre de poche », 1994, p. 358.

5 E. et J. de Goncourt, *Journal*, 5 juin 1863, Laffont, 1989, tome 1, p. 971.

6 Voir D. Arasse, *op. cit.*, p. 142 notamment.

> descendons des escaliers, nous nous asseyons à une table pour manger, nous nous couchons dans un lit pour dormir. Comment ? Où ? Quand ? Pourquoi[1] ?

Les « choses communes » énumérées par Perec, comme les chiffons, renvoient aussi et surtout à des manières d'être et de faire (emplois du temps, rythme...) du quotidien, dans un rapport au présent, au « maintenant » sur lequel je reviendrai. Les chiffons sont ainsi et aussi une métaphore pour nommer des personnes (ouvrier.ère.s), en s'appuyant sur le sens figuré attesté du mot, qu'on retrouve en particulier dans le terme péjoratif « chiffe », et que Louise utilise à propos de Jenny dans *Le Criminel* :

> Cet intérêt général de Jenny, Louise ne le partage pas. Elle trouve souvent Jenny idiote. Chiffon, lui dit-elle. Tu ramasses tout[2].

Le chiffon, c'est aussi Stéphane dans *Depuis maintenant. Miss Nobody Knows*, dont Paulo dit : « il venait comme un chiffon, il voulait se faire porter, un bébé, un chiffon[3] ». Trois traits majeurs du détail chez Leslie Kaplan émergent ainsi : le détail est langagier, le détail est métaphorique (et métonymique) et le détail est le support du/des point(s) de vue.

Le détail n'est donc pas seulement une chose ou un référent, il est un mot. Et, particulièrement chez Leslie Kaplan, les détails-les mots ne vont pas de soi[4], ils apparaissent souvent opacifiés, dans leur double nature de signe ordinaire, renvoyant au monde, et de signe autonyme, renvoyant à la langue. Les mots sont à la fois « habités[5] », saturés par les discours environnants, l'interdiscours, autres mots, jouant en eux[6] » par le fait de la langue ou de ce que Lacan appelle « lalangue ». Et le détail n'est pas seulement le mot de « chiffons », il est la phrase même :

---

1 G. Perec, « Approches de quoi ? », *Cause commune* n° 5, février 1973, repris dans *L'Infra-ordinaire*, Seuil, 1989, p. 11-12.

2 *Le Criminel*, P. O. L, 1996, p. 39.

3 *Depuis maintenant. Miss Nobody Knows*, P. O. L, 1996, p. 100.

4 Voir Jacqueline Authier-Revuz, *Ces mots qui ne vont pas de soi. Boucles réflexives et non-coïncidences du dire*, Larousse, 1995, repris chez Lambert Lucas, 2012.

5 M. Bakhtine, cité par T. Todorov, *Mikhail Bakhtine et le cercle dialogique*, Seuil, 1981 : « Aucun membre de la communauté verbale ne trouve jamais des mots de la langue qui soient neutres, exempts des aspirations et des évaluations d'autrui, inhabités par la voix d'autrui. Non, il reçoit le mot par la voix d'autrui, et ce mot en reste rempli [...]. Sa propre intention trouve un mot déjà habité. » (p. 77).

6 J. Authier-Revuz, *op. cit.*, p. 662.

« les chiffons sont faibles ». Comme l'écrit Leslie Kaplan au sujet d'une autre phrase, d'un autre détail :

> Puissance de la littérature : un petit mot, simple, une négation, une indication, *I prefer not*, je préfère pas, un détail donc encore, on s'appuie dessus, on saute, et le monde se renverse[1].

En cela le détail chez L. Kaplan se distingue du détail mimétique et devient un détail métaphorique : en tant que « révélateur », « condensation », il est mouvement, transport, donc repose sur la métaphore[2]. Parce qu'il désigne des personnes (ce que le prédicat « faibles » dont la construction appelle en langue un sujet animé souligne), parce qu'il désigne des personnes en lien avec les choses qui l'environnent et dans leur statut social comme Leslie Kaplan l'a analysé elle-même, en prenant l'exemple du bégaiement de Merry dans *Pastorale américaine* de Philippe Roth (1997) :

> À travers le bégaiement de Merry passe la société américaine de l'après-guerre, la classe moyenne, la réussite des immigrants, la culture, les positions politiques, le sport, l'entreprise, les concours de beauté, la famille, mais aussi les oppositions larvées, les conflits ouverts entre communautés, les juifs, les catholiques irlandais, les ratés du grand creuset idéal, du melting pot… Le lecteur est informé de tous ces aspects, mais d'une façon particulière, ces informations circulent dans des détails qui l'attrapent et le tourmentent comme le bégaiement de Merry[3].

Le détail est d'autant plus remarquable ici qu'il touche au langage, au langage dans sa manifestation corporelle, dans la manière dont il peut s'extérioriser. Il est à la fois une chose de peu d'importance et qui attire l'attention, par sa récurrence notamment – ce qui est une condition de l'identification du détail. Et ce détail, métonymie du rapport de Merry au monde, est aussi métaphore d'une situation sociale, historique, comme le précise L. Kaplan, à l'instar des chiffons, qui métaphorise une condition sociale de dominés, voire d'exclus au sein de la société française des années 1960.

1 « Le détail, le saut, le lien », *op. cit.*

2 *Les Outils*, P. O. L, 2003, p. 68 : « *Condensation* : écrire avec la métaphore, qui fait l'économie de la comparaison ».

3 « Le roman : un miroir social », dans *Assises du roman* : « roman et réalité », Titre 64, Villa Gillet / Christian Bourgois, 2007, p. 65-66.

Ce que rappelle enfin la dénomination même de « chiffons », le fait de se penser comme « chiffons » ou d'être vu comme « chiffons », c'est que le détail est toujours et d'abord point de vue, est « aussi, inévitablement, *dettaglio*, c'est-à-dire le résultat ou la trace de l'action de celui qui "fait le détail" – qu'il s'agisse du peintre ou du spectateur. [...] Sa configuration dépend du point de vue du "détaillant[1]" ». C'est pourquoi non seulement tout peut devenir détail, mais il n'est de détail hors d'un sujet qui l'instaure ou l'identifie comme tel[2] : cela peut être l'auteure par ses commentaires épitextuels (textes théoriques ou entretiens), les narrateurs ou narratrices des récits, les personnages, ou encore le lecteur. C'est d'autant plus vrai chez L. Kaplan que le détail est une manière pour elle de mettre en œuvre le point de vue, ou plutôt la pluralité de points de vue, qui est au cœur de sa poétique. Le détail est ainsi ce qui permet de porter, de transporter la dimension phénoménologique et polyphonique ; la « convergence » évoquée par L. Kaplan est ainsi, en plus de cette condensation à travers les mots (habités et gigognes), une convergence des voix[3]. Cette convergence, qui permet de donner à voir « plusieurs pans de réalités en même temps[4] », fait du détail un (sinon le) mode d'accès privilégié au réel dans l'écriture de Leslie Kaplan :

> Le détail [...] est un éclat de réel. Il « fait signe ». Petit et plein et inépuisable, comme le chiffon, il donne le monde et fait qu'à travers lui, avec lui, on voit, on entend, on éprouve[5].

---

1 D. Arasse, *op. cit.*, p. 11-12.

2 Voir D. Boisseau, « De l'"inexistance' du détail », dans *Le Détail*, *La Licorne*, *op. cit.* : « Le détail relève d'une œuvre. Ou encore, il n'est pas de détail naturel. [...] Il n'y a jamais de détail en-soi, le détail est toujours d'ordre phénoménal, composé d'impressions de monde et d'activités de conscience », p. 15-16.

3 Cette polyphonie est particulièrement mise en avant dans la trilogie théâtrale écrite pour le Théâtre des Lucioles : *Toute ma vie j'ai été une femme* (P. O. L, 2008), *Louise, elle est folle* (P. O. L, 2011), et *Déplace le ciel* (P. O. L, 2013), notamment par le jeu des italiques et des romains.

4 On pense à la formule de Cézanne, rappelée à plusieurs reprises par L. Kaplan : « J'avais été frappée par une exposition, une rétrospective de Cézanne, et j'avais lu qu'il voulait "peindre par tous les côtés en même temps". Et d'une certaine façon, je crois que je voudrais écrire comme ça, écrire par tous les côtés en même temps, c'est-à-dire – ça veut aussi dire – donner sa voix et prendre au sérieux chacun des personnages » (*Les Outils*, *op. cit.*, p. 281).

5 « Les chiffons sont faibles (l'ordinaire de l'écrivain) », *op. cit.*

Les guillemets encadrant la périphrase verbale « fait signe » servent ici à mettre en valeur et en particulier à indiquer « l'arrêt sur mot[1] », la syllepse : « faire signe », c'est interpeller mais aussi signifier. L'énumération finale souligne bien l'importance de, et l'appel à, la perception dans l'appréhension du détail. Le détail s'éprouve et permet d'éprouver le réel.

« *MISS NOBODY KNOWS*[2] »

Le détail, c'est ainsi le réel que l'on laisse venir à soi, advenir en soi, c'est la place laissée aux autres en soi : « C'est la base d'une archéologie du réel, le bout à partir de quoi le réel qui est, comme on l'a dit, impossible, au sens de : inépuisable, peut être attrapé[3]. » C'est pourquoi Marie est sans doute le personnage-emblème du détail. Si « un personnage est une forme que peut prendre à un moment donné une question[4] », Marie est cette question : car elle est celle qui ouvre sa porte, qui est ouverte – à l'inconnu, à la surprise ; elle est « miss Nobody knows », celle qui ne sait pas, mais aussi celle dont personne ne sait rien, celle qui questionne, qui est attentive aux détails. Dans *Depuis maintenant. Miss Nobody Knows*, *Le Psychanalyste* et *Les Amants de Marie*, elle apparaît comme notant et posant des questions[5], et c'est son « sens du détail » qui est souligné :

> Je l'aimais pour ça, cette absence de hiérarchie, d'organisation, de système, son sens du détail, c'était sa force et sûrement aussi sa difficulté[6].

---

1 Voir J. Authier-Revuz, « Le guillemet, un signe de "langue écrite" à part entière », dans *À qui appartient la ponctuation ?* (dir. J.-M. Defays, L. Rosier et F. Tilkin), Duculot, 1998, p. 373-390 ; et « Arrêts sur mots », dans *L'Écriture et le souci de la langue* (dir. I. Fénoglio), Bruylant-Academia, 2007, p. 113-145.

2 Rien ne permet d'assurer que la « Marie » des *Amants de Marie* est le même personnage que la « Marie » / « Miss Nobody Knows » de *Depuis maintenant. Miss Nobody Knows* et du *Psychanalyste* (où le rapprochement, par l'utilisation conjointe du prénom et du surnom, est explicite). Mais rien ne permet de dire le contraire, il n'y a aucune incompatibilité diégétique ou référentielle. Je parlerai donc de Marie comme d'un seul personnage dans la série *Depuis maintenant.*

3 « Le détail, le saut, le lien », article cité.

4 *Les Outils*, *op. cit.*, p. 27.

5 *Depuis maintenant*, *op. cit.*, p. 12, 19 ; *Le Psychanalyste*, *op. cit.*, p. 384.

6 *Depuis maintenant*, *op. cit.*, p. 59.

> Parfum suave, taille fine et talons hauts, ah plus hauts que Marie n'en porterait jamais, et tous ces petits détails, plaisir, plaisir, les boucles et les lanières, les broches et les variations de couleurs, les amplitudes diverses, les plis[1].

Le détail, c'est le questionnement, non la réponse : Le détail est lié au déplacement que l'on retrouve dans les questions « déplacées » de Miss Nobody Knows :

> Elle posait des questions qui auraient pu sembler déplacées, mais qui ne l'étaient pas. Le mur, comment il était ? La femme blonde ? Le contremaître ? La pause à midi[2] ?

Marie porte ainsi un regard, une interrogation sur le monde, que la narratrice retrouve chez Charlie Chaplin, chez qui

> l'accent est déplacé, l'important devient moins important, l'attention est disponible au détail et le détail n'est pas celui qu'on attendait [...], ce qui est central et ce qui est marginal changent de place et de rôle, la construction d'ensemble est remise en cause, elle est critiquée par les détails incongrus[3].

Le déplacement, c'est aussi une manière de voir et de dire le réel, sans passer (totalement ou seulement) par le filtre collectif qu'on nomme « réalité ». C'est ce qui est possible avec Marie :

> J'essayais de lui décrire les femmes que j'avais rencontrées, comment les choses s'étaient passées, c'était possible parce qu'elle n'avait aucune catégorie préétablie, seulement des mots[4].

Marie interroge le réel plus qu'elle ne plaque sur lui – et sur ceux qu'elle rencontre, observe – des réponses empruntées ; ainsi dans l'extrait suivant, elle prend le temps d'observer :

> Marie était assise à une table dans un bar qu'elle venait de trouver, sombre et frais, ordinaire. De sa table on voyait la rue, les passants.
>
> Marie regarda autour d'elle et décida que c'était le bar idéal, l'endroit parfait pour terminer sa journée.

---

1 *Les Amants de Marie*, *op. cit.*, p. 215.

2 *Depuis maintenant*, *op. cit.*, p. 19.

3 *Le Psychanalyste*, *op. cit.*, p. 167-168. Le « déplacement » est précisément ce qui chez Freud, selon la lecture de N. Schor permet à un élément apparemment insignifiant et refoulé de faire retour (« Le détail chez Freud », *op. cit.*, p. 7).

4 *Depuis maintenant*, *op. cit.*, p. 18.

> Elle demanda un autre verre et observa la rue. Flux reposant des gens, les pensées s'accrochent dehors, elles peuvent s'accrocher, elles arrêtent de tourner dans la tête, elles vous quittent.
>
> Marie s'intéressa à une jeune femme rousse, grands cheveux, grande jupe, grand nez, elle poussait un vélo avec une petite fille assise devant dans un panier en fer, la petite fille était rousse aussi, la jeune femme se mit brusquement à parler de façon véhémente avec un homme en jeans, Marie trouvait qu'il avait l'air pervers, les yeux froids, en tout cas la jeune femme semblait tout à coup très angoissée. Après les trois disparurent de son champ de vision. [...]
>
> Une évidence circulait dans le bar, une attente, portée par la musique ronde et syncopée qui venait du fond[1].

On peut lire un tel passage à la lumière de la *Tentative d'épuisement d'un lieu parisien* de G. Perec qui s'installe au tabac Saint-Sulpice pour décrire « ce que l'on ne note généralement pas, ce qui ne se remarque pas, ce qui n'a pas d'importance : ce qui se passe quand il ne se passe rien, sinon du temps, des gens, des voitures et des nuages[2] ». Dans les deux cas, l'attention au détail va passer par une disponibilité du regardant, qui permet aux pensées de « s'accrocher » au réel, aux autres. Les verbes de perception soulignent cette attention[3] : « voyait », « regarda », « observa », mais aussi les verbes de sentiment, de pensée, mettant au premier plan la subjectivité du point de vue : « s'intéressa », « trouvait », « semblait ». Disponibilité qui va donner lieu à la rencontre avec Jimmy. « Le détail, c'est : "j'ai vu, j'ai entendu, et ça a changé ma vie" écrit L. Kaplan[4]. On voit bien à quel point le détail est ici une sorte d'embrayeur narratif, fictionnel : Marie observe, suppose, interprète. Et cette appréhension du détail a son espace, la ville, lieu de toutes les rencontres de hasard, lieu des liens, des ponts et « lieu de tous les possibles[5] », donc de la fiction, de la littérature :

> La littérature écrit ainsi à la fois ce qui est et ce qui peut advenir, le possible, la fiction. C'est : on *aurait pu* faire, dire, penser, être[6].

---

1 *Les Amants de Marie*, *op. cit.*, p. 62-63.

2 G. Perec, *Tentative d'épuisement d'un lieu parisien* (UGE, 1975), Christian Bourgois, 2003, p. 12.

3 L'ouverture du *Criminel* (*op. cit.*) est particulièrement révélatrice de ce mouvement d'attention mobilisant tous les sens.

4 « Le détail, le saut, le lien », *op. cit.*

5 « *Les Amants de Marie* "du jour au lendemain" », entretien avec Alain Veinstein, 9 septembre 2002, repris dans *Les Outils*, *op. cit.*, p. 282.

6 « Le détail, le saut, le lien », *op. cit.* Est-il utile de redire la différence avec l'écriture naturaliste d'un Zola qui, au début de *Du roman* (1878-1880), écrit : « J'insiste sur cette

Le détail est un « point de vue » à conserver pour les personnages et pour les articulations du récit. Ainsi dans *Le Psychanalyste*, où la narratrice s'appuie sur la manière de Simon d'envisager la psychanalyse pour livrer une réflexion méta sur la narration :

> Moi ça me plaisait parce que je me disais : c'est comme une narration, est-ce qu'une narration est racontée du point de vue de ce qu'on sait, comme un « cas » qui se déroule en ligne droite, ou du point de vue de ce qu'on ne sait pas à l'avance. Et ça ne veut pas dire : improvisation. Mais c'est une question de point de vue. [...] on voit bien qu'une explication donnée ne marche pas toute seule, quelqu'un peut très bien savoir et ça ne lui fait rien, pas plus qu'un récit n'est une pure et simple « idée » déroulée, démontrée, au contraire tout passe par le détail, les tours et les détours, la densité de la langue, l'épaisseur du temps[1].

Les narrations de Leslie Kaplan créent ce sentiment de « l'ouvert », d'accepter « les tours et les détours » de la langue. C'est parce que l'écriture de Leslie Kaplan cherche à accueillir l'inconnu, la pluralité (de voix), qu'elle est une écriture du détail et non de l'anecdote.

« SADE HAUSSE LES ÉPAULES »

Leslie Kaplan pense le détail en opposition à l'anecdote[2]. Du côté du détail la « surdétermination », la « condensation », mais aussi l'ouverture, le questionnement, la variété (des voix, des points de vue, des plans de réalité) ; du côté de l'anecdote, la « trivialisation », la platitude homogène :

> Pour moi le détail est vraiment différent de l'anecdote. Le détail est un condensé, je dirais même une condensation, on pourrait dire une figure de style : un vrai détail – qui n'est pas une anecdote donc – est une façon, avec un mot, une phrase, un adjectif entre virgules, de donner à voir plusieurs plans de réalité en même temps, pris par différents aspects en même temps.

déchéance de l'imagination, parce que j'y vois la caractéristique même du roman moderne » (*Le Roman expérimental*, 1880, Garnier-Flammarion, 1971, p. 213) ?

1 *Le Psychanalyste*, *op. cit.*, p. 81-82.

2 Les analyses de K. Abiven (*L'Anecdote ou la fabrique du petit fait vrai. Un genre miniature de Tallemant des Réaux à Voltaire*, Classiques Garnier, 2014) sur le genre de discours de l'anecdote comme « récit minimal », reposant sur l'efficacité, l'économie de moyens, saillant et détachable, confirment la caractérisation qu'en fait L. Kaplan.

> Une anecdote, c'est « j'aime / j'aime pas », « j'ai fait ci / j'ai fait ça », c'est quelque chose qui est plat. Je fais exprès d'employer « plat » en l'opposant à un déploiement de surface, à un déploiement en volume[1].

L'anecdote relève de la trivialisation, qui se définit de manière binaire, manichéenne, simpliste (« j'aime / j'aime pas », « j'ai fait ci / j'ai fait ça »), à l'image des jeux pour la télévision mis en scène dans *Déplace le ciel*[2] reposant sur le schéma question/réponse, « je sais / je sais pas ». Dans ces discours trivialisés, aucune place pour le doute ou le questionnement, aucune prise en compte de la multiplicité, de l'hétérogène, de la polyphonie n'est envisageable. Alors que le détail est une « convergence de sens », l'anecdote est « dépourvue de sens » :

> L'anecdote va avec les show à la télévision, où ce qui est raconté a pour but d'empêcher la pensée. On ne peut pas penser si la question est : aimez-vous le fromage ou préférez-vous la tarte à la crème. On ne peut pas penser si le travail, l'œuvre est réduit à une anecdote[3].

Et elle donne plusieurs exemples, en particulier ce passage des *Amants de Marie* où Sade est interviewé pour la télévision :

> Vous aimez les sorbets un peu différents, un peu spéciaux, n'est-ce pas ? Les sorbets à la merde, au caca, vous dites que c'est eux que vous préférez ?
> Vous pensez, qu'il vaut mieux dire merde ou caca, d'ailleurs ?
> Sade lève les sourcils.
> Vous êtes toujours très exigeants sur les mots, très rigoureux, on voit que vous aimez la langue française, que vous l'appréciez vraiment, j'ai raison, n'est-ce pas ?
> Sade hausse les épaules.
> J'ai raison, je vois que vous pensez que j'ai raison[4].

Le « n'est-ce pas ? » est le mot de la trivialisation dans le rapport à l'autre, celui où on n'écoute pas l'autre mais attend un assentiment de sa part. Il s'agit de faire dire, et non d'écouter ce que l'autre a à dire. Pensée en contrepoint au détail, l'anecdote est traitée de manière équivalente chez L. Kaplan, à tel point qu'on peut distinguer dans son œuvre les

1 « L'écrit-l'usine : de l'expérience à la fiction. Entretien avec S. Bikialo », dans *Dire le travail. Fiction et témoignage depuis 1980*, *La Licorne* n° 103, PUR, 2012, p. 41.

2 *Déplace le ciel*, *op. cit.*, p. 13-18.

3 « Le détail, le saut, le lien », *op. cit.*

4 *Les Amants de Marie*, *op. cit.*, p. 191-192.

passages, les situations, les personnages qui détaillent et ceux qui « trivialisent » (ne font pas dans le détail), ceux qui doutent, questionnent, d'une part, et ceux qui assènent, affirment, d'autre part : Marie dans la série *Depuis maintenant*, mais aussi Clara dans *Les Mines de sel*, Zoé dans *Les Prostituées philosophes*, Sammy dans *Les Amants de Marie*, Jenny dans *Le Criminel*[1], Marc dans *Le Psychanalyste*[2], etc., font dans le détail. À l'inverse, Stanley, le père de Thomas dans *Les Prostituées philosophes*, ou encore David dans *Les Amants de Marie* ne détaillent pas :

> David ne se rappelait pas, ça lui arrivait souvent, mémoire mauvaise, il était connu pour ça, les petites choses, les détails, les couleurs, mais aussi les faits importants, les dates, les lieux, souvent il vivait dans le monde d'une façon floue[3].

Dans *Les Amants de Marie*, Sammy détaille, dans un chapitre au titre significatif « Sammy et la pluralité des mondes » :

> Souvent Sammy se disait que l'univers se déployait comme un accordéon, avec des mondes et des arrière-mondes, et cette impression se confirmait quand il sortait dans la rue, impression de voir tout, sans pouvoir exactement dire ce qu'il entendait par tout. Ce qu'il pouvait préciser, c'était les détails.
> L'ouvrier jardinier qui installait les arbres devant la mairie, ses cheveux longs, ses épaules larges, et son air brutal, rusé[4].

> Le soir il rapportait tout à la maison, les bribes et les éclats, les morceaux, les pans de mur et les flaques, les rides de l'eau, les regards des gens[5].

---

1 « Jenny les écoute de loin, elle vérifie la ressemblance. Ensuite elle est prise par les détails, par tout ce qui se détache doucement. Rides et mouvements, les mains » (*Le Criminel*, *op. cit.*, p. 11) ; « Couleur de l'air spéciale, nébuleuse, et les cailloux encore bleus. Ce qui étonne le plus Jenny, ce n'est pas vraiment la nature entière, sa gloire, mais les détails, leur possibilité » (*Ibid.*, p. 38) ; « Jenny est emporté par Louise. La peau mate de la gorge, les yeux. Le style, le pantalon dans les bottes. Et les détails. Les marques du hasard pur. » (*Ibid.*, p. 48) ; « Petits coins en pierre, rebords des fenêtres, les détails » (*Ibid.*, p. 73).

2 « J'écoute les gens, je ne pense qu'à ça. [...] Je les écoute, je cherche les différences, le ton, les petits détails, les indices, les signes, si on peut les classer. Je fais ça partout, dans la rue, au bureau, à la maison, partout » (*Le Psychanalyste*, *op. cit.*, p. 349).

3 *Les Amants de Marie*, *op. cit.*, p. 52. Sauf quand il fait l'amour où il détaille au sens propre, taille dans la chair, mord, pince : « les gestes, les morceaux de corps, tout se découpait avec précision, il traçait des contours avec ses mains, avec son sexe, il devenait précis, éveillé, excité, vivant, morceau après morceau, un sein, un ventre, un dos, une aisselle, des poils, un genou (p. 53).

4 *Ibid.*, p. 54-55. Mais aussi Jimmy, « qui écrivait des romans, s'intéressait aux détails » (p. 84), Rachid (p. 262) ou M. le malade (p. 219).

5 *Ibid.*, p. 138.

À cette attention aux mondes et aux autres, aux bribes et aux minuscules, qui fonde le point de vue du détail, s'oppose la trivialisation et sa recherche du grand (public) :

> Il est probable que Marcela Iacub, qui croit avoir vraiment écrit un livre où elle parle vraiment d'elle, croit aussi avoir librement choisi de s'occuper de DSK. Elle a juste suivi ce qui est la norme actuelle de la société.
>
> Cette dictature du vide a pour fonction de faire croire aux gens, à ceux qui ne sont pas les puissants de ce monde, qu'ils participent à la société dont ils sont en fait exclus. Ils n'ont pas vraiment de pouvoir de décision, mais ils connaissent le petit bout de la petite culotte. C'est en quoi toute cette trivialisation de la culture ressemble fortement à l'opium du peuple dont parlait Marx[1].

Le détail et l'anecdote ouvrent ainsi à une dimension politique, à une anthropologie critique du langage et de la littérature, en particulier dans son rapport au réel (historicisé). À la convention normative de l'anecdote répond l'ouverture vers l'inconnu du détail. Un dernier détail le confirme.

« IVAN QUI BOITE »

> Je donnerai comme exemple de détail : Ivan qui boite.
>
> Dans *Les Frères Karamazov*, après le discours, extraordinaire, du Grand Inquisiteur, adressé à son frère Alexis, Ivan s'en va, désespéré et triomphant, ayant montré pense-t-il à son frère la contradiction insoluble entre la liberté et le bonheur, et donc la nécessité de la dictature pour faire le bonheur des hommes, et Aliocha qui le regarde partir remarque qu'il boite. Quel est le sens de ce boitement ? Aliocha ne l'avait jamais vu, et moi, lectrice, non plus. Étonnement, surprise, je n'aurais pas imaginé, vu, Ivan comme ça… […]
>
> Ce qui se passe avec ce détail minuscule, c'est qu'il nous arrête dans notre lecture, il nous fait nous arrêter, nous questionner, quel sens cela a-t-il, et du coup, le grand discours du Grand Inquisiteur, on y repense, et on y revient autrement[2].

1 « Un spectre hante l'Europe : le spectre de la connerie totale », *Médiapart*, 23 février 2013 [en ligne].

2 « Le détail, le saut, le lien », article cité. Ce boitement d'Ivan est évoqué dans *Mon Amérique commence en Pologne* : « Les détails. Après le récit du "Grand Inquisiteur"lu par Ivan à Aliocha, récit qui veut démontrer que les hommes préfèreront toujours le bonheur

Le détail est ce qui provoque la surprise car n'avait pas été aperçu, oblige à la relecture et surtout dégage une puissance herméneutique importante. Mais ce détail, ce boitement en appelle un autre pour un lecteur de Leslie Kaplan. Dans *Depuis maintenant. Miss Nobody Knows*, c'est Stéphane qui fait semblant de boiter, comme le décèle Marie[1]. Et ce boitement (qui est trébuchement) est lié à sa difficulté à trouver sa place, notamment dans le contexte de mai 1968, des usines occupées : « C'est ensuite qu'il avait adopté la boiterie[2] ».

Miss Nobody Knows (le personnage, mais aussi le livre) est aussi l'emblème d'une époque, celle où elle est apparue et où elle a disparu. Car si le détail a son personnage (Marie), s'il a son espace (la ville), il a aussi son époque (mai 1968) :

> Quand je pense à cette époque, j'ai l'impression que c'est un moment où l'on voit tout, où l'on peut tout voir, dans tous les détails, parce qu'il n'y a pas de hiérarchie entre les choses. Il y a un sens, mais il flotte, il plane, il existe sans être là[3].

Ce qu'on retrouve dans *Le Psychanalyste*, avec Simon, lorsqu'il pense à mai 68 :

> Ce mouvement avait donné une ampleur collective, politique, à la prise de parole, au récit, au détail, et avait ainsi pris au sérieux précisément ce qui permet de rencontrer l'autre [...]. Il y avait là pour Simon des résonances avec ce qui commençait à l'intéresser tellement dans la psychanalyse qui met aussi, par rapport à son objet propre et dans un autre cadre, l'accent sur le récit et le détail. C'est dans le récit et le détail que passe le sujet, dans l'élaboration concrète, dans la narration singulière, et ce n'est pas dans ce qui se veut hors temps, fermé, définitif, la catégorie, la case ou le cas, le dossier ou la définition, selon l'Administration ou le Savoir scientifique, qui n'ont parfois qu'un changement de ton pour devenir injure (Juif ! étranger ! femme ! etc.)[4].

---

matériel à la liberté, les deux frères se séparent et Aliocha remarque qu'Ivan boite » (P.O.L, 2009, p. 92).

1 *Depuis maintenant*, *op. cit.*, p. 29-30.

2 *Ibid.*, p. 35.

3 *Depuis maintenant*, *op. cit.*, p. 16-17. Et aussi : « Chaque détail compte, tout est important, on ne connaît rien, on ne choisit pas, on prend tout. [...] on est dans un état particulier, on voit tout, le mendiant unijambiste et la petite fille avec ses nattes et ses nœuds écossais et la gitane qui discute au coin de la rue en robe longue. On est soulevé, porté par ce qui vient, sans doute, mais cela rend aussi minutieux. Plaisir de voir, et de voir ce qu'on n'avait jamais vu » (*ibid.*, p. 109-110).

4 *Le Psychanalyste*, *op. cit.*, p. 385-386.

Il y a une temporalité du détail : le présent, le « maintenant ». Le détail, chez Leslie Kaplan, est déictique. Écrire le détail, c'est se situer « depuis maintenant » ; comme l'écrit Henri Scepi dans *La Licorne* consacrée au *Détail* :

> Le contingent, l'accessoire, le minuscule constituent autant de catégories qui s'attachent à rendre compte de l'immédiateté du moment et qui condensent du même coup les traits spécifiques et les motifs définitoires d'un présent éprouvé comme tel, c'est-à-dire comme espace-temps culturel, contexte d'énonciation, labile instabilité de la représentation, sentiment du transitoire dans les formes[1].

Ce « sentiment du transitoire », c'est Marie qui repart comme elle est venue (« Un jour elle a disparu, c'est tout[2] »), qui marche « rue du Départ[3] » ; mais c'est aussi, au niveau narratif, le sentiment d'une histoire qui accueille la surprise, les « circonstances[4] ». *Les Amants de Marie* semble construit selon un principe de progression thématique linéaire, « par association de pensée ou association réelle[5] » : un personnage qui forme le titre du chapitre (thème) en évoque, rencontre un autre (rhème), et cet autre personnage devient le thème-titre du chapitre suivant. *Les Mines de sel* qui semblent se focaliser sur Émilienne se resserrent peu à peu sur Clara puis sur Tiago ; mais cela se joue aussi d'un livre à l'autre quand les « prostituées philosophes » font une brève apparition dans *Depuis maintenant*[6] avant d'être au cœur du 2e tome de la série « depuis maintenant » (à partir de la p. 34). Le détail touche ainsi la structure narrative dans son ensemble : il s'agit bien d'une poétique ou d'une stylistique du détail, présente au niveau de la langue (les verbes de perception, les reprises en modalisation autonymique), de l'énonciation (variation de points de vue et de prise en charge énonciative) et de la structure narrative (structuration en chapitres et échos au sein d'un même livre ou d'un livre à l'autre). Cet enjeu d'écriture est aussi un

---

1 H. Scepi, « Fragments et décomposition : de la prose artiste à l'écriture décadente, une autre manière de penser le détail », dans *Le Détail*, *La Licorne*, *op. cit.*, p. 47. Voir aussi N. Schor, « Le détail chez Freud », *op. cit.* : « toujours chez Freud le fragment renvoie au modèle archéologique, alors que le détail s'installe d'emblée dans le hic et nunc », p. 3.

2 *Depuis maintenant. op. cit.*, p. 52.

3 *Les Amants de Marie*, *op. cit.*, p. 23 et p. 51.

4 Comme le père de la narratrice dans *Mon Amérique commence en Pologne*, *op. cit.*, p. 40.

5 *Les Outils*, *op. cit.*, p. 285.

6 *Depuis maintenant. op. cit.*, p. 71.

enjeu de lecture, de pensée pour le lecteur, auquel je me suis prêté, juste pour avoir le temps de penser.

> Le détail constitue un matériau, un matériau pour la pensée du lecteur.
> Au lieu de dire quoi penser, donner les matériaux pour penser.
> On peut ainsi rendre le lecteur actif, lui donner l'espace, le temps, la possibilité de penser[1].

Stéphane BIKIALO

1 « Le détail, le saut, le lien », *op. cit.*

AVEC

On pense avec des livres, des films, des tableaux, des musiques, on pense ce qui vous arrive, ce qui se passe, l'Histoire et son histoire, le monde et la vie,
et cet *avec* signe une forme particulière de pensée qui tient compte de la rencontre, d'une rencontre entre un sujet et une œuvre, à un moment donné de la vie de ce sujet et de cette œuvre
c'est en ce sens, *avec*, qu'il est dans ce livre question d'*outils*
d'outils pour penser. (*Les Outils*, p. 9)

La préposition « avec » aide-t-elle à la formation d'une poétique ? Travailler « avec » cette préposition participe à tout le moins d'un souci politique, d'un engagement de l'écriture dans le commun du travail, précisément avec ses outils. J'ai eu envie d'examiner la nature de cette préposition, de consulter des grammaires, des dictionnaires historiques, des livres de linguistique. J'ai eu envie de comprendre ce *avec quoi* on écrivait. Ce à quoi cet *avec* s'opposait. On écrit habituellement plutôt en dehors, à côté, à la marge et surtout contre. Leslie Kaplan la première, qui fait constamment sienne la fameuse phrase de Kafka sur « sauter hors du rang des meurtriers ». La préposition, en allemand, est « *aus* », « *hinaus* » et elle est répétée plusieurs fois : « *Merkwürdiger, geheimnisvoller, vielleicht gefährlicher, vielleicht erlösender Trost des Schreibens : das Hinausspringen aus der Totschlägerreihe Tat – Beobachtung Tat*[1]. / La consolation de l'écriture,

1 Kafka écrit cette phrase dans son *Journal* le jour où il commence l'écriture du *Château*, le 27 janvier 1922. Il poursuit ainsi : « *Beobachtung, indem eine höhere Art der Beobachtung geschaffen wird, eine höhere, keine schärfere, und je höher sie ist, je unerreichbarer von der "Reihe" aus, desto unabhängiger wird sie, desto mehr eigenen Gesetzen der Bewegung folgend, desto unberechenbarer, freudiger, steigender ihr Weg.* / Il y a observation-acte dans la mesure où

remarquable, mystérieuse, peut-être salvatrice : c'est sauter hors de la rangée des meurtriers, observation qui est acte. » Il ne s'agit pas, comme on le dit parfois en français en réduisant la phrase, d'une définition de l'écriture (« l'écriture, selon Kafka, c'est[1]... »), mais d'une consolation (*Trost*) mystérieuse, secrète, qui peut aussi être dangereuse, parfois rédemptrice, offerte à l'écriture lorsqu'elle choisit de suivre son propre chemin. Au-dessus de, par-dessus, hors de, en dehors de : il s'agit surtout de ne pas rester dedans, surtout pas avec eux, les gens dans le rang, les meurtriers, les assassins[2]. Avec l'opinion, avec le pouvoir, avec le déjà-là. Leslie Kaplan a découvert cette phrase par l'intermédiaire de Blanchot et de la lecture décisive qu'elle avait faite de *L'Espace littéraire* tandis qu'elle écrivait *L'Excès-l'usine*. Elle reprend le commentaire qu'il en donne : « Ici, la littérature s'annonce comme le pouvoir qui affranchit, la force qui écarte l'oppression du monde, ce monde "où toute chose se sent serrée à la gorge", elle est le passage libérateur du "Je" au "Il", de l'observation de soi-même qui a été le tourment de Kafka à une observation plus haute, s'élevant au-dessus d'une réalité mortelle, vers l'autre monde, celui de la liberté[3]. » Comment rendre concrète cette émancipation ? Avec quoi la met-on en pratique dans l'écriture ? Ce sont les questions, qu'à la suite de son éblouissement de lectrice, Leslie Kaplan s'est posée.

Il y a un bord où la préposition *avec* a pour antonyme la préposition *contre*. À un autre bord, elle est le contraire de *sans*. Écrire sans adjectif, sans complément, sans préposition, comme le dit aussi le plus célèbre des *Essais critiques* de Barthes, ce serait véritablement écrire. « Écrire » serait différent d'« écrire sur » et d'« écrire avec ». Mais si l'on comprend bien ce que signifie « écrire sur » et en quoi il se distingue d'« écrire » tout court – en effet, la question que l'on pose à l'essayiste ou au chercheur, « sur quoi écrivez-vous ? » est bien différente de celle qu'on pose

---

est créée une plus haute sorte d'observation, plus haute, non plus aiguë, et plus elle est haute, inaccessible à la "rangée" des meurtriers, moins elle est dépendante, plus elle suit les lois propres de son mouvement, plus son chemin monte, joyeusement, échappant à tous les calculs. »

1 Formule réductrice à laquelle, dans un souci manifestement pédagogique, Leslie Kaplan succombe parfois, par exemple dans *Les Outils*, p. 63 et p. 103.

2 La phrase figure dans *Le Psychanalyste*, P.O.L, 1999, p. 456. et dans *Les Outils*, P.O.L, 2003, p. 19 et p. 26, p. 63, p. 103, etc. où elle est dite « la phrase la plus politique pour moi en tant qu'écrivain ».

3 Maurice Blanchot, *L'Espace littéraire*, Gallimard, 1959, cité par Leslie Kaplan, *Les Outils*, *op. cit.*, p. 135.

au romancier ou au poète, « qu'écrivez-vous ? » – on n'est pas aussi nettement fixé sur « écrire avec ».

La préposition qui, comme l'écrit Leslie Kaplan, tient compte d'une rencontre, de la rencontre, peut dire à la fois les modalités par lesquelles la rencontre a lieu et la compagnie qu'elle procure. Elle introduit un complément circonstanciel de manière ou d'accompagnement, comme le disent les grammaires scolaires. Étrangement, les grammaires savantes du français, les ouvrages de linguistique notamment, font beaucoup moins de cas de cette préposition que de « à », « de » ou « sur », par exemple. C'est une préposition simple, dont les emplois ne varient pas à l'infini, dont l'étymologie n'est pas parfaitement sûre. Loin d'établir une relation d'instrumentalisation ou une relation hiérarchique, elle met des êtres et des choses ou des animaux, ensemble, sur le même plan (« avec une mère », « avec moi », « avec lui », « avec deux enfants », « avec Jean », « avec des filles de son usine », « avec Monsieur André », « avec le sommelier », « avec sa femme », « avec lui-même »)[1]. Elle permet aussi de qualifier les attitudes et les discours (« avec passion », « avec gentillesse », « avec humour », « avec insistance », « avec un sourire », « avec ironie », « avec ses mains »), de caractériser des personnes, de les distinguer les unes des autres en leur donnant des attributs (« avec des cheveux blancs en brosse », « avec des nattes », « avec une chaîne en or », « avec gilet », « avec des plis », « avec un couvre-lit à fleurs »). La préposition « avec » place ainsi de la sociabilité dans la langue, de la rondeur et des liens. Elle y inscrit aussi de la socialité en contribuant à décrire des rapports, à comprendre comment s'organise le monde social.

Leslie Kaplan écrit des livres qui doivent beaucoup au dehors. Elle les écrit avec d'autres qu'elle-même, avec des matériaux qu'elle va chercher hors de chez elle, parfois hors de la littérature, les voix des autres, leurs activités professionnelles, leurs outils. Elle n'a pas une conception autarcique ni retranchée du littéraire. Elle écrit avec. Elle ne coupe pas le travail de l'écrivain de celui des autres gens, des activités du reste du monde, de l'économie. L'écrivain n'est pas tout seul pas plus que son discours ne doit rester isolé. Et c'est parce qu'il participe qu'il

---

1 Tous ces exemples et les suivants sont tirés de l'inventaire complet que j'ai fait de l'usage de la préposition « avec » dans *L'Épreuve du passeur* de Leslie Kaplan, P. O. L, 1998. L'ensemble des occurrences placées bout à bout raconte toute une petite histoire, comme la table des matières du *Psychanalyste*.

comprend. Celle ou celui qui écrivent « avec » sont les écrivains engagés d'aujourd'hui, dont l'engagement ne repose pas sur des idées abstraites ou vers l'horizon d'une utopie – cela ne se peut plus – mais se fait plongée dans le plus aride et le plus concret du monde, dans la sphère publique, dans le travail, dans l'exploitation, dans l'hétérogène, dans le dissymétrique, dans l'injustice. Mais la particularité de cet engagement, lorsqu'il se fait réellement avec les êtres et les choses, c'est-à-dire de manière égalitaire, non hiérarchique, lorsqu'il ne met pas l'écrivain en position de surplomber le lecteur (en lui demandant d'admirer son savoir ou sa vie), ni dans celle de se soumettre à lui (en suscitant sa compassion par exemple), c'est qu'il implique de défamiliariser les ordres du réel, de les déformer en quelque sorte, pour en rendre compte et les exprimer au plus juste. Ce n'est pas un usage du réel, qui supposerait de s'en servir, de l'instrumentaliser, de mettre l'une des parties au service de l'autre. Il ne s'agit plus de dire le réel directement, de façon factographique[1] ou documentaire, mais de procéder à une critique pour le construire tel qu'il est, dans sa vérité. Il faut aller vers lui plutôt que de partir de lui.

C'est le sens de la révélation que constitue, pour Marguerite Duras, *L'Excès – l'usine* au moment de sa sortie. L'entretien est repris dans *Les Outils*. Duras a des mots très forts : elle « reconnaît » l'usine dans le livre précisément parce qu'elle y est « tout autre chose » que l'idée que l'on s'en fait habituellement. Après avoir lu *L'Établi* de Robert Linhart, précise-t-elle, son bouleversement venait de ce qu'elle croyait savoir. Avec le livre de Leslie Kaplan, elle s'est rendue compte qu'en réalité, elle ne savait pas. « Je ne savais pas qu'on pouvait parler de cette façon éminemment pure et rigoureuse et superbe, d'un fait aussi concret, aussi usé, aussi généralisé, parler d'un fait aussi établi que celui-là, aussi irréversiblement codé, immuable, je dirai même éternisé, *fatal*, l'usine[2]. » On ne pouvait plus en parler que sur le mode de la révolte et du blasphème, mais Leslie Kaplan a montré qu'on pouvait quand même l'approcher autrement : « C'est à dire qu'enfin vous parlez de l'usine au-delà de l'usine et vous débouchez sur le tout de sa conséquence. Son

1 J'emprunte ce terme à la belle étude de Marie-Jeanne Zenetti, *Factographies. L'enregistrement littéraire à l'époque contemporaine*, Garnier, 2014.

2 *Les Outils*, *op. cit.*, p. 213. Le texte de l'entretien, qui a été réalisé en janvier 1982 au moment de la parution de *L'Excès-l'usine*, a été d'abord publié dans *Banana Split* (n° 8, décembre 1982), puis dans *L'Autre journal* (n° 5, mai 1985) et repris dans la deuxième édition du livre (P. O. L, 1987).

irréalité[1]. » L'écrivain, même celui qui s'est « établi », comme Linhart, comme Kaplan, ne prend jamais la réalité pour établie (ce sont les mots de Duras et je ne peux pas penser qu'elle ne fasse pas exprès de reprendre, pour qualifier le fait, l'adjectif du titre du livre de Robert Linhart). Il la porte jusqu'à son point d'irréalité, qui est en quelque sorte son point critique où celle-ci peut se découvrir vraiment. Si l'expérience est décisive, elle doit aussi être surmontée. C'est encore un ordre au-dessus duquel il faut sauter. À cette seule condition, le travail « avec » est en même temps travail avec ses deux antonymes, « contre » et « sans » : aller au plus nu de l'expérience, savoir à son tour la dénuder – devenir *sans* – pour exprimer sa généralité, qui n'est pas une essence, mais un commun ; jouer contre l'immédiateté individuelle de l'expérience, ce qui en subsiste d'affect et d'exception, afin de réinventer la chose. « C'est pour ça que je parlais d'enlever, d'enlever toujours, d'écrire très peu de choses, mais que ce soit *ça*[2]. » La circonstance d'une exposition Cézanne à Paris a été déterminante pour l'écriture, le sentiment que sa peinture a donné d'« absence à tout ». « Il faut se séparer de ce qu'on dit, répond Marguerite Duras. Vous êtes séparée de l'usine lorsque vous en parlez[3]. » C'est cette séparation qui produit l'étrangeté, qui éloigne le familier et permet d'en dénoncer l'oppression.

Chklovski ne dit pas autre chose lorsqu'il forge le concept d'*ostranenie*, traduit par « singularisation » (Todorov), « représentation insolite » (Verret), « estrangement » (Gayraud), « défamiliarisation » (Aucouturier)[4]. Formé à partir de deux racines russes signifiant l'étrange (*stranni*) et le pays (*strano*), il renvoie aussi et surtout au verbe « *ostranietz* » qui signifie « se séparer de » : il faut l'entendre comme le fait d'être loin de son pays tout en le rendant étrange du fait même de cet éloignement. L'association

1 *Ibid.*
2 *Les Outils*, *op. cit.*, p. 215.
3 *Ibid.*, p. 214.
4 Victor Chklovski, « L'art comme procédé », in *Théorie de la littérature*, trad. du russe par Tzvetan Todorov, Seuil, 1965 ; « L'art comme procédé », in *Sur la théorie de la prose*, trad. du russe par Guy Verret, L'Âge d'homme, 1973 ; *L'art comme procédé*, trad. du russe par Régis Gayraud, Allia, 1993 ; Michel Aucouturier, *Le Formalisme russe*, PUF, « Que-sais-je ? », 1994. Il est intéressant de noter que les deux premières traductions, produites pendant le moment structuraliste de la critique littéraire, insistent sur l'autonomie du littéraire donnée par le procédé tandis que les suivantes, qui datent toutes deux des années 1990, mettent l'accent sur la relation de la littérature à l'étranger, à l'altérité. Le terme d'« estrangement » retenu par Régis Gayraud est aussi la traduction que donne Antoine Vitez du *Verfremdung Effekt* de Brecht.

de l'étrange et de l'étranger est au fond de la composition du mot, ce dont rendent mal compte les traductions, en tout cas les deux premières. On a souvent repris l'idée que la littérature, à la différence de la langue visant l'entente sur le signe et la communication, désautomatisait la langue, rendant étranges les représentations des situations ou des réalités les plus familières. Cette proposition se trouve en effet dans le texte. Mais ce qu'on a moins retenu, c'est qu'elle est liée à une autre proposition, qui se déduit, il est vrai, des exemples que choisit Chklovski, et qui dit que pour se faire, l'écrivain a tout intérêt de renverser son point de vue, de prendre la place du sans voix, de l'animal, du mineur, du subalterne. Chklovski emprunte ses deux premiers exemples à l'œuvre de Tolstoï : l'un est tiré d'un article intitulé « Une honte » et précise que la première caractéristique du procédé de défamiliarisation consiste à ne pas appeler les choses par leur nom courant mais à les montrer comme si on les voyait pour la première fois. Il expose une scène de flagellation d'un serf que Tolstoï évoque ainsi : « dénuder ceux qui ont contrevenu aux lois, les jeter à terre et leur frapper le derrière avec des verges. » Une note ajoute : « Et pourquoi recourir à ce moyen bête et primitif de faire mal plutôt qu'à un autre : plutôt que d'enfoncer des aiguilles dans une épaule ou dans un autre endroit du corps, plutôt que de serrer les mains ou les pieds dans un étau ou de faire autre chose du même genre[1]. » La critique de l'esclavage et des régimes de cruauté qu'elle met en place passe ici par une observation naïve du traitement infligé, qui en réveille une violence que les termes de « fouet », de « fustigation » ou de « flagellation » ont fini par masquer.

Un deuxième exemple de défamiliarisation apparaît dans *Le Cheval* (*Kholstomer*), récit où la parole est donnée tout du long à un cheval manifestant un étonnement intact devant les institutions et les comportements sociaux dont il est le témoin. Il dénonce en particulier avec force les conséquences économiques et politiques désastreuses entraînées par l'obsession de la propriété, dont il démonte le processus avec patience. Sa compréhension progressive des choses en exhibe les mécanismes et invite le lecteur à mettre de la distance dans ce qu'il croit le mieux acquis ou le plus évident. « Il est des hommes qui appellent leur une terre, et qui n'ont jamais vu cette terre, jamais

---

1 Cité dans Victor Chklovski, « L'art comme procédé », in *Sur la théorie de la prose*, trad. du russe par Guy Verret, *op. cit.*, p. 17.

marché dessus. Il est des hommes qui en appellent d'autres leurs, et qui n'ont jamais vu ces hommes, qui n'ont pas d'autres rapports avec ces hommes que le mal qu'ils leur font[1]. » Le langage, l'emploi des possessifs pour indiquer des propriétés abusives, est précisément ce qui est mis à distance sous l'effet d'une langue autre, dégagée de l'opinion, du familier et de l'acquis. Le cheval porte ainsi tous les traits de la langue poétique, étrange et étrangère en même temps. Dès lors, un procédé dont la dimension formelle et esthétique sautait aux yeux au premier abord devient un outil critique des plus efficaces pour dénoncer les injustices et donner la parole à ceux qui ne l'ont pas, assurer la rédemption des sans voix. Dans un mouvement qui sera encore amplifié par Carlo Ginzburg dans *À distance*[2], une technique de la littérature, un « outil », devient un concept de critique de la culture posant la nécessité d'inverser le point de vue sur les choses en donnant du même coup la parole au subalterne, à l'exploité. Pour Ginzburg, chez qui le procédé sort de la littérature pour devenir un outil épistémologique du discours historique, il s'agit premièrement de reconnaître et d'accepter l'opacité du réel, ne pas chercher à l'éclairer par des causes, mais le décrire au niveau élémentaire de cette opacité, au plus bas de l'échelle des faits. « Pour décrire le projet historiographique dans lequel je me reconnais personnellement, je reprendrai en la modifiant légèrement une phrase de Proust [...] : "À supposer que l'histoire soit scientifique, encore faudrait-il la peindre comme Elstir peignait la mer, par l'autre sens"[3]. » Ainsi, l'un des principaux enjeux de la question de la défamiliarisation vient de la liaison, implicite ou explicite dans les textes théoriques, entre le procédé poétique visant à faire voir le réel autrement, et le substrat politique qui conduit à adopter pour ce faire le point de vue du mineur ou le détour par la langue étrangère qui est également un motif, l'entre-deux-langues, cher à Leslie Kaplan[4]. Tout l'intérêt de la notion vient de ce qu'elle réunit

1 *Ibid.*, p. 18.

2 Carlo Ginzburg, « L'estrangement. Préhistoire d'un procédé littéraire », in *À distance. Neuf essais sur le point de vue en histoire* [*Occhiacci di legno. Nove riflessioni sulla distanza*], Gallimard, « N. R.F », 2001 [1998].

3 *Ibid.*, p. 36.

4 Voir pour les écrits « entre les langues », dans *Les Outils*, « Translating is sexy », p. 106-114 (première publication dans *Action poétique*, n° 133-134, hiver 1993-1994 et, récemment, *Déplace le ciel*, P. O. L, 2014. Mais une grande partie de la poétique de Leslie Kaplan est fondée sur cet entre-deux, lié à son bilinguisme biographique.

le formalisme et la théorie postcoloniale (y compris dans sa version subalterniste) puisque le procédé permet de démystifier le point de vue de la norme et de celui de la domination. La défamiliarisation permet aussi, par la distance qu'elle introduit, de procéder à des formes de désinstitutionnalisation.

Leslie Kaplan revient régulièrement sur l'importance éthique de la distance, de la bonne distance pour l'écriture. Écrire avec, c'est ainsi mettre le point de vue autrefois considéré comme mineur ou dominé, le langage de l'autre, sur le même plan que les autres. Ce que révèle par exemple *Los Olvidados* de Buñuel, les « Oubliés » : « Filmer des enfants misérables, délinquants, criminels, dans les banlieues d'une métropole, et ne pas ramener cela à du "connu, trop connu", mais préserver, découvrir le côté "inconnu ou étrange", voilà qui définit, à travers une esthétique, une position éthique[1]. » Le même glissement, la même évidence conduisent du souci formel à la préoccupation politique ou morale, et inversement. Le monde doit être constamment réinventé dans la langue pour que puisse advenir une pensée. Partout où le langage est attaqué, le lien social est attaqué et puis, logiquement, « chaque fois que le lien social est attaqué, c'est le lien avec le langage qui est aussi attaqué[2] ». Le travail d'égalisation est aussi une entreprise de réparation puisque l'ordre nouveau qui apparaît réouvre le langage, le porte vers un ailleurs, crée un point où l'ailleurs est possible. Pour cela il faut renoncer aux divisions classiques, par exemple entre tiers-monde, matière à spectacle, et premier monde qui regarde avec un mélange de compassion et de savoir mort, et trouver les moyens de « lier l'ensemble du monde[3] ». Les aller et retour entre fiction et réalité sont un de ces moyens. Ils rappellent que la réalité n'est pas seule ; et qu'elle peut non seulement être augmentée par la fiction mais encore constituer son écart, comme inversement la fiction peut introduire un écart dans la réalité. « Pour moi, écrit Leslie Kaplan, "la vérité en écriture", pour reprendre la formule de Cézanne en l'adaptant, se trouve dans l'écart, dans le rapport et l'écart, entre un sujet et le monde[4]. »

---

1 « Children, children. Depuis longtemps déjà nous ne naissons plus de pères vivants… », in *Les Outils*, *op. cit.*, p. 132. Première publication dans *Trafic*, n° 1, hiver 1991.
2 *Ibid.*, p. 245.
3 *Ibid.*, p. 141.
4 *Ibid.*, p. 262.

Louis Zukofsky a rassemblé ses essais critiques sous le titre de *Prepositions*[1]. Lui aussi fait de l'« avec » une condition de l'écriture. Ce que dit d'abord le terme de préposition employé comme titre : que les essais ont à la fois une valeur de présentation et de relation. Ils sont en compagnie. « As the title *Prepositions* of this book may propose – the critic's constant intentions to the things he discussed directed, after all, such ways of speaking as : *for*, *with* and *about*[2]. » La préposition « for » est dédicatoire, elle dédie : à son fils, à la poésie, à Wallace Stevens. La préposition « with » dit la communauté, des prédécesseurs (William Blake, Lewis Carroll, Ezra Pound, Henry Adams), des contemporains (William Carlos Williams, Charlie Chaplin, George Santanaya). La préposition « about » traite d'un certain nombre de sujets parmi lesquels celui, qui rejoint certains impératifs que se donne Leslie Kaplan, du *Basic English*, méthode fondée sur les noms et qui répondait au désir de Zukokfsky de rendre l'anglais toujours encore plus concret. Ce goût pour les prépositions est évidemment là encore un souci des liens. Entre littérature et vie concrète, entre pensée et action – « No thought exists / Completely abstracted from action[3] » – entre forme et contenu. Mettre dans la poésie le travail, la vie sociale, la ville, la matière des jours n'est pas faire de la littérature une simple machine d'enregistrement. Il y a bien chez Zukovsky, comme chez Leslie Kaplan, une obsession de la machine, mais à condition qu'elle soit une machine faite de mots, pour reprendre l'expression de William Carlos Williams[4]. C'est surtout affirmer l'idée qu'il n'y a pas un monde pour le texte et un monde hors du texte. L'objectivisme n'a pas d'autre dessein que de mettre à nu les mécanismes pour faire du texte l'espace sinon d'une révélation du moins d'une compréhension. « Écrire avec » n'a pas non plus d'autre sens : modestement, *préposer* l'écriture à donner au réel un style.

Tiphaine Samoyault

1 Louis Zukofsky, *Prepositions + The Collected Critical Essays*, Wesleyan University Press, 2000. Les textes ont été traduits en français par Pierre Alféri. Trois rubriques, « For », « With », « About » réunissent des essais écrits entre 1924 et 1971 (articles, préfaces).

2 Louis Zukofsky, 1976, prefatory note.

3 Louis Zukovsky, *A, 8* [1935], trad. de l'anglais par Anne-Marie Albiach.

4 « A poem is a small (or large) machine made of words » (William Carlos Williams, cité par Zukofsky dans « A Statement for Poetry » (*Prepositions*, *op. cit.*, p. 19).

CAFÉ KAPLAN

Scène de la vie quotidienne

Au début du roman *L'Épreuve du passeur* (1988), par un après-midi ensoleillé du printemps dans un petit quartier parisien sous un pont du métro qui enjambe le fleuve, deux femmes vont se mettre à danser. Elles sont au café, le café de Suzanne. L'une est belle et « un peu vieille[1] », c'est Suzanne. Elle aime beaucoup Anaïs, qui est plus jeune, une prostituée, petite, maigre et hirsute. Belle aussi. Anaïs est une habituée du café de Suzanne mais elle ne travaille jamais dans ce quartier, son quartier. Les deux femmes discutent : elles parlent de rêver, ou de ne pas rêver, de dire ce qu'on pense, ou de ne pas le dire. Anaïs trouve qu'on parle trop, et elle ne rêve pas. Elle boit du Ricard. Puis elle met une musique au juke-box et l'espace entre elles, l'espace du café, se dilate, dans une sorte de réconciliation qui est aussi une désintégration :

> La musique est rapide, déterminée, elle occupe l'espace et le façonne. Tout glisse et devient un décor, c'est agréable et sans profondeur, une distance. Suzanne et Anaïs se regardent en souriant, d'un coup vagues, réconciliées. Suzanne descend de son tabouret, elle prend la main d'Anaïs et toutes les deux font quelques pas de danse, déhanchées et vives. Battements de mains, jeux de coudes, genoux et pointes, les zigzags. Elles se regardent dans les grandes glaces défraîchies, elles dansent devant les baies vitrées, le soleil entre, bien vigoureux, il les enveloppe, il les tient. C'est une lumière de ville l'après-midi, forte et claire, et momentanée, un éclat brusque par-dessus le fleuve. Tout en dansant Suzanne ouvre la porte, la lumière entre plus fort encore, et le bruit du métro aérien, et le mouvement du ciel, sa tranquillité, son urgence[2].

Ce passage contient maints éléments emblématiques de l'écriture de Kaplan. Notons d'abord l'emploi de la voix active qui glisse souvent subrepticement entre différents types d'acteurs dans la phrase, ici

---

1 *L'Épreuve du passeur*, Paris, P.O.L, 1988, p. 10. Les références suivantes à ce roman seront données dans le texte entre parenthèses.

2 *Ibid.*, p. 11.

la musique, puis les femmes, puis le soleil, comme si un courant les parcourait tous, les unifiant dans un ensemble indifférencié, presque impersonnel (« c'est agréable et sans profondeur ») ou objectivé (la série de substantifs : « une distance », « battements de mains… »). On remarquera aussi la suspension typique du récit, souvent colorée par des accents affectifs qui donnent une épaisseur à ce qui tend vers un étalement, ou une juxtaposition, pour parler de manière plus formelle : « et le bruit du métro… et le mouvement du ciel, sa tranquillité, son urgence ». Comme souvent chez Kaplan, l'architecture syntaxique se détend, à l'instar de Suzanne et Anaïs se laissant aller à la musique, pour libérer une sorte de trop plein de sensations.

Puis, la musique s'arrête, les deux femmes se reprennent. Le café redevient un lieu typique, reconnaissable :

> Matières nobles, bois et zinc, restes de cuir, les couleurs enfantines rouge et or, et maintenant, le plastique noir. Un café, une vieille maison, ses verres et sa vaisselle, ses torchons et ses habitudes, ce quelque chose de provincial comme toujours la famille[1]…

Dans l'œuvre de Kaplan, les choses appartiennent toujours à un cadre très précis. Un café, c'est toute une ramification sociale et culturelle qui donne au texte un ancrage dans une ville et dans une époque. « La gloire du café. Rôle du Ricard, bien sûr… Dehors, c'est dehors[2] ». Et en même temps, cette précision qui dessine une entité aux frontières stables, ne résiste ni au mouvement du texte, ni au mouvement de la rue. Le café est « perméable et disponible, passage, accueil[3] ». Suzanne ouvre la porte tout en dansant, l'extérieur entre dans le café tandis que l'allégresse des femmes déborde dans la rue. Le café devient une sorte de sas aux contours fluides, une ouverture dans la ville qui relie le café au monde sans jamais le faire quitter sa rive ou son coin de boulevard.

Car il n'y a aucune dislocation définitive ici. Café Kaplan est bien localisable sur le plan de la ville. Mais il fait rentrer tout le reste aussi, l'air, les gens sans nom, les envies, une jeune femme qui cherche une direction, d'autres jeunes filles qui boivent des jus de fruits, les méfiances, les vieux, les rivalités… tout ce qui traverse le seuil du texte sans pour

1 *Ibid.*, p. 12.
2 *Ibid.*
3 *Ibid.*

autant trouver nécessairement sa place, son rôle, dans le récit. Car cette perméabilité concerne aussi bien les « passages » dans le texte que dans le café de Suzanne. Espace dans le texte, espace du texte : le but ici sera justement d'explorer ce rapport entre écriture et la ville, les deux traversées de part et d'autre par des formes et des repères qui délimitent sans jamais empêcher de passer outre, ou de détourner, comme on détourne une phrase pour la mener ailleurs.

Il ne sera pas question, alors, de s'en tenir au café en tant que cadre, de l'histoire ou des personnages. Dans *L'Épreuve du passeur*, qui guidera ce travail car il contient en germe tant d'éléments qui s'étendront par la suite dans des sens et des romans différents, le café est pris dans une sorte de relais de lieux où ce qui s'ébauche et se dit entre ses murs et à son comptoir, trouve une prolongation parfois plus structurée (à l'Atelier, une sorte de centre culturel où ont lieu des projections et des débats), plus intime (la chambre de bonne où le couple Jean et Lise, qui se rencontrent à l'Atelier puis au café, font l'amour), ou plus codifiée par une certaine pratique sociale (chez Monsieur André où une invitation à dîner transforme un rapport assez distant noué au zinc et poursuivi à l'Atelier en une amitié un peu engoncée). Bien plus qu'un lieu à part, le café fonctionne comme une sorte de carrefour à multiples branchements et c'est ainsi que nous l'aborderons : comme un point de départ et un point de retour, ou encore mieux, comme un point d'appui.

Kaplan fait appel elle-même à cette notion de point d'appui dans un contexte apparemment différent, celui de la question du genre : « "femme"n'est pas une catégorie ni un genre, c'est un point d'appui... », écrit-elle dans la petite notice explicative qui figure en quatrième de couverture de la pièce *Toute ma vie j'ai été une femme* (2008)[1]. Cette mise au point souligne l'instabilité de cette désignation, « femme », voire l'incrédulité qu'elle peut provoquer, et l'improvisation dont elle sera par conséquent l'éventuelle occasion. Cependant la pièce ne nous cache pas que l'interpellation en tant que femme reste lourde de présuppositions, que l'on n'échappe pas facilement à la performance très stéréotypée de ce qu'est une femme. Elle ouvre sur une expression de folie rageuse devant une image qui pourrait être de soi, et qui n'est pas de soi mais d'une autre, semblable, mais tellement autre car dans un magazine :

---

1 *Toute ma vie j'ai été une femme*, Paris, P. O. L, 2008, quatrième de couverture, consultable sur www.lesliekaplan.net sous la rubrique « jouer ».

« Pourquoi elle est pas moi, pourquoi elle est dans le magazine et pas moi[1]... ». La voix de femme constate l'absence de traits réellement distinctifs chez celle dont elle scrute l'image : elle est finalement banale, sa capacité à incarner la société du bonheur, assez nulle. Cela n'empêche pas la photographie de « jouer » de toute sa force rendue sublime par le papier glacé du magazine. Face à cette production, la mise en jeu de l'identité « femme » dans et par la pièce entend bien proposer une autre sorte de performance.

Or le café – Café Kaplan – se caractérise par cette même convergence entre différentes formes de performance : particulièrement ritualisée, ou pétrie d'habitudes sociales et genrées, et en même temps ouverte, instable, improvisée. C'est dans ce sens que le café forme une scène, une scène modulable, modeste, où on répète et on ressasse, souvent en reconduisant inéluctablement les mêmes stéréotypes, et parfois, subitement, il se passe quelque chose d'inattendu et rien n'est plus pareil. Envisager le café comme un point d'appui dans l'œuvre, notamment dans *L'Épreuve du passeur* (mais il y a des cafés dans la plupart des textes qui viennent plus tard), c'est faire ressortir son caractère scénique, et ainsi constater que la dimension théâtrale de l'œuvre de Kaplan vient de loin, et que cette dimension est inséparable de ce qu'on pourrait appeler le jeu équilibriste de son écriture.

Pourtant, le théâtre reste une référence mineure pour Kaplan dans la première phase de son travail, ne devenant une forme affichée que beaucoup plus tard et à l'occasion d'une demande venue des deux comédiennes qui ont ensuite porté l'œuvre sur scène[2]. Le cinéma est un repère bien plus important dans la majorité des romans. C'est le cas aussi dans *L'Épreuve du passeur* : l'Atelier propose surtout des projections et des débats, moins de spectacles. Et le spectacle, monté par un petit groupe de malades de l'hôpital psychiatrique d'à côté, qui a lieu au milieu du roman, n'a rien de proprement spectaculaire. On dirait presque une scène de café : « les acteurs viennent s'adresser au public, chanter, certains dansent. Une femme rousse très belle raconte sa vie dans un coin, c'est peut-être un délire, peut-être pas. Un couple jeune, bien habillé, essaie d'entrer en contact[3]. » Inversement, les débats après

1 *Ibid.*, p. 10.
2 La première pièce fut créée en 1996.
3 *L'Épreuve du passeur*, *op. cit.*, p. 78.

les projections à l'Atelier ont quelque chose d'un peu emprunté, comme une mise en scène qui se cherche, chacun préoccupé à se placer par rapport aux autres, laissant apparaître des personnalités assez étanches encore, dictées par les milieux respectifs et les niveaux d'éducation très différents qui se côtoient dans l'espace fluide de l'Atelier.

Parmi ces personnalités, il y a aussi Jean, celui qui a créé l'Atelier, un intellectuel qui n'en a pas exactement le parcours, un curieux, beau parleur, qui a aussi la détermination de faire œuvre de sa curiosité. Prenant parole après la projection d'un film américain, Jean donne expression à une idée qui traverse l'ensemble de l'œuvre de Kaplan, quoique plus souvent associée à la peinture qu'au cinéma. Son intervention rebondit sur la remarque d'un jeune garçon, qui a trouvé le film cauchemardesque. C'est vrai, dit Jean, puis il poursuit :

> Et comme dans un cauchemar, on éprouve un sentiment de réalité absolue, aucune distance, c'est plus réel que la réalité. Je crois, dit Jean, que c'est parce que la réalité est présente en bloc, ça vient de tous les côtés, de face, de biais, de toutes les couleurs, la musique, le bruit, les paroles. Tout est donné en même temps[1].

À plusieurs reprises, Kaplan s'appuie sur une formulation proche des mots qu'elle prête à Jean ici pour dire l'engagement aussi bien éthique qu'esthétique de la peinture de Cézanne. Ce dernier vise, dit Kaplan, « la vérité en peinture » en donnant à voir le monde « par tous côtés en même temps ». La désarticulation radicale du trait et de la forme opérée par Cézanne est très éclairante pour cerner la modification que Kaplan entend imposer au roman, surtout en regard de la recomposition du réel proposée par les Impressionnistes. Là une interpénétration de phénomènes, une dissolution des formes, plus de corps aux frontières nettes, alors que chez Cézanne, il y a bien le trop plein qui nous intéresse, mais il est inséparable des traits qui le hachurent, le cisèlent et l'étalent sur la surface du tableau[2]. On retiendra l'image d'un étalement sectionné par un trait, mais l'impulsion du travail d'écriture semble venir d'ailleurs dans *L'Épreuve du passeur*, non pas de la connaissance de l'art, mais de

1 *Ibid.*, p. 30.

2 Nous avons développé l'analyse de l'écriture « cubiste » de Leslie Kaplan dans le chapitre à paraître dans *Rethinking Mobility in Francophone Women's Writing*, dir. K. Averis et I. Hollis, Liverpool : Liverpool University Press.

la fréquentation des salles de cinéma. C'est presque comme si Kaplan se demandait, par le biais de Jean, comment écrit-on « sous influence » du cinéma ?

Et cela entraîne des difficultés tout autres : sous le signe de la peinture de Cézanne la linéarité du texte laisse place à des zones de sur-place, passages où l'action s'estompe au profit d'une exploration par toutes les faces d'une phrase par exemple, alors qu'écrire selon le cinéma implique de négocier autrement avec l'irrépressible marche du récit. Il s'agit de faire entrer dans la succession des phrases et des pages, une profondeur de suggestions, non pas en singeant le cinéma, mais en en affectant l'écriture, en la nourrissant des possibilités propres au film. Si le dialogue avec Cézanne va orienter le texte vers des procédés analytiques, prenant pour objet la parole par-dessus tout et proche à cet égard de l'analyse psychothérapeutique, le frottage avec le cinéma mobilise surtout des effets de ralenti, ou de distraction où le spectateur/lecteur ne sait pas dans quel sens donner tant l'univers perceptif est multiple, ou encore de montage où c'est la tension entre cadre et mouvement, champ/contre-champ et plan séquence, qui organise notre perception des sens en devenir de l'œuvre.

Le cinéma nous donne à voir un espace mobile, complexe, un espace qui nous dépasse et nous inclut. C'est en tout cas son pouvoir, réalisé dans certains films[1]. On ne peut pas le décomposer, sauf à le mettre en pause. Il faut le prendre tel qu'il nous vient, ce qui ne veut pas dire pour autant le subir passivement. Au contraire. Comme le dit Jean, la plongée dans l'univers d'un film nous affranchit : « même si on est tellement pris, entraîné par le film, on reste, comment dire, Jean regarde autour de lui, on reste libre. Oui, le spectateur reste libre. Pas seulement à cause de la fin... Non. Tout le temps. On n'est jamais obligé, ni même invité, subtilement invité, à suivre un fil. Comme tout est donné là, en même temps, intriqué, indissociable, on se dit, voilà, c'est ça, et chacun doit se débrouiller, doit faire avec[2]. » Le film se déroule dans la succession, bien entendu, comme

1 Dans l'entretien accordé à Serge Gavronsky en 1994, où elle cite la phrase venue de Cézanne, Leslie Kaplan fait référence aussi au cinéma néoréaliste italien : « I think Italian neorealists showed reality as a block, not as something dissociable, but a unity ». C'est une clé pour cerner le cinéma qui aurait pu inspirer les vues de Jean. *Toward a New Poetics. Contemporary Writing in France. Interviews, with an introduction and translated texts*, dir. Serge Gavronsky, Berkeley : University of California Press, 1994, p. 332.

2 *L'Épreuve du passeur*, *op. cit.*, p. 30.

le temps qui avance. Mais cette linéarité n'est pas primordiale, elle cède tout le temps à la dilatation, qu'il faut entendre comme un effet aussi bien de dissipation que d'expansion de nous-mêmes sous la pression de tant de choses ressenties, inchoatives et liminales, qui nous font signe sans se livrer pour s'intégrer dans le fil rouge de notre compréhension.

C'est ce pouvoir de suggestion que Serge, un livreur de l'usine proche de chez Suzanne, semble vouloir revendiquer face au discours de Jean, son ami, qui cherche, d'après lui, à « coincer la réalité à tout prix avec ses mots[1] ». Jean a beau dire que le cinéaste, à ses yeux, donne tout en bloc, quand il se met à parler du film, à l'analyser, il suit un fil, dit Serge, et ce fil nuit à Serge, l'exclut du film, qui l'a ému cependant, profondément. Discourir ramène forcément vers la linéarité, à la ligne ou au trait. Bien des personnages de Kaplan en prise avec le réel se méfient du pouvoir incisif du langage.

Et pourtant, son art est un art du langage, quelle que soit sa perméabilité formelle ou sa quête d'un espace d'écriture libéré de son intégrité traditionnelle. L'extension de notre propos vers d'autres champs, le cinéma notamment, ne doit pas masquer le travail au niveau de la phrase, cet effort sans cesse de reformulation, de repositionnement, d'étirement et d'ellipse, qui sont autant de tentatives de construire une prose pour abriter la vie multiple de maintenant. Il s'agit bien d'un acte conséquent, une intervention dans le monde, qui creuse l'espace ou le distend, y apportant quelque chose de radicalement neuf. C'est ainsi que Kaplan l'a exprimé elle-même dans un entretien en 2001 :

> Un livre, c'est une réponse au monde, c'est un objet. Un objet proposé qui peut augmenter le monde, l'agrandir. C'est ce qu'on souhaite. Ce n'est pas une explication, ni un discours. C'est autre chose[2].

Un agrandissement alors, qui n'est ni une fuite loin du réel vers un ailleurs fantasmé, ni un renoncement aux miroitements des mots.

Pour comprendre en quoi cette écriture qui vient poser sa charpente dans l'espace du réel est avant tout un projet politique, il convient de s'attarder un instant du côté de Jacques Rancière. Pour ce dernier, il faut reconnaître un certain paradoxe à l'art politique car, pour être « politique », l'art doit renoncer à certains privilèges :

1 *Ibid.*, p. 31.
2 L. Kaplan, entretien dans *Nuit blanche*, n°83, 2001, p. 46.

> Les pratiques de l'art ne sont pas des instruments qui fournissent des formes de conscience ou des énergies mobilisatrices au profit d'une politique qui leur serait extérieure[1].

Le renoncement à l'idée de l'art comme avant-garde conduit chez Rancière à un mode « modeste » et à une volonté d'explorer « les limites » de la politique de l'art. Cette modestie correspond bien à la scène du Café Kaplan, comme à d'autres scènes dans ses textes : situations domestiques, dans la cuisine, près d'une fenêtre, échanges au supermarché, temps passé à regarder le fleuve, ou à arpenter une route en banlieue. Celles-ci trouvent leur place dans les interstices de la ville. Et il s'y passe peu de choses, ce peu étant souvent de l'ordre de l'intime : une dispute, même moins : une conversation dont les interlocuteurs ne saisissent pas complètement les retombées. Et pourtant, à lire Kaplan, on se rend compte que ces situations quotidiennes, à peine des événements, négligeables et souvent négligées, s'ouvrent au-delà de l'expérience individuelle pour se tenir devant nous comme une invitation à se reconnaître là-dedans. C'est « l'espace », creusé dans le réel, que Rancière désigne par la notion de l'hétéronomie, qui s'insère entre le « je qui écrit » et « le je qui raconte » :

> Le moment propre de l'œuvre, c'est l'inscription d'un il entre ces deux je, d'une hétéronomie dans le rapport de l'un à l'autre. Si la littérature témoigne de quelque chose qui importe à la communauté, c'est par ce dispositif qui introduit l'hétéronomie dans le je. Et c'est là ce qui noue la question de la littérature à celle de la démocratie : l'une et l'autre instaurent, en surimpression sur le compte des parties de la communauté et la complétude des corps, consentant et convenant, l'existence d'êtres sans corps, d'êtres faits de mots qui ne coïncident avec aucun corps [...][2].

CHAMP ET CONTRE-CHAMP

Il y a peu de descriptions de scènes de film dans l'œuvre de Kaplan. Et pourtant le cinéma rythme ses textes, d'abord par la basse continue de références et d'allusions aux films, explicites et implicites, qui apparaissent

1 J. Rancière, Voir *Le Spectateur émancipé*, Paris, La Fabrique, 2008, p. 84.
2 J. Rancière, « L'inadmissible » dans *Aux bords du politique*, Paris, Gallimard, 1998, p. 193.

comme autant de portes qu'on pourrait ouvrir, comme si le texte qu'on lit s'emboîtait dans une enfilade de « pièces » agencée d'ouvertures et de raccourcis inattendus. Prenons un exemple dans *Les Prostituées philosophes* (1997) quand Marie-Claude raconte un moment des mobilisations de mai 68 lors d'une soirée sur sa péniche, justement dans une situation proche de celle du café de Suzanne : un bar, un groupe de gens d'âges et de dispositions différents, une conversation perméable à ces différences, fluide et en même temps scindée par les préoccupations des uns et des autres. Marie-Claude parle de la possibilité de parler :

> Je me souviens, la première fois que l'une de nous, je crois que c'était la petite Annie, sans le faire exprès, elle a dit le mot « fille », « nous les filles », peut-être, je ne sais plus, et une autre a dit, mais comme ça, ça lui est sorti comme ça, « Fille ? », et Annie est devenue rouge comme une tomate, et après on a toutes parlé de ça pendant des jours, fille et fille, ah il y avait à dire, mais tout est parti de ce jeu de mot, une fille est une fille... Une fille est une fille est une fille est une fille, ça boitait dans tous les sens, Marie-Claude me regardait d'un air double, plein de sous-entendus, je pense que si Zoé et Thomas n'avaient pas été là elle aurait beaucoup développé[1].

C'est à peu près la dernière fois que nous entendons Marie-Claude parler de « Mai ». Plus tard, elle racontera une histoire beaucoup plus douloureuse d'une des prostituées philosophes, une historie de brutalité et de souffrance, dont on n'apprend pas vraiment la fin non plus. Récits sans conclusion, allusions sans précisions : ces passages dans le roman sont à l'image des conversations de café, décousus, sans finalité claire, et pourtant hérissés de suggestions à saisir. Ou non. Que faut-il en déduire ? Quelle importance accorder à ce que Marie-Claude livre d'elle-même en laissant échapper ces bribes d'une conversation antérieure ? Notre lecture est très souvent suspendue entre la possibilité de s'attarder sur un détail pour en élaborer le sens et le sentiment que là on bute sur une impasse dans le récit[2].

Or si les récits de Marie-Claude, comme tant d'autres dans cette œuvre foisonnante de personnages inoubliables, produit cette impression d'incertitude, c'est en partie parce qu'ils sont semés de références en

1 *Les Prostituées philosophes*, Paris, P.O.L 1997, p. 78.

2 La question de la poétique du détail est essentielle ici. Nous ne l'aborderons pas car elle est traitée plus pleinement par Stéphane Bikialo (voir « le détail, le réel »), dans le présent volume.

transit d'ailleurs : la phrase « une fille est une fille est une fille » a bien de quoi nous confondre, elle nous rappelle aussi le film de Jean-Luc Godard, *Une femme est une femme* et comment la trajectoire de Kaplan est jalonnée par la découverte de la Nouvelle Vague. Les titres des films, ainsi que des paroles de chanson et des slogans publicitaires fonctionnent comment autant de repères qui arriment le texte, surtout *Mon Amérique commence en Pologne* (2010), à son époque et son contexte. Mythiques ou désuètes, ces « formes » à la disposition de tous, comme un bain culturel partagé, placent le lecteur devant la difficulté de savoir s'il a affaire à quelque chose d'impersonnel, un simple jalon générationnel, ou à une brèche vers quelque chose de très intime. Comment lit-on un montage qui fait se succéder des paroles de Bob Dylan – *"How does it feel / To be on your own / With no direction / Like a complete unknown / Like a rolling stone ?"* – entre la mention de *Masculin Féminin* de Godard, les forme des t-shirts à acheter à Monoprix, des images de la Révolution culturelle, puis des bribes de la critique dialectique[1]. C'est autant de touches qui constituent un décor, et ce décor est en même temps l'événement : l'œil glisse dessus, ou se trouve happé, fasciné, un pan de son univers à soi subitement révélé par la résurgence d'un élément de ce « mobilier » du passé. C'est le pari de la prose de Kaplan : toute structure épisodique, axée sur un événement de conséquence – une transformation ou découverte – reste souvent en arrière-plan alors que les formes fétiches d'une époque – « toute cette bêtise, toute cette pauvreté [...] des choses concrètes, de mots concrets, en situation[2] » – nous sont données en gros plan. Ainsi la petite remarque – « Je n'arrive pas à me séparer de François, ni lui de moi. On est d'accord sur tout et on ne fait plus rien ensemble[3] » – fait-elle à peine irruption suite à la scène de l'époque composée de t-shirts et de dialectique, logeant l'intime dans l'espace perméable, ouvert aux lecteurs, entre le sentiment de disponibilité du corps habillé d'une matière souple et le souvenir d'une rupture affective.

La prose est mobile comme une caméra est mobile : elle se promène, le cadre bouge, puis se retourne. On suit les pensées d'un personnage, puis on voit le ciel, ou le fleuve, puis des mots viennent de l'extérieur,

1 *Mon Amérique commence en Pologne*, Paris, P. O. L, 2010, p. 119.
2 *Toute ma vie j'ai été une femme*, quatrième de couverture.
3 *Mon Amérique commence en Pologne*, *op. cit.*, p. 122.

s'installent dans la tête du personnage… Cet effet est peut-être le plus saisissant dans les scènes de café :

> Le café vit sa vie et Lise, détendue, heureuse, attend Jean.
> La lumière devient plus douce.
> L'odeur du métro est très forte.
> L'idée du fleuve, en face, son eau verte.
> Un jeune couple inconnu s'arrête au comptoir et boit lentement un verre de vin en se tenant enlacé.
> Une petite fille avec des nattes vient demander la monnaie de cent francs à Suzanne, Suzanne lui donne. Naturellement, Sébastien fait semblant de lui tirer une natte. […]
> Un magasinier essaie de raconter un incident grave qui s'est produit dans son atelier, mais il n'y arrive pas.
> Serge a demandé à Lise si elle voulait dîner avec lui et Jean, Je t'invite, il a dit en riant, attention, c'est pas tous les jours, mais Lise a dit Non, merci. Elle attend Jean mais après elle doit travailler, préparer les cours qu'elle donne le lendemain.
> Quand Jean arrive, comme la veille, il est entouré, comme tous les soirs, il est entouré. Il voit tout de suite Lise, il vient l'embrasser sur la joue, un baiser doux, attentif, ensuite, il dit, J'en ai pour une seconde et il va discuter avec un petit groupe[1].

La scène se poursuit, rien de particulier ne se passe et pourtant tout est déjà là, latent, dans les rires et les répliques que l'on ne citera pas : le conflit entre Jean et Serge, la colère de celui-ci, ce que Lise essaie de comprendre…

Ou, au lieu de circuler, la prose s'immobilise en plan fixe : c'est la scène de danse déjà citée du début de *L'Épreuve du passager*, ou encore celle-ci d'un autre moment qui semble, lui aussi, se gonfler de possibilités entre deux femmes, cette fois-ci Lise et Anaïs :

> Elles sont assises, l'une en face de l'autre, dans la lumière du grand vieux café, au milieu de ses miroirs, Lise boit son coca, Anaïs une bière. Suzanne est repartie derrière le comptoir, elles se regardent et se sourient, et Lise trouve Anaïs de plus en plus jolie et séduisante. Elle est excitée, et même un peu jalouse, mais gaiement, et pourtant non, elle reste au bord, quelque chose la retient, une inquiétude vague, un malaise[2].

Le paragraphe suivant prolonge ce plan fixe sur Lise, enregistrant les fluctuations de sa sensibilité à la présence d'Anaïs comme des battements

1 *L'Épreuve du passeur*, *op. cit.*, p. 42.
2 *Ibid.*, p. 41.

de cils, de petits renfrognements : toute une succession d'états rythmée par cet « et » récurrent mais à peine perceptible tant la présence de Lise domine. Puis, contre-champ :

> Mais Serge arrive, c'est l'heure, avec des filles de son usine, grand mouvement bruyant, couleurs, une porte reste ouverte, l'air frais pénètre le café, et Lise ne pense plus à Anaïs[1]. (41)

Et le texte repart dans un plan séquence, presque accéléré, fait de phrases non-verbales qui se succèdent comme une suite de notations se bousculant pour occuper le cadre. La densité du présent nous accapare de nouveau avec sa surcharge de vie et de vies, qui disputent notre attention. La prégnance du long plan fixe sur Lise n'en est que plus résonante. Ces moments de ralenti offrent des interludes de réconciliation, une expérience qui, dans l'œuvre de Kaplan, est le plus emblématiquement associée à la « vacance » de Mai 68 :

> Que quelque chose vienne du dehors, à votre rencontre, et vous étonne, vous enlève, vous soulève, vous fasse basculer, c'est là, c'est maintenant, on est au bord, on est avec, on sent la pression, et on la crée, tout arrive, tout peut arriver, c'est le présent, et le monde se creuse et enfle, et les parois reculent, elles sont transparentes et elles reculent, elle s'écartent, elles s'éloignent, elles laissent la place, et c'est maintenant et maintenant et maintenant... C'est ce que l'on peut éprouver dans l'amour, dans l'art, il est rare de l'éprouver dans la société, où l'on est presque toujours confronté à une part d'inertie obligatoire, où l'activité que l'on déploie va presque toujours avec le sentiment pénible de sa limite.
>
> Mais pendant la grève on pouvait le toucher du doigt, le frôler[2].

Plus modestement, bien sûr, mais avec le même sentiment de possibilité, le brassage au milieu de miroirs écaillés et de banquettes à ressorts fait du café chez Kaplan une occasion semblable.

---

1 *Ibid.*
2 *Miss Nobody Knows*, Paris, P.O.L, 1996, p. 62.

L'ASSASSIN

Café Kaplan s'inscrit, ainsi, dans une longue tradition qui voit en le café, notamment parisien, un lieu où se côtoie l'art et la vie, le lieu peut-être où la vie sociale et l'art se réconcilient. Dans ce sens, il s'oppose au Rendez-vous des Cheminots dans *La Nausée* (1938) de Jean-Paul Sartre, ce café provincial que Roquentin doit quitter pour trouver la voie de l'art, même si celle-ci se dévoile à lui grâce à la petite musique. Roquentin est condamné face à la parole consensuelle du café où « tout est toujours normal » et les clients, pour exister, « il faut qu'ils se mettent à plusieurs[1] ». Et pourtant, il y a de ça aussi chez Kaplan. Suzanne, par exemple, veille à ce que la parole reste ce qu'il faut, à peu près, dans son établissement : « – Écoute, dit Suzanne, tu exagères. – Pourquoi, dit Anaïs. Je dis les choses, c'est tout. – Tu ne devrais pas, dit Suzanne. C'est décourageant[2]. » Et comme chez Sartre, il y a aussi un assassin, et une jeune fille éventuellement victime de la violence, du viol, même si cette possibilité reste plus discrète, une présence textuelle plus modeste, que le sort de la petite Lucienne dans *La Nausée*.

Cette jeune fille, c'est Anaïs, qui disparaît après une dispute avec Suzanne. On ne saura jamais ce qui arrive à Anaïs, qui ouvre ainsi une voie dans l'œuvre pour les multiples jeunes femmes qui la traversent puis disparaissent sans donner suite. On ne sait pas grand-chose de l'assassin non plus. Et c'est justement ce qui provoque la brouille entre Jean et Serge. Ce dernier propose une sorte de jeu, cela s'appelle « l'épreuve du passeur ». Il consiste en une histoire que Serge raconte d'une femme assassinée parce que personne n'a voulu l'aider. Qui est le plus coupable ? L'assistance doit décider. Tout le monde raisonne différemment, d'aucuns accusent le mari trop peu compréhensif, d'autres l'amant trop peu soucieux, puis d'autres encore le passeur qui aurait dû agir par simple humanité. Mais personne n'incrimine l'assassin qui a porté le coup fatal, comme si l'assassin lui-même occupait un angle mort dans l'histoire. Et Serge ne supporte pas cet aveuglement :

1 J.-P. Sartre, *La Nausée*, Paris,Gallimard, 1966, (1938), p. 16.
2 *L'Épreuve du passeur*, *op. cit.*, p. 13.

> – Et l'assassin, hein ? Et l'assassin, sur le pont ? C'est pas lui le plus coupable ? [...]
>
> Je m'en doutais bien, Serge frappe la table, il martèle ses mots en frappant la table, je m'en doutais.
>
> Il attrape Jean par la chemise, il le secoue, Jean se dégage, Serge continue à hurler :
>
> – Tu n'es même pas foutu de voir ça.
>
> L'assassin assassine et toi, tu ne vois rien. Tu ne vois pas ce qui se passe, tu ne vois pas qui fait quoi, tu ne vois rien de rien.
>
> On te dit que c'est un assassin, alors ça va de soi qu'il assassine, le mot t'aveugle, toujours les mots t'aveuglent, tu ne vois rien, Serge répète sans arrêt[1].

Emporté par sa colère, Serge se met à tout casser, hurlant « c'est moi l'assassin », accusant Jean d'être « un passeur de merde ». Lise partira avec lui, sans donner d'explication, emportée elle-même par son besoin de savoir à quoi le monde ressemble quand on est Serge, comme elle avait eu envie de se rapprocher du groupe indistinct de magasiniers qui fréquentait le café de Suzanne. Et pourtant l'acte de Serge ne vide pas le café de son sens, comme Roquentin dans *La Nausée*, pas plus qu'il ne détruit la volonté de Jean. Celui-ci reconstruira l'Atelier après la dévastation infligée par Serge, et Lise reviendra, d'abord au café, puis chez Jean.

Mais quelque chose surgit dans cette colère, quelque chose qui bouleverse tous les rapports. C'est ce à quoi nous risquons toujours de faire sourde oreille, quelle que soit la volonté de jouer un rôle de passeur. Et c'est ce que Kaplan cherche à faire apparaître à travers le jeu de la prose romanesque : cette hétéronomie, pour reprendre les termes de Rancière, qui est aussi l'irruption de l'égalité au sein de la communauté :

> ce trait d'hétéronomie n'est rien d'autre que le trait de l'égalité, cette égalité qui vient toujours traverser la communauté clandestinement, parce qu'elle n'a de place légitimée dans aucune distribution des corps en communauté, qu'elle ne peut qu'y mettre, toujours ponctuellement, toujours localement, des corps hors de leur place, hors de leur propre. L'égalité fait effet dans le corps social sous forme d'existences suspensives, qui peuvent s'appeler littérature ou prolétariat, des existences qui peuvent être déniées sans qu'aucune propriété disparaisse, mais qui y font exister des multiplicités singulières par lesquelles le système des rapports entre les corps et les dominations se trouve, ici et là, déplacé[2].

---

1 *Ibid.*, p. 169.

2 J. Rancière, « L'inadmissible » dans *Aux bords du politique*, Paris, Gallimard, 1998, p. 194.

La violence de cette égalité est effrayante. Serge en est la face discordante, celle qui dérange ; Anaïs en est la face silencieuse, celle qui est engloutie. Et le café, dans *L'Épreuve du passeur*, est le lieu où cette égalité apparaît dans une sorte d'expansion où, le temps d'une saison, il y eut de la place pour tout le monde. Kaplan l'appelle un « écartèlement », comme pour signifier l'inconfort et la précarité de cette ouverture : « et dans cet écartèlement, les destins des hommes, comment ils se croisent, comment ils s'y prennent pour se rencontrer, oui, les croisements, tous les croisements du monde, de ce vieux monde moderne, libre et large et sans repères, et dans lequel, même en résistant, on s'enfonce, on risque de s'enfoncer[1]. »

Mais pourquoi Serge se dit-il l'assassin ? Kaplan renvoie à une expression de Kafka – « sauter en dehors de la rangée des assassins » – à de nombreuses reprises dans ses textes explicatifs et critiques[2]. La rangée des assassins semble s'apparenter, dans cette formulation, au consensus. Or Serge est dans le dissensus. Mais sa dissonance avec les autres est à l'exclusion de leurs points de vue, notamment celui de Jean. Son action s'inscrit dans une logique de « cadre fixe », et non pas d'un agrandissement de la vision et, par extension, de la subjectivation. Assassin serait alors, pas tant le regard du plus grand nombre, que celui qui reste pris dans une structure opposant champ et contre-champ, une structure selon laquelle les positions peuvent changer mais sans sortir de l'idée que voir appartient surtout à certains. Alors si Kaplan écrit « sous influence » du cinéma, elle en radicalise les possibilités avec seulement des mots, fracturant et multipliant le réel pour y introduire de l'air et de la lumière, celle d'un après-midi, « forte et claire », et de la musique pour que chacun puisse danser dedans ensemble.

Anna-Louise Milne

1 *Ibid.*, p. 12.
2 Voir surtout le texte « la phrase la plus politique » consultable sur lesliekaplan.net sous la rubrique « le détail, le saut et le lien ».

À L'OMBRE DES *PROSTITUÉES PHILOSOPHES*

> Que celui qui ne sait plus parler, qu'il chante !
> Paul CLAUDEL, *Le Soulier de satin*, 3e Journée, sc. 1, Doña Musique.

Les Prostituées philosophes publié en 1997 est le deuxième tome du cycle *Depuis Maintenant.* Zoé et Thomas se rencontrent dans le métro. Thomas, pendant que le métro avance, répète et marmonne à voix basse : « Je le tuerai. Je le tuerai. » (p. 9.) Zoé devine qu'il s'agit de son père, une intuition. L'ensemble du roman rendra compte de cette tension assassine entre Stanley, le père et Thomas, le fils. La pulsion criminelle du fils est provoquée par la posture criminelle du père.

> Nous ne naissons plus de pères vivants, nous naissons d'idées[1].

La parole vivante s'oppose ici à la notion d'idée dostoïevskienne. Le travail suivant a pour but de rendre compte de la matérialité de la langue de Kaplan, on pourrait emprunter à Gabily la notion de « Penser-Agir[2] ». Entendons par là que l'écriture est en acte dans le texte, elle combat une langue d'« idée » pour aller toucher du doigt l'ineffable élan vital des possibles du langage.

Le corps de Thomas n'est pas assassiné par son père Stanley, comment donc Thomas meurt-il ? Il meurt par l'absence de son père. Un fils n'existe que s'il y a une filiation. Si la notion de père disparaît on peut penser que celle du fils tend à disparaître aussi. La pensée « fils » se délite. Stanley,

1 Cf *Notes du Sous-sol* citées par L. Kaplan, dans « Le détail, le saut, le lien » (2011), mis en ligne sur *Les Outils.*

2 Notion développée dans *À tout va*, Arles, Actes Sud, 2002, p. 62.

présent tout au long du roman, se rend absent par sa parole. Il ne parle pas avec son fils, la langue du père, il parle une langue « d'idée », c'est-à-dire qu'il ne s'adresse finalement à personne d'autre qu'à lui-même, que pour lui-même. La parole ne rencontre personne. Elle ne résonne pour personne. À l'inverse, Zoé est un contrepoint à cette parole stérile. Elle est un élan vital, tout comme Marie-Claude, propriétaire de la péniche-bar où se retrouvent pour parler et boire les différents personnages. Marie-Claude devenue femme, est une ancienne prostituée :

> Je me souviens, la première fois que l'une de nous, je crois que c'était la petite Annie, sans le faire exprès, elle a dit le mot « fille », « nous les filles », peut-être, je ne sais plus, et une autre a dit, mais comme ça, ça lui est sorti comme ça, « Fille ? », et Annie est devenue rouge comme une tomate, et après on a toutes parlé de ça pendant des jours, fille et fille, ah il y avait à dire, mais tout est parti de ce jeu de mot, une fille est une fille... Une fille est une fille est une fille est une fille, ça boitait dans tous les sens, Marie-Claude me regardait d'un air double, plein de sous-entendus, je pense que si Zoé et Thomas n'avaient pas été là elle aurait beaucoup développé[1].

Marie-Claude est un personnage déjà présent dans *Miss Nobody knows*[2], c'est lors des évènements de 68 qu'elle rencontre la narratrice à l'usine. Marie-Claude est une ancienne prostituée, philosophe parce qu'elle pose des questions sur le corps, des questions sur l'aliénation de ce corps au monde. Marie-Claude comme la narratrice sont les voix de ce passé, de cet événement passé qui parlent au présent. Elles sont les jalons du *Depuis Maintenant* :

> Un désir d'essayer de toujours écrire "Depuis maintenant", ce qui veut dire bien sûr tenir compte du passé, mais tel qu'il est dans l'actuel, tel qu'il est revécu, repensé dans le moment présent [...][3]

Le "Depuis Maintenant", c'est d'abord un depuis. Depuis est un jalon posé, convenu, comme un axiome, un seuil spatio-temporel. Le maintenant est le flux. Ce flux du présent qui permet de rendre compte de ce qui ne peut être palpé par la raison. Le flux rend compte de la présence des fils invisibles de la vie. Le flux est continu, comme le *Stream* chez Cassavetes, il est difficile, voire impossible à contenir, à attraper. *Stream*

1 *Les Prostituées philosophes*, Paris, P. O. L, 1997, p. 78.
2 *Miss Nobody knows*, Paris, P. O. L, 1996.
3 *Les Outils*, Paris, P. O. L, 2003, p. 275.

peut être traduit en français par ruisseau, flux. Le flux est observable, il est lisière. Le flux intègre des éléments nouveaux, un lecteur. Il contient mais n'est pas contenu. Les *Love Streams* de Cassavetes définissent assez bien le travail de Kaplan. D'ailleurs, la référence au film de Cassavetes va plus loin. Comme dans l'œuvre cinématographique, le roman aborde la question de la relation père/fils d'une manière singulière. Il fait aussi exister le monde de la transsexualité. Rappelons que le personnage de l'écrivain, incarné par Cassavetes, étudie le monde des *Queers* pour l'élaboration de son nouveau livre. Ces *Streams* s'inscrivent dans une réalité concrète et minutieuse qui peint une humanité constamment en mouvement, tendue par des fils invisibles. Le flux est, me semble-t-il, le socle d'écriture de *Depuis Maintenant* et ici des *Prostituées philosophes*. Il nous faut définir la lisière dans son fonctionnement phrastique, elle n'est ni une limite, ni une frontière. Par sa nature, elle permet de contenir le flux de la vie, noyau de l'écriture de Kaplan, il est, on va le voir en étroite relation avec le travail de Cassavetes. Ce flux, parce qu'il est vital, contient en lui l'autre face de la lumière jaillissante, l'ombre, cette lisière entre la vie et la mort.

LIMITE, FRONTIÈRE ET LISIÈRE

Quand les mots ne laissent plus d'empreintes sur le monde, ils contribuent à la dilution du corps dans l'espace. Observons d'abord le phénomène. Les mots peuvent être tronqués, tordus, malmenés, dans la bouche de celui qui les prononce. Les mots sont alors créateurs d'espaces, non pas vides mais vidés de sens, créateurs d'espaces stériles. Il faut distinguer soigneusement le seuil de la frontière. Le seuil est un état dans lequel on peut rester, il est un équilibre instable. La frontière, elle, ne peut que se franchir ou se regarder de loin. Elle permet le contact entre deux espaces. Quant à la limite, elle est une forme close sur elle-même. Être hors de la limite, c'est ne plus exister[1]. La frontière, ce pas à franchir, est détraquée dans la machine de la parole. C'est le cas dans le passage incantatoire dit par Thomas :

1 Les définitions de la lisière, de la limite et de la frontière sont issues du travail de Wittgenstein sur la poésie de Joseph Guglielmi. Voir la revue, *If*, n° 14, avril 1999 [80 p.]

> Il me tue, je suis tué,
> Il me mord, je suis mordu,
> Il me dévore, je suis dévoré,
> Il me dévaste, je suis dévasté [...]
> Il me pique, je suis piqué [...]
> Il me pince, je suis pincé [...]
> Il me frappe, je suis frappé [...]
> Il me tape, je suis tapé [...]. (p. 110.)

Ici, le mot se fait frontière. Cette organisation binaire du Il et du Je montre bien qu'il y a deux territoires entre lesquels passe une frontière. La frontière est ici encore stérile puisque tel un sillon, la parole va du Il au Je et revient au Il. La progression est nulle, entendons par là inexistante. Comme un jeu de miroir déformant, l'effet de reflet est continu. C'est un miroir déformant puisque l'un agit quand l'autre subit. La frontière se fait ici entre deux territoires. Le territoire actif du père et le territoire passif du fils. Le participe passé, marque de la passivité, plonge le monde du fils dans un passé accompli, global. Il bascule dans un monde assassiné, vidé de présent, comme le mort qui n'existe plus qu'au passé. L'appartement de Thomas est un autre exemple de frontière. Il est l'espace de frottement, de contact entre lui et son père. Il est la seule expression vivante de leur relation. L'appartement est l'ouragan de Thomas, seul objet pouvant converser avec le "Hurricane Stanley". Thomas détruit tous les objets dans son appartement ayant en tête de montrer le résultat chaotique à son père, l'appartement étant un bien prêté par celui-ci. L'espace se fait donc ici objet de pensée. L'espace de l'appartement est le seul mot-frontière qui permet d'établir un fil communicationnel entre le père et le fils. Ce n'est donc pas le mot mais l'espace qui réussit à s'adresser à.

La parole, à l'inverse de l'espace détruit, ne construit plus rien, même pas du chaos. L'aposiopèse permet de laisser ouvert le sens d'une phrase, elle est aussi la traduction d'une émotion. La phrase s'arrête parce que le locuteur est tout à coup chargé d'une émotion. Cette charge crée une distorsion entre l'unité sémantique et l'unité phrastique. La phrase suivante est prise en charge par Thomas : « j'aime ma mère, mais toujours elle, ses amies, ses histoires... » (p. 19). C'est la seule évocation dans le livre de la figure maternelle. L'aposiopèse qui vient arrêter la phrase stoppe tout de go le propos sur la mère. Thomas n'y reviendra pas. Il crée un silence sémantique. La phrase ne s'ouvre pas sur une émotion pleine, elle s'ouvre sur un silence, sur une absence. Le silence est l'expression, il va de soi, du non-dit. Le non-dit n'est pas toujours, et c'est là l'important, assumé et voulu. Le silence peut aussi être un bâillon invisible. C'est ce que l'aposiopèse révèle ici. « Peur de quoi ? Je ne sais pas. [...] Mais tu avais encore peur ? insista Zoé. / Thomas ne répondit pas. Il ne parlait plus. » (p. 21).

Le silence est la preuve de la limite du mot, ce que les mots doivent dire et qu'ils ne disent plus. Le pronom « quoi » n'est pas vidé de sa valeur interrogative. Il ouvre ici un champ de questions impossibles à contenir avec des mots pour Thomas, d'où l'angoisse du personnage. Seuls les personnages du père et du fils ne savent plus où se trouve la matière vivante à l'intérieur du « quoi ». Ils ne peuvent plus que parler de ce quoi, comme une entité fixe, une « Idée ». C'est très clair chez Stanley.

> Il avait demandé, Quoi, quoi, quel délire. Françoise avait dit deux trois choses qu'il avait immédiatement oubliées [...]. (p. 30)

> Elle m'a dit que sa fille était folle, qu'elle s'imaginait des tas de choses, des horreurs. Oui. J'ai oublié quoi. (p. 31)

> Comme si toute cette casse restait dans un coin, un coin de la tête de Thomas, une montagne de casse qui grandissait, augmentait, montait, jusqu'à ce que... quoi ? (p. 40)

Le quoi fonctionne en circuit fermé. Il est le seuil qui devrait permettre la résolution du problème, mais ici il ne renvoie qu'à lui même. Son caractère interrogatif disparaît. Il n'est plus une question qui tend vers un univers de réponses multiples, il est sa propre solution. En cela, ce quoi est un mot-limite. En effet, selon la terminologie de Wittgenstein, la limite est un espace qui ne renvoie qu'à lui-même. Il n'existe rien au delà de la limite. Il ne faut pas s'aventurer plus loin. Les questions qui normalement permettent une ouverture sont toutes, chez Stanley, stériles. Le récurent « ça va ? » qui ne veut absolument plus rien dire est ressenti comme un acte criminel par Thomas.

> Thomas essayait de reproduire pour Zoé l'intonation, et d'imiter le sourire. Il faisait une grimace, Ça va ? ça va, Thomas ? (p. 92)

> Le "ça va ?"de Stanley. Le ton, essayait d'expliquer Zoé, le ton de la voix. (p. 119)

La question est une limite, elle est close sur elle-même, tourne comme une machine à vide. Elle n'est plus qu'un son, une attitude singée que Thomas reproduit pour la déconstruire. Le "ça va"est une « grimace », il n'est plus qu'un « ton ». Le mot-limite renvoie à une organisation en écho de la parole. Le mot se perd dans ses sonorités, il se déforme pour n'être plus qu'un son défait. Il est le vague écho d'une parole déjà morte. Il faut l'aide de la fiction, de l'histoire, du mythe, pour essayer de trouver une accroche, une matérialité à ces mots devenus creux.

> Et puis elle nous a dit qu'elle était occupée. Occupée. [...] Il se trouve, enfin attention, c'est entre nous, n'est-ce pas, c'est un secret d'État, il se trouve que la Wehrmacht est logée chez moi. Oui, oui, oui. [...] Voyez, là. Et elle me montrait sa cuisse, sa cuisse gauche, c'est là. Dans l'aine. [...] Ça lui était passé dans le corps, dit Marie-Claude, sans préciser ce qu'elle voulait dire par "ça"(p. 88)

Kaplan ici ne nous donne pas de réponse fermée, ce serait contradictoire avec son esthétique. L'auteure ouvre un champ des possibles : « ça lui était passé dans le corps ».

Le personnage de Renée avec la Wehrmacht dans l'aine, décrit le « ça » comme un mouvement, un flux. On ne sait pas ce que c'est mais on le ressent. Le logos laisse la place au muthos. Le muthos permet la description du monde par des sources imaginatives. À l'inverse, le logos s'attache à appliquer la prérogative de la raison. Le muthos est une sorte de fiction qui engage la circulation libre des émotions en tout genre, il permet de passer « dans le corps ».

LIFE STREAMS

> On serait passé du muthos au logos, et quelque chose comme de la civilisation serait venu suspendre, liquider le muthos, lieu d'une origine violente que le logos serait venu apaiser. [...] Du muthos, nous ne sommes pas sortis, il y a encore du mythe partout : toutes nos histoires, tous nos récits, toutes nos modalités d'organisation du monde social sont encore prisonniers, pris dans du mythe, et fabriquent ce qui reste essentiellement mythique[1].

1 B. Tackels, *Avec Gabily, voyant de la langue*, Arles, Actes Sud, « Papiers », 2003, p. 63.

Le mot est de Bruno Tackels. Nous pensons que dans *Les Prostituées philosophes* le muthos est omniprésent. C'est ce que nous nommons les mots-lisières. La lisière est monstration de l'hétérogénéité. Elle est la preuve du mouvement. La lisière montre ce qui est, et non pas ce qui devrait être (ce que la limite fait), elle est un instant de conviction. La conviction de ce qui est, c'est-à-dire la conviction de ce qui n'est pas tout propre, de ce qui se craquelle, qui bouge, qui se noircit et se fissure. Une lisière de plus en plus sombre qui ne dit pas ce qu'elle ne sait pas. La lisière est la marque de la couture dans un tissu urbain. Elle est une couture : « La ville qui a l'air de se terminer et qui continue, qui se défait et devient un pointillé, mais du coup laisse apparaître d'autant plus sa nature, sa vérité industrielle. » (p. 36).

La lisière, ici pointillée, « laisse apparaître ». Elle permet de palper l'ineffable. L'ineffable, qu'il est impossible de nommer ou de décrire, en raison de sa nature, de sa force, de sa beauté. Ce qui ne peut être exprimé par le langage (en raison de la transcendance d'une réalité qui dépasse l'homme) est dans *Les Prostituées Philosophes* exprimé par la lisière. Les mots ne disent plus la réalité indescriptible, ils la « laiss[ent] apparaître » dans toutes ses formes possibles.

Le quoi, mot-limite vu plus haut, comme le ça, trouve son apparition dans l'écriture du corps, en témoigne la description de Marie-Claude : « Le décolleté plongeant, ouvert sur quoi, sur une question. On ne voyait rien. » (p. 68). Le quoi retrouve ici sa nature interrogative, « une question ». La lisière permet de mettre en avant, au premier plan, la nature du mot. La question ouvre sur une réponse, le « rien ». Le décolleté devient ce rien, qui n'est pas le néant, l'abscons, le stérile. Le mot quand il est lisière, c'est-à-dire monstration de ce qu'il est, permet d'atteindre une certaine matérialité. La matérialité est le caractère, l'existence sensible du vivant. Elle porte un intérêt pour les choses concrètes et le monde physique. Quand Kaplan mêle matérialité et muthos, elle permet à l'ineffable, à l'invisible, de trouver un ancrage dans le corps. Lorsque Stanley et son fils se promènent dans la ville, le fils est envahi d'une sensation étrange dans l'action de la marche. « [...] Parce qu'en fait on a arpenté la moitié de la ville, on marchait, d'abord vite, ensuite péniblement, lentement, comme si on avançait dans du sable mouillé, de la boue. » (p. 24). La comparaison, le « comme si », permet de rendre concret l'effort de la marche. La sensation d'enlisement, créée à partir d'images naturelles, « le sable », « la boue », est incompatible avec une vision naturaliste de la ville. La boue et le sable ne sont pas dans les rues, ils sont à l'intérieur du locuteur. Ils décrivent le mouvement d'un point de vue de l'échelle mentale. Le muthos permet cela. Il donne à la marche une matérialité sensitive et imagée. De la même manière, il apporte de la consistance aux phénomènes invisibles de ce monde : « Le silence était extraordinaire, matériel, on aurait pu, elle avait dit, le toucher, le voir. » (p. 29). Cette sensation transcrite avec des mots n'est possible que par une écriture qui épouse les mouvements, le flux du vivant, ce que nous appelons l'écriture de la lisière. Elle permet de donner un corps à l'ineffable.

La lisière est une empreinte du flux qui la traverse. Elle est la fissure qui est monstration du mouvement. Le flux dans les œuvres de Kaplan est omniprésent. Il est d'abord dans la communication intertextuelle de ses livres. En témoigne la présence de Marie-Claude dans *Miss Nobody knows* ainsi que la référence à Marie dans *Les Prostituées philosophes.* « Raymonde vivait avec une fille, Marie, une vraie folle celle-là, Raymonde l'avait trouvée dans la rue et adoptée [...]. » (p. 81). Le troisième tome de *Depuis Maintenant* se focalisera, comme son nom l'indique, une fois de plus sur ce personnage. Kaplan se penche sur le présent du présent. C'est une matière organique brûlante, mais qu'il ne faut pas laisser se consumer à côté de soi. Kaplan offre à ses personnages le mouvement suffisant pour éviter un certain monolithisme du sujet. Parce que le présent est fragment, multiple, les êtres qui l'habitent le sont aussi.

Le flux vivant, celui qui emporte tout sur son passage, détruit les digues sociales les plus convenues. Celle du genre étant peut-être la plus solide et par là même la plus exposée dans *Les Prostituées philosophes* :

> Non, non, non. Vous vous trompez. Il n'a pas trouvé un homme. Il a trouvé une femme avec une grande queue, et qui bandait, en plus. C'est pas pareil. Voilà ce qu'il a trouvé. (p. 105)

> Cette Mademoiselle Renée, dit Marie-Claude en faisant une drôle de tête ; elle avait une habitude. Elle disait toujours "nous". "Nous avons déjeuné"[...] C'était énervant, je trouvais ça prétentieux, [...] Et puis un jour ça m'a traversé, j'ai eu froid dans le dos. Elle parlait d'elle et de son sexe. "Nous"(p. 50)

Tout cela pour nous amener à une réalité claire : nous ne voyons que des morceaux de réalités morcelées[1]. Être au présent permet d'éviter l'écueil psychologique. Il n'y a pas de psychologie des personnages. Ils

1 Cf dans le volume présent, le travail de Stéphane Bikialo sur le détail et l'anecdote.

sont pris comme des réceptacles. On ne psychologise pas un espace, pourquoi le faire pour un personnage ? Cette attitude permet l'absence d'identification, les personnages sont des présences que l'on regarde passer. Ces présences sont de natures différentes. Parfois elles se confondent avec l'espace, c'est le cas dans la description suivante :

> Beaucoup de femmes, filles femmes [...] indifférentes et provocantes, tout dehors, jupes longues et jupes courtes, pantalons et boléros, venant de la ville, transportant la ville avec elles, ses lignes et ses couleurs, ses gestes et ses flux. Ville rieuse, joueuse et dure, comme elles. (p. 35)

Le flux, parce qu'il est immense, rend compte de réalités élargies. La focalisation sur le détail ne va pas de pair avec une restriction du champ. Le sentiment d'être là, est cette « ambiance ouverte, large. La ville, la ville. » (p. 74).

Corps urbains et corps humains sont des possibles, des « peut-être » au sens de Bruno Tackels qui présente un développement sur le « Peut-être spatial ». Ce « peut-être » est l'expression du choix, non du doute. Le « peut-être » qualifie la modalité d'énoncé. Il exprime une réserve quant à l'application ferme d'une réalité. La modalité d'énoncé est au cœur du processus de création du sujet. S'il y a un choix à faire, c'est qu'il y a un être pour exprimer ce choix. Bruno Tackels écrit, à propos de la didascalie dans l'œuvre de Gabily, qu'elle est un :

> Temps d'une parole intérieure, comme marmonnée dans la barbe d'un rêve empêché : souvent, les didascalies disent ce qui aurait pu être. Peut-être. Et qui sera un jour, peut-être[1].

Dans la construction du roman, le fil dramatique participe du flux. En effet, le roman est traversé par le flux. La preuve en est l'excipit de l'œuvre qui ne clôt rien. Au contraire la fiction est en train de se faire. Le dernier plan est un plan en mouvement, il est une coupe dans une tranche d'action. « Les sexes sont là. Ils dansent. » (p. 128). L'aspect sécant du verbe participe à l'exploration d'un au-delà du roman. Les personnages apparaissent, il me semble, chez Kaplan, aussi comme ces « peut-être » qui ne sont que les marques du flux ininterrompu qu'est le vivant. Le flux est détourné, rendu malade, tari, parce que « nous ne

1 B. Tackels, *Avec Gabily Voyant de la langue*, *op. cit.*, p. 52.

naissons plus de pères vivants ». Ce constat est un obstacle au flux, au *Life Stream* pour pasticher Cassavetes. Il ne s'agit pas, dans *Les Prostituées philosophes*, d'un élan vers l'amour, mais plutôt d'un élan vital. D'où le terme de Life streams. L'onomastique même place Zoé du côté de l'élan vital. Rappelons que Zoé signifie Vie en grec. Elle est la marque du life stream. Life et non pas love comme chez Cassavetes. Il n'y a pas d'amour, de relations amoureuses dans ce roman. Même la relation de Thomas et Zoé est hors de l'amour.

> Zoé, ma petite Zoé. Bien sûr, elle est amoureuse de Thomas. Mais, comme elle me l'a expliqué avec une grande perspicacité, Thomas est trop pris par son histoire avec son père, il n'est pas libre. Alors moi, dit Zoé, j'attends. (p. 112).

Kaplan rend sensible l'inquiétant de l'acte locutoire mort. On pourrait penser que la mort de la parole s'accomplit en même temps que la mort d'une personne. Il n'y a plus d'appareil locutoire, il n'y a donc plus de parole. Kaplan nous rappelle ici que l'équation est différente. Il n'y a plus de parole vivante quand celle-ci est déformée. Quand le « peut-être » n'existe plus. Une parole morte est une parole stérile, une parole qui ne fait plus partie du flux, du *Life Stream.* La monstration de l'acte mortifère s'accompagne d'une gestuelle. À la manière d'un mime funèbre antique, Thomas imite l'acte locutoire de son père. « Thomas, en l'imitant, bavait un peu. » (p. 95).

OMBRE ET TÉNÈBRE, LA MONSTRATION DE L'INQUIÉTANT.

Le mime, répétition d'une « parole cuite » pour reprendre le mot de Desnos, rend à la parole sa vitalité. Par un jeu d'inversion, la reproduction de l'acte mort le ressuscite. Il retrouve sa vitalité par ce jeu de théâtre. Le mime invente d'inventer une réalité. Ce procédé rend monstrueux la première parole, l'originale, puisqu'il en grossit les traits. Mais ce grossissement permet aussi l'arrivée du ludique dans la sphère de la parole. L'exemple de la bave, « il bavait un peu », révèle bien cette tension qui anime toutes les grimaces. Elles sont monstrueuses et rigolotes à la fois. L'articulation entre un flux, informe, irrationnel et une volonté descriptive du monde constituent ce jeu de focale présent chez Kaplan, omniprésent au cinéma. L'auteure décrit chez Serge Daney une tendance à « "Articuler le près et le loin", la pensée passe par le raccourci, l'étincelle[1] », cette tendance va aussi très bien à l'auteure de la phrase. Le parallèle avec le cinéma se fait aussi dans la relation à l'instance narratrice. La narratrice est « monteuse ». Cette profession est assez représentative de la rythmique du livre. Le montage est l'art de couper, de coller, de donner un rythme à une succession de plans. Montrer le montage comme dans le travail d'Étienne-Jules Marey ou de Paolo Gioli, c'est faire exister le corps de l'objet. L'écriture de la lisière parce qu'elle est, elle-même couture, montre les coutures de l'écriture. Ce phénomène, comme le travail de monstration du montage, rend l'objet fini mystérieusement sombre. Le montage est un art de la soustraction, il faut enlever, dégrossir un objet. Il est donc une course vers le vide. Un travail créateur d'ombres. On l'a dit, le rien est une porte sur la ténèbre. Ce rien est une ombre.

La transcription de l'ineffable permet l'apparition de l'ombre. Si ce qui ne peut pas être dit est transcrit par des mots, il y a une perte de repères interprétatifs pour le lecteur. Cette perte de repères mène à l'ombre, à la ténèbre. Le visage de Thomas, déformé par la grimace, est drôle et devient inquiétant. Entendons cet adjectif dans le sens défini par Roland Barthes : « Qu'est-ce que l'*inquiétant* ? Avant tout, ce qui ne se déclare pas comme tel. L'art de l'inquiétude, tel Orphée, ne peut se retourner sur ce qu'il dit, sous peine de le détruire[2]. » L'inquiétant est le chemin de la ténèbre qui mène au dévoilement de l'ombre. Kaplan convoque souvent cet inquiétant, cette « présence » (p. 41). D'abord Kaplan nous présente l'inquiétant dans sa forme habituelle. Le lecteur reconnaît l'inquiétant. Il n'est pas non déclaré :

> Et puis Sylvia s'est mise à hurler, à hurler sans mots, elle poussait de cris de bête, et elle a commencé à s'arracher les cheveux, ses propres cheveux, elle se griffait, elle se déchirait, c'était effrayant. (p. 79-80)

Ici, le vocabulaire rend compte assez traditionnellement de ce qu'est l'inquiétant. En témoigne le recours au lexique d'une autodestruction violente.

1 *Les Outils*, *op. cit.*, p. 94.
2 R. Barthes, *Écrits sur le théâtre*, Point, 2002. p. 270.

Mais parce que justement elle est mimétique de son propos, l'écriture n'est pas une porte vers l'ombre. La ténèbre, c'est écrire pour les morts. Les morts, c'est nous. Nous sommes les morts d'un à venir, d'un depuis maintenant à venir. Genet écrivait pour les morts, c'est en cela qu'il s'adresse aux vivants dans une langue aussi obscure pour nous que la mort. « La reine brode et la reine ne brode pas [...] elle brode un mouchoir invisible[1] ». L'écriture vient contrecarrer la logique univoque, la phénoménologie, la pesanteur aussi. Le silence peut-être plus lourd qu'un corps mort. L'épisode de Renée, cité plus haut, est à l'inverse une marque, un exemple de l'inquiétant au sens défini par Barthes. L'épisode de la Wehrmacht laisse vivre l'inquiétant sans l'étiqueter. Kaplan a souvent cité la phrase de Kafka tirée de son journal, sur le bond hors de la rangée des meurtriers.

Ce bond se fait par une attitude de mise en étrangeté du réel. On l'a vu, les criminels – « mon père est un assassin » écrit Thomas sur le mur de sa cuisine – sont ceux qui s'endorment dans la rangée, qui alimentent la rangée. Ils assassinent alors le mouvement du flux. L'ouragan de Stanley s'oppose aux ruisseaux, aux *streams.* L'aspect circulaire de l'ouragan est mimétique de la stérilité de pensée, elle se mord la queue. Le flux lui est un vecteur, il est tendu vers. Le meurtrier est donc un empoisonneur de possibles, des « peut-être » que nous avons évoqués. Il y a, avec l'écriture du détail, une tension de la chute vers l'anecdote. Mais cette chute est palliée par la position de « monteuse » de l'écrivain. Cette distance est selon Kafka, un saut. Citons Kaplan :

> Kafka dit qu'écrire, l'acte d'écrire, c'est mettre une distance avec ce monde habituel, la distance d'un saut. Il dit, sauter en dehors, sauter ailleurs. Ça suppose un point d'appui ailleurs[2].

L'image du saut est riche. Elle peut être complétée par celle de l'ombre. L'ombre est chez Kaplan très présente, elle est là où la question se pose, là où la fulgurance de la description du corps rencontre l'effroi : « J'ai une image, Marie-Claude, allongée sur le ventre, son père sur elle. Je ferme les yeux, l'image reste. » (p. 127.) Le saut est peut-être, un saut dans la ténèbre. Un saut pour entrer dans l'ombre. Dans l'ombre d'un monde à l'abri du logos.

1 J. Genet, *Le Balcon* (1956), folio, Paris, 2009. p. 128.
2 *Les Outils*, *op. cit.*, p. 63.

> [...] Le mot de mort est aujourd'hui ténébreux, et dans un monde qui semble aller si gaillardement vers la luminosité analyste, plus rien ne protégeant nos paupières translucides, comme Mallarmé, je crois qu'il faut ajouter un peu de ténèbre. Les sciences déchiffrent tout ou le veulent, mais nous n'en pouvons plus ! Il faut nous réfugier, et pas ailleurs qu'en nos entrailles ingénieusement allumées... Non, je me trompe : pas nous réfugier, mais découvrir une ombre fraîche et torride, qui sera notre œuvre[1].

Le saut est, me semble-t-il, un voyage bref « en nos entrailles ingénieusement allumées ». L'écueil serait de faire une littérature coupée du monde mais comme le dit Genet qui se reprend, il ne faut pas se « réfugier », acte de repli contre le monde, mais « découvrir », c'est-à-dire une fois de plus ouvrir, avancer vers.

Le travail de Kaplan entre en résonance ici avec la place qu'elle laisse à cette « ombre ». Les corps sont l'expression du possible. Les possibles sont ces « ombres fraîches ». Le possible est, rappelons-le, la réponse à une question ouverte. Le possible est la réponse au peut-être. Le possible n'est pas une réalité purement mentale et verbale. L'ombre le dit par sa nature, elle est une présence. Les mots dits ne sont pas la seule expression de la pensée. Thomas réussit à détruire la part assassine de son père en le réduisant au silence. En témoigne la scène décrivant la réaction de Stanley face à l'appartement dévasté de son fils. La scène se conclut par la réaction finale du père : « Il n'a plus rien dit » (p. 124). En dehors des mots, le mime, le chant et la danse permettent l'expression du corps et de l'homme. La voix musicale est très présente dans le travail de Kaplan. En témoignent les nombreuses chansons qui parcourent les textes, en voici une :

> *I'm going to live the life / I sing about in my* song, Je vais vivre la vie / Que je chante dans ma chanson. (p. 43)

Ces chansons, en anglais et leurs traductions en français, sont des « ombres fraîches » du monde. Elles ont une existence en dehors de la littérature. Mais intégrées à la littérature, elles résonnent comme les songes d'un monde en mouvement, emporté, porté, par la musique. La musique est toujours en dehors des meurtriers et dans un même mouvement au cœur du monde et de la réalité.

1 J. Genet, *L'Étrange mot d'...*, *Tel Quel*, Septembre 1967, p. 16.

> La musique […] Elle est innocente à en hurler[1].

C'est ici le constat de Marguerite Duras. Alors posons simplement la question, est-ce que la solution n'est pas d'aller se mêler un peu à ce flux d'innocence ? Laisser les mots un temps, ne plus avoir à s'en servir pour aller vers cette « ombre fraîche » souhaitée par Genet. Un au-delà des mots dits. La fabuleuse danse des ombres. « Ils dansent » termine le texte. Et pour ne plus avoir à parler, danser.

Élisa BERNARD

1 « Le bon plaisir de Marguerite Duras », de Marianne Alphant, France-Culture, septembre 1984, in *Marguerite Duras, le Ravissement de la parole*, par Jean-Marc Turine, Archives sonores INA/Radio France, « Les Grandes Heures », 1997.

LE THÉÂTRE DE LESLIE KAPLAN

« Nommer sans fermer, sans tuer »

Il semblait un peu inévitable que Leslie Kaplan vienne au théâtre. Même si 29 ans séparent *L'Excès-l'usine*[1], de *Toute ma vie j'ai été une femme*[2], son roman-poème initial manifestait déjà un projet littéraire dont la logique laissait entendre qu'il passerait sans doute un jour par la scène. En effet, l'ambition de ce premier ouvrage (ambition qui se retrouve constamment dans l'œuvre de Kaplan)[3], mettre à distance une expérience étouffante, « excessive » non pas en la dénonçant sous son aspect anecdotique, objectif, naturaliste, qui, en quelque sorte, la dupliquerait, mais en disant sa scandaleuse étroitesse par rapport à l'infini des possibles relayé par l'infini du langage, correspond étonnamment aux lignes de force du théâtre contemporain.

Sans refaire ici l'histoire de l'art dramatique, rappelons brièvement que depuis la première pièce de Beckett en 1953[4], une partie importante du théâtre occidental, et notamment français, s'est résolument détournée des chemins de la figuration aristotélicienne et du rapport au réel dont elle est indicielle. À la suite des cataclysmes des deux guerres mondiales, des mensonges d'État qui les ont précédés et suivis, de l'avènement de l'ère technologique où l'enchaînement des causes et des effets n'est plus vérifiable ni même perceptible par tout un chacun, l'objectivité supposée de l'image mimétique suscite la méfiance chez les auteurs d'avant-garde,

---

1 Paris, Hachette/P. O. L, 1982.

2 *Toute ma vie j'ai été une femme*, sous le titre initial : *Duetto 5. Toute ma vie j'ai été une femme*, 5e partie d'une série de spectacles intitulée *Duetto*, a été montée pour la première fois le 27 avril 2007 à la Comédie de Valence dans une mise en scène de Frédérique Loliée et Élise Vigier (également interprètes), puis, après quelques remaniements, reprise dans sa version définitive à la Maison de la Poésie, à Paris, en avril 2008.

3 « Je pense que ce passage de "l'Ouvert, c'est l'Usine"à "l'Ouvert, c'est le poème", a toujours été l'objet de ma question depuis que j'écris ». *Les Outils*, Paris, P. O. L, 2003, p. 82.

4 *En attendant Godot*, première le 4 janvier 1953 au théâtre de Babylone, à Paris, dans une mise en scène de Roger Blin.

tout autant que son corollaire, le discours constitué et unificateur. Ainsi, depuis l'après-guerre, une partie de la dramaturgie française a-t-elle tourné le dos à l'illusion référentielle dans le domaine de la représentation aussi bien qu'à celle de la clarté élocutoire dans celui de l'exposition des idées, pour se développer sur un terrain résolument logocentré et poétique. Chez Beckett, Sarraute, Vinaver, Koltès, Lagarce, Novarina, pour ne citer que ces auteurs (par ailleurs extrêmement différents les uns des autres) personnages, décors, et, dans une certaine mesure, action, perdent en réalité matérielle et en fonctionnalité narrative pour devenir les constituants d'une forme d'adresse beaucoup plus souple vis-à-vis du public qui n'est plus tenu d'absorber un contenu préétabli, mais bien de co-produire le sens des textes en comblant leurs béances par la participation active de son imagination[1]. Le verbe y tient une place prépondérante, et c'est aujourd'hui largement avec lui, à travers lui et par lui qu'advient l'expérience théâtrale.

Les possibilités de rayonnement du verbe au théâtre, démultipliées par la coopération des dispositifs scéniques et du jeu des acteurs, avaient de quoi séduire Kaplan pour qui le langage a le pouvoir de permettre de « tout penser » : « la fiction n'est pas seulement un DROIT, le droit de penser, c'est-à-dire : toutes les pensées sont possibles, on peut TOUT penser, … c'est aussi un MOYEN, justement un moyen de penser[2] ». Mais définir le pouvoir de la fiction à la fois comme une potentialité qui lui est inhérente et comme une actualisation de cette potentialité (un « moyen »), c'est laisser entendre en filigrane que ce pouvoir tient aussi du devoir. Il est du devoir d'un écrivain de travailler à ce que la puissance créatrice du langage ne s'amoindrisse pas, ne s'éteigne pas, à ce que le langage continue de permettre de « tout penser ». Dans trois essais de l'ouvrage théorique *Les Outils*[3], Kaplan dénonce l'univocité de certaines formes de fiction comme mortifère. Les formes naturalistes, explicatives, dogmatiques, déterministes ou moralistes, issues d'une axiologie de type « religieux[4] », lui semblent enfermer leur objet si hermétiquement qu'elles maintiennent ceux à qui elles s'adressent dans

1 Sur ce sujet, voir le travail d'Umberto Eco, notamment *Lector in Fabula*, Paris, Grasset, 1979.

2 *Les Outils*, *op. cit.*, p. 22.

3 *La phrase la plus politique pour moi en tant qu'écrivain ; Du naturalisme ; Art et citoyenneté.*

4 « Ces formes-là sont héritières de conceptions pour moi anciennes, naturalistes, religieuses », *ibid.*, p. 29.

une étroitesse imaginative perçue comme une forme de mort avant la mort. « Ce qui apparaît dans l'aplatissement naturaliste... c'est toujours un objet déjà mort, un cadavre rassurant et complice, mais opprimant, haineux et fermé comme un savoir[1] ». Kaplan s'applique donc à écrire un théâtre qui soit le contraire d'un discours mortifère construit sur une forme fermée. Ses trois courtes pièces[2] mènent à bout ce projet par leur esthétique contemporaine signant sa position éthique, que l'on pourrait résumer d'une formule : ne pas enfermer. « je nomme / sans fermer / sans tuer / j'essaye[3] ».

C'est peu dire que les pièces de Kaplan se présentent comme des textes ouverts. Avec leurs personnages dénués de caractères, leur absence de situations dramatiques, d'action, de lieux, de temps déterminés, elles se résument à une succession de micro-conversations entrecoupées de petits soliloques (pouvant aussi s'entendre comme de petits monologues), le plus souvent en vers libres à peine ponctués. Ces pièces ne racontent rien (il n'y a pas d'intrigue), ne disent rien (il n'y a pas de fable non plus). En revanche, leur appui sur le langage invite le spectateur à une aventure de l'imagination qui ne le laisse pas inchangé à la sortie du spectacle.

Classiquement, au théâtre, un texte accède à l'existence par l'intermédiaire des personnages qui le disent. Depuis Beckett, les personnages ont perdu leur stabilité identitaire traditionnelle, au point de devenir, selon le mot de Jean-Pierre Sarrazac, des « impersonnages[4] ». Ceux de Kaplan n'échappent pas à la règle. Dénués de nom[5], d'apparence, de caractéristique individualisante, ils ne présentent aucun trait susceptible de les investir d'une charge sémantique, symbolique, ou même affective. Repris à l'identique dans les trois pièces, ils se réduisent à l'état de voix – et même à l'état d'une seule voix. En effet, comme le laisse déjà entendre leur réalisation typographique dans le texte imprimé[6], rien ne les différencie vraiment l'un de l'autre : leur registre de langue est identique, leurs opinions souvent semblables, leurs anecdotes, comme celle de Clint Eastwood et de Marcello

---

1 *Ibid.*, p. 226.

2 *Louise, elle est folle* a été montée pour la première fois le 25 février 2011 au 104, à Paris, et *Déplace le ciel* le 14 novembre 2013, au théâtre de Cavaillon, toutes deux dans une mise en scène de Frédérique Loliée et Élise Vigier, également interprètes.

3 *Toute ma vie j'ai été une femme*, Paris, P.O.L, 2008, p. 82.

4 Cité dans Jean-Pierre Ryngaert et Julie Sermon, *Le Personnage théâtral contemporain : décomposition, recomposition*, Montreuil, Éditions théâtrales, 2006, p. 19.

5 D'elliptiques « F » et « E » sont toutefois indiqués à 11 reprises dans *Déplace le ciel*.

6 Les répliques de l'un sont indiquées en italiques.

Mastroianni[1], interchangeables. Dans les échanges, c'est bien plutôt leur complémentarité dynamique qui est mise en avant, notamment par la fréquente distribution de leurs répliques en miroir (« moi je suis amoureuse mais je préfère rompre / comme ça c'est pas lui qui me quitte // *moi je préfère rester avec quelqu'un que je n'aime pas / comme ça je ne souffre pas s'il s'en va*[2] »), ou par la reprise en amorce quasi-systématique des répliques de l'un par l'autre (« *moi j'aime / qu'il me palpe* // qu'il te palpe ? // *j'aime être palpée* // je te palpe // *tu me palpes* // il nous palpe // *nous nous palpons*[3] »). Ces personnages fonctionnent comme les deux cordes vocales d'un même larynx destinées à faire entendre un texte unique. Ils se résument au rôle d'actants[4] dont la fonction est de faire incessamment rebondir le texte, le présentant ainsi sous des aspects différents, eux-mêmes porteurs de pluralités interprétatives pour le spectateur. Typiquement, donc, c'est sur le mode de la libre association d'idées que s'enchaînement les répliques :

> tu ne connais rien
>
> *je connais, je connais*
> *j'ai beaucoup voyagé*
>
> voyagé ? voyagé ?
> toi tu as mangé des sushis piazza Navona …
> c'est dégoûtant
>
> *dégoûtant ? dégoûtant ?*
> *moi je vais te dire*
> *ce qui est dégoûtant*
> *dans mon immeuble*
> *il y a une femme*[5] …

On le voit : du modèle socratique, les échanges entre les personnages n'ont que l'apparence. Examinés de près, ils ne se révèlent jamais déductifs ni même réellement informatifs. La « coopération » au sens

1 *Déplace le ciel*, Paris, P. O. L, 2013, p. 82-83.

2 *Ibid.*, p. 55. Les répliques des personnages étant souvent très courtes avec de fréquents retours à la ligne, il nous a semblé plus confortable pour le lecteur de matérialiser ces retours sous la forme de barres obliques, une barre (« / ») représentant un retour dans le texte d'un même personnage, deux barres (« // ») séparant deux répliques.

3 *Toute ma vie j'ai été une femme*, *op. cit.*, p. 77.

4 Sur le concept d'actant, voir le travail d'Anne Ubersfeld, notamment, *Lire le théâtre I*, Paris, Belin, 1996.

5 *Louise, elle est folle*, Paris, P. O. L, 2011, p. 19-20.

linguistique du terme étant absente, on ne peut parler de véritable visée communicationnelle, ni « directe » entre les personnages, ni « indirecte[1] » vers la salle. Encore bien moins ces dialogues permettent-ils de faire avancer un raisonnement d'une prémisse à une conclusion en passant par des paliers logiques :

> pourquoi moi je ne Le vois pas
> Lui, Dieu.
>
> *c'est parce que tu ne veux pas*
> *Le voir*
>
> mais si
> je veux
>
> *mais non*
> *puisque tu ne Le vois pas*
>
> oh dis donc
>
> *quoi*
>
> oh dis donc
>
> *mais quoi*
>
> tu tournes en rond
>
> *je ne tourne pas en rond*
> *je sais ce que je dis, c'est tout*
> *sinon*
>
> sinon ?
>
> *sinon*
> *on trébuche*
> *et on glisse*
> *et on tombe*[2].

Ce n'est donc pas le contenu de ces échanges qui importe, mais bien plutôt les échanges eux-mêmes en tant que matière verbale, la façon dont ils se développent, les formes qu'ils prennent, les mots employés, les arcanes par lesquelles ils font passer l'esprit du spectateur. Pour reprendre les termes de Jean-Pierre Ryngaert, « La parole,

1 Sur la communication directe et indirecte, voir Anne Ubersfeld, *Lire le théâtre III*, Paris, Belin, 1996.

2 *Louise, elle est folle*, *op. cit.*, p. 55-56.

toute puissante, non-assujettie à l'information, est alors le véritable objet du dialogue[1] ».

La place prépondérante de la parole dans le théâtre de Kaplan se laisse notamment voir dans des procédés qui en soulignent les qualités orphiques, au premier rang desquels se trouve la mise en présence de matériaux hétérogènes. Kaplan se plaît à confronter la langue française, matériau de base à la fois langagier et phonique, avec ses opposés : une autre langue (l'anglais), le silence, et le bruit. La coprésence du français et de l'anglais[2] pose entre les deux une identité de nature qui invalide par avance toute prétention au statut supérieur de l'une d'elles en tant que véhicule privilégié, voire unique, du sens :

> *une langue étrangère ? j'ai peur*
> *j'ai peur de perdre mes repères*
>
> il ne faut pas avoir peur
> il ne faut jamais avoir peur
> répète après moi
> je t'aime I love you
>
> *ah non pas ça*
> *d'ailleurs ce n'est pas une langue étrangère*
> *c'est de l'anglais*[3].

Pareillement, la mise sur un plan d'égalité du matériau phonique et de ses deux contraires : le silence (« *elle me prend pour une idiote / (silence) tu me prends pour une idiote / c'est ça ? / (silence) je suis sérieuse / je parle sérieusement / (silence) je cherche Léonard*[4] ») et le bruit : (« on ne peut rien te dire / *aaaaaaaaaaaaaaaahhhhhhhhhhhhhhhhh* / pourquoi tu cries / *aaaaaaaaaaaaaaaahhhhhhhhhhhhhhhhh* pourquoi tu cries / arrête de crier / c'est insupportable / *aaaaaaaaaaaaaaaahhhhhhhhhhhhhhhhh*[5] ») donne à la parole un statut au moins aussi musical, que véhiculaire. Ce phénomène se trouve redoublé à un niveau structurel plus large, puisque le dialogue lui non plus, n'est pas homogène : il abonde en

---

1 J.-P. Ringeart, *Nouveaux territoires du dialogue*, Arles, Actes Sud, 2005, p. 19.
2 Coprésence qui n'est toutefois pas équilibrée du point de vue quantitatif, le français dépassant largement l'anglais.
3 *Déplace le ciel*, *op. cit.*, p. 79.
4 *Ibid.*, p. 22.
5 *Louise, elle est folle*, *op. cit.*, p. 117-118.

chansons[1], en expressions toutes faites[2] et en citations[3]. Il s'agit là du même type de nivellement opéré non plus au niveau de la matérialité du verbe, mais à celui des séquences narratives : parler, c'est avant tout *dire*, quoi qu'il soit dit : « on peut parler/sans avoir quelque chose à dire... on parle pour parler[4] ». Cette fascination face au caractère foisonnant du signifiant se laisse clairement entendre dans l'épisode en forme de profession de foi « Je prends des éléments » de *Toute ma vie j'ai été une femme* :

> je prends des éléments
>
> *des éléments ?*
>
> hétérogènes
>
> *hétérogènes ?*
>
> hétérogènes
> pas homogènes
> hétérogènes
>
> *des éléments ?*
>
> des lunettes noires
> de la musique rock
> de l'eau
> de la pluie, des larmes, de l'eau du robinet
>
> *de la fatigue*
>
> très grande, la fatigue
>
> *un orage, éclairs et tonnerre*
> *des arbres qui bougent*
>
> de la nuit
>
> *une pomme*
> *de la voracité*
> *des dents*
>
> je prends des éléments

---

1 Par exemple *Let's do it* de Cole Porter, *Déplace le ciel*, *op. cit.*, p. 73.

2 « Pousse-toi de là que je m'y mette », *Toute ma vie j'ai été une femme*, *op. cit.*, p. 43.

3 Ces citations vont du slogan (« moulinex libère la femme », *Toute ma vie j'ai été une femme*, *op. cit.*, p. 28) à la grande littérature (« j'aime les nuages/les nuages qui passent/là-bas... là-bas.../les merveilleux nuages », *Louise, elle est folle*, *op. cit.*, p. 131).

4 *Ibid.*, p. 88-90.

j'entre, je sors

je monte, je descends

escalier, escabeau, escalier

...

je parle
je mets des mots sur les choses
je fais le tour
je définis
je nomme
je cerne

tu fermes ?

je nomme
sans fermer
sans tuer
j'essaye[1].

Cette mise en avant des qualités vibratoires du signifiant est menée à son terme par l'abondance d'assonances (« je dis un mot / et il se répercute // *uppercut*[2] ? ») ainsi que par la fréquente évolution des échanges en chanté-parlé sous la forme de listes ou de répétitions, dans lesquelles le sens s'efface derrière la musicalité et le rythme :

moi ma mère
elle m'a jamais dit ça
moi ma mère

Maintenant c'est toi

quoi c'est moi

c'est toi qui dit
moi ma mère

moi ma mère
oui moi ma mère
tu m'embrouilles

je t'embrouille ?

tu m'embrouilles

1 *Toute ma vie j'ai été une femme*, *op. cit.*, p. 71-82.
2 *Ibid.*, p. 62.

ça m'embrouille

ça t'embrouille ?

je suis embrouillée

moi ma mère[1]....

Un second procédé, la contamination des répliques par l'épique, c'est-à-dire par le récit, manifeste la place prépondérante du matériau langagier dans le théâtre de Kaplan. Les textes foisonnent littéralement de narrations. Si certaines se posent ouvertement comme telles (« Vous voulez savoir ce que c'est, la sexualité industrielle de masse ? Vous vous demandez ce que ça peut être ? Je vois vous raconter l'histoire d'un ami d'enfance, André...[2] »), la majeure partie d'entre elles ne se laisse pas aisément reconnaître, tant elle est tissée dans l'implicite des dialogues. Pourtant, les opinions (« moi j'aime bien l'anglais / mais la supériorité de la langue française / sur l'anglais / c'est évident »)[3], les sensations (« je m'ennuie[4] »), les désirs (« j'ai besoin de voir Léonard / je suis pressée / c'est urgent[5] ») participent du mode narratif : l'échange y marque une micro-pause ; ils sont rapportés. Il en va de même des formes plus indirectes, comme les épisodes de rêve ou l'évocation biographique dans l'émission de télé-réalité de *Déplace le ciel*. Importants dans l'économie générale des pièces (ils en constituent plus du tiers), ces récits viennent s'inscrire naturellement dans les échanges qui les engendrent, eux-mêmes engendrant à leur tour des commentaires qui feront repartir les échanges, mettant ainsi en avant le caractère autogène du verbe, le caractère inépuisable de ses potentialités créatives.

On le voit, chez Kaplan, c'est bien le texte qui parle et non les personnages. Chanté-parlé, citations, chansons, bruit, silence, anglais, récits, etc., le présentent sous la forme d'un matériau à considérer en soi et non en premier lieu pour le sens qu'il serait susceptible de véhiculer. On peut donc se demander si un tel texte, constitué d'échanges fragmentés dont les thèmes variés, qui ne sont jamais menés à conclusion, se succèdent

---

1 *Ibid.*, p. 21.
2 *Ibid.*, p. 47.
3 *Déplace le ciel*, *op. cit.*, p. 40.
4 *Louise, elle est folle*, *op. cit.*, p. 92.
5 *Déplace le ciel*, *op. cit.*, p. 23.

à un rythme rapide[1], fait autre chose que de dénoncer, en la démontant de façon ludique, la vacuité de tout discours soi-disant construit (à l'instar de Ionesco, par exemple) et de célébrer la créativité du langage.

Nous soutiendrons que c'est le cas. En effet, Kaplan croit au caractère performatif du langage : « l'homme est littéralement fait, fabriqué, par les mots[2] ». Elle en relève l'évidence à plusieurs reprises, notamment chez Kafka, où le verdict, acte verbal, trouve toujours une concrétisation réelle (« 'Vermine !', et il le devient[3] », repris dans *Louise, elle est folle* : « si tu manges un cafard / tu deviens un cafard »)[4]. Au théâtre, la performativité du langage constitue la matière même du spectacle : la parole y existe au sens fort du terme, puisqu'elle y crée, et ceci, non seulement sur la scène, mais surtout dans la salle. Qu'elle pousse le spectateur à absorber ce qu'elle véhicule ou à le mettre à distance critique, la parole théâtrale a toujours un effet concret sur son jugement et ses affects. C'est cette caractéristique propre à l'art dramatique qui permet à Kaplan de mettre en pratique l'inverse de ce qu'elle dénonce – le caractère mortifère d'un langage sclérosé –, en construisant ses pièces comme des moments où le spectateur fera l'expérience des possibles *par* le langage.

Deux moyens se trouvent privilégiés pour ce faire. Le premier consiste à mener l'esprit du spectateur au bout des pratiques langagières sclérosantes, le soumettant ainsi à l'expérience de l'étroitesse imaginative évoquée plus haut. Ces pratiques langagières sont essentiellement de deux ordres : « ramener l'inconnu au connu[5] » – c'est-à-dire ramener l'infini des possibles à l'étroitesse égocentrée – et abuser du cliché, de l'idée toute faite. Toutes deux sont indicielles des déséquilibres socioculturels que Kaplan dénonce dans le court essai *Renversement, contre une civilisation du cliché, la ligne Copi-Buñuel-Beckett*, publié à la fin de *Louise, elle est folle* :

1 À titre d'exemple, nous comptons 7 thèmes dans les 12 pages de « L'angoisse m'angoisse » (*Toute ma vie j'ai été une femme*, *op. cit.* p. 13-24) : 1. Caractère angoissant de l'angoisse, 2. Récit de l'achat des vis et des boulons, 3. Sentiment d'éparpillement, 4. Désir d'être une poussière ou un nuage, 5. Conseil maternel de ne « pas rigoler avec son identité », 6. Taille de la mère du second personnage, 7. « Publicité pour l'angoisse ». Encore ces 7 thèmes pourraient-ils se diviser en sujets secondaires.

2 *Les Outils*, *op. cit.*, p. 71.

3 *Ibid.*, p. 66.

4 *Louise, elle est folle*, *op. cit.*, p. 111.

5 *Les Outils*, *op. cit.*, p. 18.

> les deux femmes en scène s'accusent... comme si chacune représentait pour l'autre quelque chose qu'elle rejette
> pourtant il s'agit de faits connus, de comportements habituels,... de phrases entendues partout...
> toutes choses bien réelles et présentes, qui sont là, dans le monde...
> ce n'est pas ce qu'elles disent qui est fou, c'est comment elles le disent / en reprenant, redoublant, reproduisant l'état des choses avec leurs mots / des mots qui disent l'état du monde[1].

Par l'humour (car les pièces sont très drôles), Kaplan nous amène délicatement à reconnaître l'agressive vacuité de notre façon de vivre.

Dans les trois pièces, l'inconnu est ramené au connu de mille façons rendues imperceptibles par la quotidienneté des échanges : « je ne sais pas quoi mettre // *quoi mettre* ? // quoi me mettre // *où ça*[2] ? ». La raison de ce réflexe commun à tous, la peur, le sentiment de fragilité, est reconnue par l'auteur :

> moi je voudrais rencontrer quelqu'un
> mais j'ai peur
>
> *comment ça tu as peur*
>
> j'ai peur
>
> *mais peur de quoi*
>
> j'ai peur, c'est tout
>
> *il n'y a pas de raisons d'avoir peur*
>
> il y a des raisons d'avoir peur
> il y a toujours des risques[3].

La peur de l'inconnu se situant au-delà du jugement moral, c'est avec bienveillance que Kaplan souligne ce travers, utilisant pour ce faire le comique inhérent à la rupture contrastive (« moi quand je l'ai rencontré / j'ai su que c'était lui tout de suite / je ne peux pas dire / que ça m'ait remplie de joie... / j'avais très peur /... une catastrophe, voilà ce que c'était / tout changeait... c'était l'amour[4] ») et ceci jusqu'à l'absurde (« *moi je préfère qu'il ne se passe rien / comme ça je n'ai pas peur qu'il arrive quelque*

---

1 *Louise, elle est folle*, *op. cit.*, p. 143-145.
2 *Toute ma vie j'ai été une femme*, *op. cit.*, p. 53.
3 *Louise, elle est folle*, *op. cit.*, p. 93.
4 *Déplace le ciel*, *op. cit.*, p. 25-26.

chose[1] »). Si le jugement de Kaplan sur ce réflexe n'est jamais cassant, il n'en est pas moins sans concessions. Ramener l'inconnu au connu atrophie l'imagination (« tu mangerais / la cuisse de Berthe ? // *je ne connais pas Berthe / je ne connais aucune vache* / oui mais / si tu la connaissais / Berthe // *je ne la connais pas / je ne la connais pas* // oui mais / si tu la connaissais // *je ne peux pas imaginer* ») et, par conséquence, la tolérance (« je te trouve dogmatique »)[2]. De même, le long développement par association d'homonymes du mot « lait », finissant sur une réunion des contraires requérant le maximum de souplesse imaginative (« *le lait, c'est beau* »), se termine sur un plat : « *le lait / je le bois / c'est tout* », amenant le commentaire laconique : « tu ramènes toujours tout à toi[3] ». Ramener l'inconnu au connu, c'est toujours, en fin de compte, ramener à soi, se considérer comme la mesure de toute chose et, en définitive, nier l'autre :

> *Louise, elle ramène tout à elle*
> *c'est terrible de tout ramener à soi*
>
> c'est capitaliste
>
> *toi aussi tu ramènes tout à toi...*
> *tu dis, Les autres, je m'en fiche*
>
> mais c'est vrai
> les autres
> je m'en fiche[4].

Comme le note Kaplan avec humour et profondeur : « le fond de l'affaire est toujours "moi c'est moi et toi tais-toi"[5] ».

L'humour devient plus grinçant lorsque l'utilisation abusive du cliché (c'est-à-dire son utilisation quotidienne et sans malice) est mise en scène. Ainsi, par exemple, le sourire amusé du spectateur devant le portrait de l'érotomane insatisfait, André, qui compare l'excitation provoquée par ses aventures sexuelles à celle provoquée par ses truandages d'écolier, se fige lorsque il tire de son expérience des considérations plus générales : « André pense que... les hommes noirs (variante : asiatiques) sont plus naturels et sexuels que les hommes

1 *Ibid.*, p. 58.
2 *Louise elle est folle*, *op. cit.*, p. 51-53.
3 *Toute ma vie j'ai été une femme*, *op. cit.*, p. 63-66.
4 *Louise elle est folle*, *op. cit.*, p. 27.
5 *Renversement*, dans *Louise elle est folle*, *op. cit.*, p. 154.

blancs./En général, les femmes, dit André, sont plus simples (variante : plus primaires) que les hommes[1] ». Le cliché, l'idée toute faite, est une formule qui enferme « le premier bien commun… le langage, les mots[2] » dans une forme univoque indicielle des forces culturelles dominantes, elles-mêmes révélatrices de l'organisation matérielle du monde. Pour Kaplan, notre société, structurée sur le mode de la compétition (« moi ce que je veux, c'est gagner // *gagner ? comment ça ?* // gagner, je veux gagner // *mais gagner quoi ? de l'argent ?* // gagner // *gagner du temps ?* // gagner gagner gagner »)[3], produit notamment des clichés de type commercial : « la "civilisation du cliché" est ce dans quoi on baigne… cette simplification agressive de tout, qui touche d'abord les mots, le langage, les mots sont des produits du marché, les mots n'ont pas plus de valeur que les choses[4] ». Le schéma de la guerre économique, où tous les moyens sont bons pour assujettir l'autre, structure le psychisme et les comportements via le langage. Ainsi, dans *Déplace le ciel*, le message publicitaire « VIVEZ DAVANTAGE / MANGEZ DU FROMAGE » se trouve-t-il immédiatement suivi d'effet : « j'ai faim / j'ai faim / j'ai faim[5] ». Banale comme les messages publicitaires, la virulence du cliché, sa propension à projeter son étroitesse mortelle sur les esprits, passe largement inaperçue au quotidien, mais : « le vide, du dogme, du cliché, de l'idée reçue, n'est pas un vide neutre, c'est un vide plein d'agressivité, de haine, voire de meurtre[6] ». Ses effets sont bien réels. Ainsi, la bonhomie de la comptine « il préfère sa cousine / à sa voisine / sa nièce à sa cousine / et sa fille à sa nièce / et c'est normal » est-elle mise en parallèle glaçant avec la préférence qu'a « le Président [pour] les Français / qui sont français / depuis plus longtemps / que les Français qui sont français / plus récemment[7] ». La mise en scène du cliché amène un rire jaune et parfois même (fait

1 *Toute ma vie j'ai été une femme*, *op. cit.*, p. 50.

2 *Renversement*, dans *Louise elle est folle*, *op. cit.*, p. 144.

3 *Louise elle est folle*, *op. cit.*, p. 91.

4 *Renversement*, dans *Louise elle est folle*, *op. cit.*, p. 153.

5 *Déplace le ciel*, *op. cit.*, p. 59.

6 *Renversement*, dans *Louise, elle est folle*, *op. cit.*, p. 151.

7 *Louise, elle est folle*, *op. cit.*, p. 32-33. L'effet dévastateur de la pensée par clichés dans la vie réelle était, dans le cas de l'exemple cité, encore souligné par le fait que cette réplique ironisait sur les propositions de Nicolas Sarkozy, alors Président de la République, visant à déchoir de leur nationalité les Français d'origine étrangère (depuis quand ? ceci ne fut jamais éclairci) en cas de délit.

plutôt rare chez Kaplan) se trouve assortie d'un jugement de valeur direct : « *tous les petits légumes sont respectés dans leur diversité* // c'est toi le légume[1] ».

Le deuxième type d'expérience auquel le théâtre de Kaplan convie son spectateur est le pendant positif du premier. Si une partie des textes amène effectivement la psyché du public à suivre les pratiques langagières réductrices ordinaires jusqu'à leurs absurdes et cruelles conséquences, une autre en revanche l'entraîne inversement sur les chemins de la souplesse d'esprit et de la fertilité imaginative. Pour Kaplan, offrir l'opportunité de faire « l'expérience des possibles » par la littérature, c'est permettre « [d'établir] des rapports entre ce que l'on pensait auparavant sans rapport / rapports nouveaux, étonnement, surprise[2] ». C'est pour maintenir ouverte la possibilité d'établir ces rapports que son théâtre fait fi des éléments structurants traditionnels (personnages, situations, ponctuation, etc.) qui pourraient la bloquer. Entravée le moins possible, la narrativité basée sur le langage a les moyens de se déployer dans toutes les dimensions que l'imagination du spectateur choisira de lui donner. À un niveau structurel, et, en cela, sur un pied d'égalité avec les comédiens, il appartient à ce dernier de décider pour lui seul, à chacun des fugaces épisodes, qui ou ce que représentent ces personnages-voix, et ce sur quoi porte le contenu de leurs échanges insolites :

> *tu m'as trahie*
>
> quoi ? quoi ?
> je t'ai trahie ?
>
> *parfaitement*
> *tu m'as trahie*
> *parfaitement*
>
> comment ça ?
>
> *tu m'as trahie*
> *tu as pris mes mots*
> *tu les as tournés*
> *tu les as retournés*
> *tu les as vidés*
> *tu les as aplatis*

1 *Toute ma vie j'ai été une femme*, *op. cit.*, p. 31.
2 *Les Outils*, *op. cit.*, p. 10.

mais quoi ? quels mots[1] ?

Il revient toujours au spectateur de le dire.

Mais l'invite à la coopération spectatorielle va plus loin encore. C'est le texte lui-même que le spectateur est invité à investir du sens de son choix. En effet, le développement de ce dernier par les chemins poétiques du rythme, des assonances, de l'hétérogénéité constitutive, des associations d'idées, adopte des configurations surprenantes auxquelles la compréhension rationnelle ne s'applique pas. Pour les entendre, il faut les imaginer, c'est-à-dire les laisser se développer de manière autonome dans son propre psychisme, avec ses propres références, son propre vécu. Par exemple, les textes font un large usage du contraste (« *la soupe c'est total* // c'est sexuel ? »)[2], des images inattendues (*nous sommes des artistes* / *scientifiques* »)[3], des associations incongrues (je l'ai quitté parce qu'il ne mange pas de brocoli »)[4]. On est toujours à la limite de l'oxymore. Ces originalités, toutefois, ne débouchent jamais sur de déprimantes apories mais sur des tiers termes qui, à leur tour, mènent l'esprit du spectateur vers d'autres territoires de rêves, de possibles. Ainsi, la « soupe sexuelle » amène l'évocation des plaisirs de la chair, puis celui de la liberté : « ah les plaisirs de la chair / mais / le plaisir suppose / la liberté[5] ». Ce que représente cette « liberté », toutefois, s'entendra différemment pour chacun. Il n'est d'ailleurs pas un hasard si l'auteur le plus cité dans les pièces de Kaplan est Shakespeare, dont l'écriture est reconnue pour ses nombreux niveaux de lecture, eux-mêmes fondés sur les multiples registres de langue et les jeux sur les mots qu'ils favorisent. Si un modèle dramatique permet de dépasser les idées figées afin d'appréhender le monde dans l'éventail de ses possibles, c'est bien le sien.

Il y a plus de choses dans le ciel et sur la terre, Horatio
Qu'on n'en rêve dans ta philosophie

c'est Shakespeare qui a dit ça ?

c'est Shakespeare qui a dit ça

O. K., let's go[6]

---

1 *Louise elle est folle*, *op. cit.*, p. 9.
2 *Toute ma vie j'ai été une femme*, *op. cit.*, p. 34.
3 *Ibid.*, p. 78.
4 *Déplace le ciel*, *op. cit.*, p. 28.
5 *Toute ma vie j'ai été une femme*, *op. cit.*, p. 38.
6 *Déplace le ciel*, *op. cit.*, p. 133-134.

… et les protagonistes de *Déplace le ciel* s'envolent à la rencontre de la vie, suivis, on l'espère, par le public à la fin du spectacle.

Le bonheur de la liberté imaginative se trouve peut-être le mieux exprimé dans le commentaire que fait un personnage de la phrase « *toute ma vie j'ai été une femme* » en réponse à celui qui lui oppose l'étroitesse commerciale du quotidien :

> cette phrase est immense
>
> *immense ?*
> *immense ?*
> *qu'est-ce que c'est, immense ?*
>
> cette phrase a tellement de potentiel
> de possible
> cette phrase recèle
> je dis bien : recèle
> tellement d'autres phrases
>
> *oui*
> *mais*
> *moulinex libère la femme*
>
> ah non
> alors ça
> non… tu es trop bornée
> je te laisse[1].

Tourner le dos à la « borne », s'aventurer sans crainte à la rencontre du monde, de l'autre, grâce à une imagination non restreinte par un langage sclérosé / sclérosant, voilà le voyage auquel convie le théâtre de Kaplan. Il est intéressant de noter que l'effet jubilatoire de cette expansion s'exprime le plus souvent en termes spatiaux : « je suis devant la phrase / toute ma vie j'ai été une femme / je suis devant / est-ce que tu saisis ?/ devant[2] ». Seul l'espace, en effet, permet le mouvement, le contraire de la rigidité mortifère : « le renversement c'est : de l'air, de l'air, du possible, un autre monde, un autre ordre est possible, on ouvre[3] ». D'une certaine façon, l'espace métaphorise la matérialité du langage. Dire : « les mots je n'arrive pas à en faire le tour / je dis un mot et je pars loin loin loin / sans

1 *Toute ma vie j'ai été une femme*, *op. cit.*, p. 28-29.
2 *Ibid.*, p. 30.
3 *Renversement*, dans *Louise elle est folle*, *op. cit.*, p. 148.

m'arrêter / pas de rebord au mot[1] », c'est évoquer la dynamique polysémique par laquelle, souvent, les pièces avancent avec légèreté et souplesse :

> le mot
> lait
>
> *laid ?*
> *vilain ?*
>
> lait
>
> *les ? plusieurs ?...*
> *le lait c'est sain*
>
> saint ?
> comme la Vierge[2] ?

L'instabilité du signifié n'est pas source d'inquiétude mais au contraire de libération. « [Au théâtre] on pense avec... des mots concrets, en situation et en dialogue. Le théâtre : une forme d'étonnement, l'étonnement devant le langage et ce qu'il y a dessous, devant la vie en somme[3] ».

Ce que le théâtre apporte à Kaplan, c'est en quelque sorte un moyen de spatialiser le mot de manière plus concrète que la simple page imprimée[4]. Ceci, qui peut sembler un simple jeu rhétorique, constitue en fait une démarche politique dans le plein sens du terme. En effet, le dynamisme et la performativité inhérents au théâtre permettent à l'écriture de Kaplan d'avoir un impact direct sur son audience[5]. Il ne s'agit naturellement pas pour elle de prêcher une doctrine clef en main, mais de revivifier chez le spectateur ce qui fait de lui un être humain et qui se trouve mis à mal dans notre culture de compétition agressive : la faculté de se reconnaître identique à son prochain. L'asphyxie de cette faculté par les effets d'un langage sclérosé étant perçue comme la porte ouverte aux dérives totalitaires de tout poil, « le fond [des pièces] est bel et bien une ambiance de meurtre[6] » sous la légèreté de leur ton. L'importance de l'enjeu est énoncée comme

1 *Toute ma vie j'ai été une femme*, *op. cit.*, p. 61.
2 *Ibid.*, p. 63-65.
3 Quatrième de couverture de *Toute ma vie j'ai été une femme.*
4 « Le théâtre est une mise en scène de la pensée et de la parole. » Entretien avec l'auteur, 19 juin 2013.
5 « [Le théâtre], c'est politique, physique et métaphysique. » Quatrième de couverture de *Toute ma vie j'ai été une femme.*
6 *Renversement*, dans *Louise elle est folle*, *op. cit.*, p. 146.

un manifeste. Dans l'essai intitulé *La phrase la plus politique pour moi en tant qu'écrivain*, Kaplan, relève (encore !) une métaphore spatiale dans une phrase de Kafka qu'elle reprend à son compte en la mettant, de manière révélatrice, dans la bouche d'une comédienne :

> « Il y a une phrase d'un de mes écrivains préférés, c'est Kafka… Il parle de l'acte d'écrire, il dit qu'écrire, c'est sauter en dehors de la rangée des assassins. Pour moi, jouer c'est ça. »
>
> Les assassins, contrairement à ce que l'on pourrait croire, sont ceux qui restent dans le rang, qui suivent le cours habituel du monde, qui répètent et recommencent la mauvaise vie telle qu'elle est.
>
> Ils assassinent quoi ? Le possible, tout ce qui pourrait commencer, rompre, changer[1].

Pour que qu'une société humaine digne de ce nom advienne, il faut d'abord re-légitimer le langage, lui redonner la dignité de sa fonction : « chaque fois que le lien social est attaqué, c'est le lien avec le langage qui est aussi attaqué… la confiance dans les mots, dans la parole de l'autre… On laisse tomber comme on a été laissé tomber[2] ». Pour le dire avec les mots de Claude Régy, « Par le système même d'une langue inchangée, se réinstalle l'emprise de la chose… Notre souci, ce devrait être, il me semble, comment amener chacun à renouveler, lui, même, de façon autonome, sa sensation du monde[3] ».

Depuis le début de l'époque contemporaine, quelques soient les formes que les auteurs aient inventées pour donner au théâtre une portée politique, une constante les a toujours sous-tendues : la volonté de s'opposer au fatum, ce sentiment qui coupe la vie à la racine et fait le lit de l'inhumanité. Le théâtre du verbe de Leslie Kaplan s'inscrit lui aussi dans cette lignée et sa démarche prend place de plein droit parmi celle de ses prédécesseurs.

Agathe Torti-Alcayaga

1 *Les Outils*, *op. cit.*, p. 26.

2 *Ibid.*, p. 245.

3 Cité dans Jean-Pierre Ryngaert, *Lire le théâtre contemporain*, Paris, Dunod, 1993, p. 158. Kaplan a collaboré deux fois avec Claude Régy : la première, lorsqu'elle co-traduisit avec lui *Trois voyageurs regardent un lever de soleil* (première le 08/06), la seconde, lorsqu'il adapta son troisième roman *: Le Criminel* (première le 20/09), les deux fois en 1988, au Théâtre de la Bastille, à Paris.

DEUXIÈME PARTIE

REGARDS CROISÉS

LESLIE

Leslie, tu dis toujours « vive la vie », comme ça... sans raison apparente... je sens mille idées blotties sous l'aile de ta raison, que tu résumes ainsi : « vive la vie ! »

Face à toi on est aimanté tout de suite.
J'ai été spontanément aimantée par ta personnalité, Leslie – ton prénom en mousseline – en classe de philo du lycée Fénelon, où il n'y avait que des filles, bof... celles dont les recettes de maquillage se montraient fascinantes engendraient du bruit, et toi, aucun.
Je te trouvais élégante et discrète, et puis tu m'es apparue magique : car à côté de toi on peut vite devenir plus intelligent, donc on le devient... oui, c'est exactement ça... !

Et pas qu'en philo : tout devenait plus intéressant, tout flambait sous ton regard, et pour moi tu étais incitatrice parce qu'il me semblait que tu écrivais déjà pour ton propre compte : tu prenais des notes, mais pas forcément le reflet de ce que racontait le professeur...

Étonnante et mystérieuse Leslie, Américaine totalement francophone ! Avec cette particularité accessoire tu étais déjà sur les hauteurs, et tu y invitais qui voulait, toujours en souriant :
« vive la vie ! »

J'ai quitté le lycée pour des études de girouette, virant de la littérature à la composition musicale, puis de mes enfants aux dessins pour les enfants, puis à l'étude de Rimbaud, puis à l'écriture de livres illustrés pour les petits curieux, et depuis un bout de temps cette Leslie avait disparu de mes radars...

« C'EST TOUJOURS LA PREMIÈRE FOIS »

Mais pendant ce temps ton étoile est montée assez haut pour que je m'en aperçoive : un article qui recense élogieusement un ouvrage de Leslie Kaplan me saute au nez !
Je suis émerveillée d'apprendre que tu réussis à planer en altitude : j'ai grande envie de te revoir, je ressors une vieille photo de classe, te retrouve via ton éditeur, je t'appelle et tiens, on se retrouve au café comme si on venait de sortir de cours ?…

… oh… pas ça exactement…
trente ans plus tard je suis étonnée de te reconnaître si fortement, et en même temps je ressens que cette Leslie toujours nouvelle semble avoir mené une vie étonnante et plus intense que d'autres. Visiblement, durant cette année de terminale beaucoup de sujets t'auront préoccupée au-delà des cours, et c'est cela, c'est cette pensée que tu fais vibrer et virevolter dans tes romans : je m'en aperçois vite car je me les procure en bloc et rattrape le temps perdu en les dévorant à la queue-leu-leu…

où je découvre qu'en fait tu n'y parles pas exactement de ta vie, ça déborde au-delà de toi, dans tous les sens, tu parles surtout de la vie des autres, oui, le monde, tout le monde quoi !

Tu me donnes l'impression de t'être mise au monde toute seule, comme telle autre se serait mise à l'anglais, ou mise au soleil…
Et en naissant au monde, apparaissant dans un vrai jaillissement, tu éclabousses tout de suite :

tu as publié *L'Excès-l'usine*, suscitant l'admiration de Maurice Blanchot et de Marguerite Duras ; comme elle tu donnes parfois le nom complet de tes personnages,

> Christian Abrame danse très bien.

Ah cet Abraham christianisé… sacrée Leslie !

Et tes romans se succèdent…

« QUI A PEUR DE LA FICTION »

Tu as inventé l'outil sur mesure : une langue à soi, seulement à toi, reconnaissable entre toutes, pour penser le monde à travers la fiction.

Oui mais un outil ? pour toi « la jeune fille de bonne famille » qui a décidé d'adhérer à la vie d'une vraie usine, « outil » est un mot à résonances pointues, presque dangereux, je l'imagine même iconique comme la faucille et le marteau…

or ce mot t'est utile, il te plaît car il est juste, et même tu en fais plus tard un de tes titres : *Les Outils*, qui recense une série impressionnante de réflexions et de dialogues.

Là tu t'expliques : ce sont plus précisément des outils de pensée qui te sont livrés, dis-tu, par Dostoïevski, Faulkner, par Godard, Buñuel, Cassavetes… ces immenses ouvriers de l'esprit qui opèrent au travers de la fiction. Cela donne un mot d'ordre qui t'est lancé par Kafka et que tu attrapes au vol :

> Sauter hors de la rangée des assassins

Tu dis : sauter, c'est faire un pas de côté, c'est changer de point de vue. Je te vois comme une Éveillée (façon Bouddha qui s'amuse) écarquillant les yeux face à l'événement, un de ceux que tu devines lourd, épais, trouble, toujours avec la préférence pour celui qui se passe ce matin et à côté… et sous ton regard tout se décortique et se décrypte, se découd, gît en pièces, change de forme, étrillé par la vérité, tu en fais une construction aérienne, et c'est un feu d'artifice que tu lances à la vue de tous, un feu à portée universelle !

Oui avec toi ça gicle ! Je m'étonne des titres de plus en plus surprenants de tes livres, évidents et pourtant excentriques… ? Des affiches qui ressemblent à des dazibaos chinois, proclamations, des créations artistiques tout simplement :

Le Psychanalyste :
– ho ho, comment vas-tu pouvoir nous introduire dans sa tête, à lui ?
Toute ma vie j'ai été une femme :
– a-t-on idée de provoquer ainsi les mots, et sous leur couvercle faire bouillir la pensée même ?
Mon Amérique commence en Pologne :
– voici ton espace, voilà que c'est le temps qui passe…

Et quand tu parles, familière, toujours posément, tu projettes des flèches supersoniques, quand de Pierre tu dis :

> C'est un homme qui aime l'intelligence.

comment peut-il te venir à l'esprit une formulation aussi insolite ? Peut-être de la même façon que tu écris :

> J'adore les gens qui adorent ce qu'ils font !

à propos d'une gentille serveuse de bar à New-York…

Moi c'est ça que j'adore lire !

« TOUTE MA VIE J'AI ÉTÉ UNE FEMME »

Tu es résolument une femme publique ; en suivant le film *Hannah Arendt* je te vois penser : « changeons de point de vue… »
L'héroïne enfermée dans la salle des journalistes accrédités pour rendre compte du procès d'Eichmann, attentive et lasse à la fois d'entendre des insanités, a soudain un de ces furtifs sourires d'imperceptible moquerie que je croyais appartenir à toi seule.

À propos des hommes, un jour, bagarre inattendue :
Libération publie un court papier où je me suis lancée à écrire que toute femme est par nature totalement différente et distincte des hommes de quelque point de vue que l'on prenne la question etc., etc. …

Tu m'opposes par retour de courrier :
« Je fais partie d'une seule espèce humaine, toi aussi ! » m'affirmes-tu gentiment... implacable et claquante Kaplan !

Par nature... ? Tiens je pense à cette merveilleuse sénatrice démocrate Wendy Davis qui a plaidé onze heures durant, debout dans ses baskets roses, sans s'interrompre, sans s'asseoir, sans manger, et sans digresser, tenant tête courageusement à une armada de conservateurs pour empêcher une loi anti-IVG d'être votée par le Sénat texan !

La nature... Bon... il faudra qu'on en reparle...

« L'ANGLAIS EST UNE LANGUE INFÉRIEURE »

Bonheur, ton humour se balade dans tous les coins ; tu peux même te retrouver nez à nez avec lui :

je me rappelle, tu m'as raconté l'histoire de ta fille cadette, toute petite, qu'Heitor et toi aviez emmenée dans un parc animalier, où l'on observe des singes assez comiques qui se grattent la tête et semblent s'interroger l'un l'autre : « Qu'est-ce qu'ils se disent, tu crois ? » lui demande son père... « Oh, ils se demandent si *l'Excès-l'usine* c'est un bon livre ! » répond Naruna...

Bien plus tard, autant dire hier, tu fais rire et rire la salle entière du théâtre Gérard-Philipe à Saint-Denis, nous faisant parfois penser à la pièce qui se joue depuis plus de cinquante ans à la Huchette, *La Leçon* de Ionesco : cette façon de s'acharner à dévisser au théâtre une langue étrangère, l'anglais en l'occurrence : « cette langue inférieure » avec une mauvaise foi absolue, et des lieux communs aussi ineptes qu'étonnement rafraîchis... reprenant en partie ton article grinçant « Marine Le Pen m'a dit » paru dans Médiapart, qui fait exploser l'étroit ridicule, le poussant à bout avec toujours ton sens du cocasse bien féroce :

> moi je préfère être bête,
> comme ça c'est fait, je suis bête

exécution instantanée d'une résolution péremptoire = tautologie absurde, le public se tord de rire, litanie d'horreurs saisies à point, plus vraies que nature, véritable catharsis pour les spectateurs et spectatrices à idées noires !

« LE RISQUE DE RENCONTRER SA PROPRE PENSÉE »

À toi, cinéphile avertie, je parle des extraordinaires courts métrages russes de Garry Bardine (films aujourd'hui introuvables et pire : inconnus) : ce cinéaste animateur me semble camper dans le même champ que toi, tient des propos jumeaux des tiens mais sans dire un mot, et il a l'énorme avantage sur toi d'être compris par un mioche !

Il faut absolument que tu voies ça : il fait vivre des drames avec trois fois rien, des photos successives d'objets déplacés, un film muet, juste un minimum de bruitages ou de la musique, écoute :

l'un se déroule sur une table, où le personnage n'est qu'un morceau de fil de fer qui lui-même ne sait produire que du fil de fer, dont il se bâtit une maison schématisée par six bouts de fil de fer, qu'il se met ensuite à clôturer avec son fil de façon frénétique, de plus en plus serré, de plus en plus haut, jusqu'à saturer son propre espace…

un autre : une scène de dispute atroce entre deux bouts de ficelle en colère face à un bébé ficelle figé par l'angoisse, les parents ficelles s'agressent, alors toutes ces ficelles se désagrègent progressivement…

un autre : une haie d'allumettes plantée telle une frontière sur une planche de bois, arrivent deux allumettes dont on comprend que leur tête est un casque militaire… qui s'invectivent de part et d'autre de cette frontière que l'un tente de repousser tandis que l'autre fait de même et finit par frotter son casque à l'autre et c'est l'incendie général !

un autre encore met un peuple de papiers pliés gris face à un papier plié blanc qu'ils finissent par déchirer mais dont tous les morceaux s'envolent comme des messages dans l'espace…

C'est comme écrit pour toi, voire par toi !

De même, en suivant *Philomena*, film de Frears qui fait pleurer d'horreur et rire de bon cœur, face à la crudité du discours d'une héroïne simple, spontanée mais surtout et par-dessus tout imprévisible,
qui n'a pas les « outils pour penser » mais se montre profondément perspicace et plus intelligente que tous ceux qui la croisent,
tu surprends la naïveté attrapant par les cheveux le fugitif Kairos, insaisissable dieu de l'instant :
ici on pense « depuis maintenant », comme Leslie Kaplan !

« DANS LES ARBRES, LA LUMIÈRE SE BALANCE »

Je te trouve poète.

Tout d'abord dans ton extraordinaire litanie *L'Enfer est vert* dont l'incipit revient, lancinant, comme un refrain qui chante, de plus en plus envahissant, et lutte avec des couplets de vies misérables et pourtant terriblement vivantes.

Dans tes premiers romans, j'ai l'impression que tu peins des tableaux comme ceux qu'écrirait Dufy :

> La voix engendre un espace, et le monde impulsé est large et respirable, chaud comme un cuivre. Reflets. Dedans, des figures colorées et complémentaires. Marche silencieuse. Le fond est noir, d'un noir compact et total, comme on peut se représenter le grand fond liant de tout.

Je me dis tout d'un coup que tu n'aimes probablement pas trop Dufy, qui peint parfois un monde de bourges noyés dans le champagne de leurs soirées chic, leurs salons roses, leur turf et autres bains de mer… mais zut pour le bonhomme
– dont j'ai entendu l'architecte Pierre Pinsard, qui a travaillé un temps chez lui, me raconter en se marrant que ledit Dufy avait l'habitude de regarder ses propres aquarelles en s'exclamant : « C'est vraiment ravissant ! » – bon…

en fait, là je pensais plutôt à sa façon très poétique de brosser tout d'abord un fond rapide comme un ciel venteux, ou comme un courant d'air traversant la pièce, qui dit juste le climat, l'humeur, la couleur du temps, puis d'y superposer, sans chercher la coïncidence, le récit par le trait, léger, comme proposé, comme suggéré… qui circule sur le fond avec naturel :
tu fais ça merveilleusement, comme lui.

Oui, si on y réfléchit, tu dois lui préférer Cézanne, ce sauvage peignant ses blocs de ciel, ses coulées de roche, ses envolées d'arbres, pas d'histoires : la vie nue et brûlante ! J'y pense… je recherche dans mes impressions de lecture la preuve de ce que je suppose, j'ouvre un de tes livres, je feuillette *Les Mines de sel* et parole d'honneur comme on dit, c'est avec stupeur que je lis :

> Ni ordre ni chronologie. Pas d'avant, pas d'après.
> Pas d'histoire. Un entassement.
> Morceaux d'espace, cubes de matière, coulées orange, toutes ces briques

Non mais vraiment tu le fais exprès… Changeons de médium…

Oui, musique : je subodore que tu entends ce que tu vois, tu composes sur plusieurs étages une polyphonie distincte, (tu emploies même, sans le savoir j'imagine, le terme technique de « retard », qui indique le débord d'une harmonie sur la suivante), et puis tu fais penser à Britten :

> Des bribes, des éclats. La lumière est vivante.
> Les animaux ; les petits bruits se détachent. En dessous, le fond sonore, sonore et sans limites, comme une musique attendue, un retard. Richesse.

Et les journées du *Psychanalyste* envahies par les journées de ses patients, dont il cherche à extraire des tranches de sa vie propre, on les entend former une ronde à thème récurrent s'élevant en spirale, dans un crescendo instrumental aboutissant à des accords déchirés qui font pressentir une issue imminente…

« LE LANGAGE PRIS COMME UN TOUT »

Rappelle-toi : nous parlions, il y a longtemps « depuis maintenant », de nous croiser – ah tiens, une croisade ? – à propos de Rimbaud et Dostoïevski. Projet enfoui dans nos sous-sols respectifs, remis à plus tard peut-être, et qui nous enverrait plonger profond…
Je ne suis pas du tout sûre de pouvoir te suivre : j'imagine enfourcher *Une Saison en Enfer* cavalant dans son labyrinthe, face à toi harnachée sur *Crime et châtiment* bondissant vers cent pistes qui se croisent… Houlà ! Bon mais quand même, la langue, et Rimbaud ? me dis-tu… la langue…

> Trouver une langue…

tu t'en souviens, c'est justement l'injonction conjuguée à une espèce d'impératif du futur que Rimbaud s'adresse à lui-même.

Et chez lui, et chez toi, on sent le monde frémissant tout autour :

> … cette langue sera de l'âme pour l'âme, résumant tout, parfums, sons, couleurs, de la pensée accrochant la pensée et tirant. Le poète définirait la quantité d'inconnu s'éveillant en son temps dans l'âme universelle…

L'âme universelle…
Leslie, c'est de toi dont on parle ici : je te sens très précisément accrocher la pensée et tirer, il semble d'ailleurs que tu ne fasses que cela à longueur d'écriture.

Mais aussi on entend la voix du jeune poète :
Rimbaud t'a précédée dans cette drôle de façon que tu as de te mettre à chanter en plein milieu de tes descriptions…

Dans *Alchimie du verbe*, qui se trouve au centre d'*Une Saison en enfer*, il nous présente curieusement ses propres poèmes comme autant de chansons, précisant :

> J'écrivais des silences, des nuits, je notais l'inexprimable
> LARME

> … Je disais adieu au monde dans d'espèces de romances
> CHANSON DE LA PLUS HAUTE TOUR !
>
> … Je devins un opéra fabuleux…
> Ô SAISONS, Ô CHÂTEAUX !

et ailleurs :

> Je commence de suite par un psaume d'actualité
> CHANT DE GUERRE PARISIEN

etc., etc. …
Et toi ? au beau milieu d'un roman tu te mets tout d'un coup à chanter en américain !

> Tout le monde en train de danser, *Well, they'll stone ya when you're trying to be so good…*

ou alors :

> Elle pense à une comptine que sa mère chantait le soir, en lui brossant les cheveux, son frère déjà couché les regardait. *They had two pretty children / And one night the two pretty children / Flew away, flew away…*

Et puis bien sûr, on voit, on voit de ses yeux : oui, comme dans les *Illuminations* !
Ah ça on voit du présent absolu, comme il y a un ablatif absolu… c'est bien ce que Verlaine appelait les « *Painted Plates* » de Rimbaud :

> Des ciels gris de cristal. Un bizarre dessin de ponts, ceux-ci droits, ceux-là bombés…

écrit Arthur,

> subitement le mur de la cuisine devient une énorme tranche de viande, rouge et muette

écris-tu…

Mais on va s'apercevoir que cette langue directe, drue, sèche, ne véhicule bientôt plus le souci du « progrès » ou plutôt on s'en moque dorénavant, car on est justement arrivé dans ce que tu appelles « depuis maintenant » : le vécu est pensé à partir d'aujourd'hui, il n'y a pas de reconstitution mais une vision immédiate, d'une densité extraordinaire et comme prémonitoire...

« Ce sont des villes ! » ainsi commence un de ces poèmes-peintures de Rimbaud (où à part ça on entend que pour lui ce sont justement les lieux du crime). Ici tout est polysémie mystérieuse et densité :

> L'acropole officielle outre les conceptions de la barbarie moderne les plus colossales...

Jacques Rivière dit « combien, sous sa forme dernière, le texte de Rimbaud est plus serré, plus étroit, plus condensé ; pour aboutir à sa perfection, il se dépouille presque d'une phrase sur deux. Et à l'intérieur de chaque phrase le même travail de réduction se poursuit. »

Il s'appuie sur la comparaison, paragraphe par paragraphe, des brouillons d'*Une Saison en enfer* avec la version finale, et constate : « Rimbaud pas une seule fois n'ajoute une ligne à ses ébauches. Son mouvement est toujours le même : il revient, il regagne le plus de terrain possible sur ce qu'il a déjà énoncé. »

C'est sans doute pourquoi on trouve chez lui des morceaux d'un charbon tellement pressé, condensé, atomisé, qu'il en sort soudain un diamant :

> Ma faim, Anne, Anne,
> Fuis sur ton âne.

« Trouver une langue » : chez toi les mots volent, dégagés des gangues, légers, des oriflammes qui claquent au vent, comme tes titres, ou parfois attendent une brise porteuse, attentifs à une pensée furtive qui va sortir de sa cachette pour donner corps à une écriture immédiate...

> amour
> ce mot, il vient de moi
> je le dis, je le prononce
> amour
> je ne le reconnais pas
> j'ai beau le tourner dans tous les sens
> le tourner, le retourner
> amour, amour, amour...

Et c'est en recherchant un exemple de ce langage immédiat qui travaille tous tes livres, en pile sur ma table, romans, essais, théâtre… que je réalise enfin comment ta langue s'est élargie, démultipliée depuis le récit ou plutôt la restitution de l'usine, puis la vie partagée de tes premiers romans, puis le chemin de la pensée dans tes essais, puis l'errance libre dans tes derniers romans, enfin la vie projetée en face dans ton théâtre : de la parole directe faisant pousser la poésie partout !

« L'EXPÉRIENCE DU MEURTRE »

Un jour, tu attaques *Fever*, ton roman terrible, effroyable, désespérant, que je t'ai vue finir d'écrire chez nous durant un été, charmante dans ta petite robe de toile grise telle une gamine de l'Assistance Publique…

Mais comment peux-tu affronter un sujet pareil, comment oses-tu ?
Tu recrées l'Enfer… oui on ne respire plus car tu le fais, tu te mesures à l'horreur cachée, bien plus terrible que celle qui espère la rédemption dans *Crime et châtiment* : les gosses assassins et en cavale mentale !
« Ils courent », avertis-tu, glaçante, pour finir…

Une société sans risque est une utopie grotesque, m'as-tu dit un jour à propos d'enfermement.

« Qui s'en sort et à quel prix ? », c'est là ta question depuis le début…

1982 : Deux dernières lignes de *L'Excès-l'usine* :

> Mais voyons tu vas le tuer. La petite fille soulève le bébé et lui demande : Tu crois que je vais te tuer ?

Tandis que tu as pu écrire cela sans conclure, loin de toi se déroule chez moi une horrible scène où, exaspérée par ma petite fille qui braille à qui mieux mieux sans raison (… ?), je la saisis soudain et la secoue en criant comme une possédée « mais c'est pas vrai ça je vais la tuer ! » et j'entends tout de suite la petite voix calme et froide de mon fils aîné : « S'il-te-plaît maman, ne la tue pas ! » je reste pétrifiée…

Oui, justement : le meurtre, « pourquoi le meurtre » et « comment le meurtre » est le thème lancinant qui agit chez toi constamment.

Tu y penses en me parlant avec ferveur de *Billy Budd*, le roman de Melville qui met en scène sur un navire, monde clos symbolique, l'homme beau et bon, qui autour de lui ne sème que joie, connivence, justice, honnêteté, générosité et partage, faisant face à l'homme rongé qui envie cette grâce, tant de grâce, de beauté, la jalouse en même temps qu'il la désire et ne pouvant l'obtenir ne peut, dans un dépit monstrueux, dans son égarement misérable, que vouloir la mort du juste : la beauté va être assassinée par la laideur.

Tu y penses dans cet article paru dans les *Cahiers du cinéma* et repris dans *Les Outils* à propos des personnages de Dostoïevski et Cassavetes :

> une certaine limite, si elle est dépassée, peut les renvoyer à la « vraie » folie, à une parole qui tourne à vide. Quelque chose plane qui peut à tout moment ruiner la parole. Cela peut être le meurtre. Le meurtre isole, radicalement.

Et dans *Le Silence du diable* :

> Il n'y a rien de plus abstrait qu'un meurtre. Celui qui tue est abstrait.

Et jusque dans *Millefeuille*, héros hanté comme toi :

> Après un meurtre plus rien n'est comme avant.
> Le temps change. Le temps n'est plus le même. On est passé dans un autre temps.

« LA VIE VIVANTE »

Ce combat face à l'aliénation, tu le mènes avec tes mots lancés à tout vent et à toute vitesse, toujours rejaillissante : je te vois en lutte permanente contre le mensonge, contre le prêt-à penser, contre le politiquement correct, contre les idées reçues, contre le copier-coller, contre la littérature pour les nuls, contre la langue lisse et convenue, contre la pub toujours plus débile, contre le préfabriqué, contre le contrefait...

... comme tu le fais par exemple en explosant « contre le spectre de la connerie totale » dans ton article exaspéré par les ragots insanes et creux qui exaltent des histoires de culs prestigieux, propos décervelants qui, dis-tu, « ressemblent fortement à l'opium du peuple dont parlait Marx »,
où tu vilipendes un discours qui veut nous suggérer « que toute vie, même pour les plus célèbres, est au fond une saloperie, faite d'indignités, de bassesses, de misère et de malheurs... » et tu résumes leur idéologie : « Les fascistes disaient, *Viva la muerte.* »

Ta langue déchaînée qui chante la « vie vivante » en connaît la face noire : « Qu'est-ce que j'peux faire... ? J'sais pas quoi faire... » se lamente Anna Karina dans ton film-culte *Pierrot le fou.*
C'est pourquoi tu t'émerveilles d'entendre ta fille Marion, comblée par ailleurs, se dire si heureuse de savoir enfin quoi faire.

Bonheur. Vie. Ici et maintenant ? Toi tu dis plus précisément : depuis maintenant. En effet, quoi faire maintenant : faut-il toujours poliment reconduire hier à la porte ? Hier doit-il éternellement me coller aux bottes comme une boue infâme ? « Ressassement misérable » dis-tu...

Alors, pour penser l'humain, restons au présent qui dure :

« Personne ne cache une lampe allumée sous le boisseau » = « vive la vie ! »

« Vivre c'est aimer et travailler » = « vive la vie ! »

Oui, « Vive la vie ! » : ta langue profère une parole nue, immémoriale, celle qui délivre l'humain... En phase avec les paraboles démiurgiques et modernes de ce Juif de Nazareth découvrant jour après jour la toute-puissance de l'agapè, suivi de Sigmund Freud découvrant dans la nuit la puissance de l'inconscient lui-même agi par l'agapè...

... et là je t'entends déjà qui bondis ! Je te connais : tu redoutes illico des miasmes religieux qui traîneraient dans le coin !

Non : il s'agit d'autant moins de religion que ledit Juif de Nazareth a plutôt tenté d'en sortir par le haut. Voir *La Légende du grand Inquisiteur* dans *Les Frères Karamazov* ?

D'ailleurs, comme toi je me sens assez païenne : tous les signes que nous adresse l'infinie nature sont à considérer, un dieu dans le nuage, une déesse dans la source, et avant tout une divinité dans la langue... c'est-à-dire dans une parole prophétique, la sienne, la tienne...

ainsi la poésie fulgurante de Nietzsche, décidant de « *Qu'est-ce qui est noble ?* » dans *Par-delà le bien et le mal* :

> ... le génie du cœur que nul n'approche sans en partir plus riche, non pas frappé subitement par la grâce, non pas comme s'il sentait la joie et l'oppression d'un présent étranger, mais plus riche au fond de lui-même, plus neuf que jamais, comme délivré de sa glace, effleuré et espionné par le vent prisonnier, plus incertain peut-être, plus délicat, plus fragile, plus brisé, mais plein d'espérances qui n'ont pas encore de nom, plein d'un vouloir et d'un flux nouveau...

« J'AI SEIZE ANS, JE SUIS EN TERMINALE, J'AI UNE CHAMBRE À PARIS »

OK, quittons ce champ de mines, revenons au lycée : la seule matière qui te rendait curieusement rêveuse était la cosmographie : je me balançais avec bonheur dans les plans de l'écliptique tandis que je te sentais déjà la tête dans des ciels poétiques, on t'entendait presque...

> Le ciel cuit, immobile. On dirait un lait. Dans l'eau, une péniche flotte. Elle se dirige vers le pont.
> On marche. On a un tablier, la fille a une blouse. Les arbres se détachent, raides et verts. Le ciel plane.

... rêver un monde enfin humain...

> Le ciel bleu bleu

… loin de tous calculs ; nous avions pourtant à nous farcir pour le bac une véritable épreuve de cosmographie, cette science ancestrale initiée par des bergers et autres polisseurs de lentilles : j'essayais de partager avec toi mon exaltation face à l'astrophysique…

Leslie, tu piaffes silencieusement dès que l'on t'éloigne de la conscience du monde des hommes, de « l'âme universelle » qui est pour toi la seule mesure possible de l'espace-temps…

Agnès Rosenstiehl

C'EST LE PRÉSENT, NOUS

J'étais ces derniers jours, novembre, pluie fine, en errance orientée dans mes rues d'enfance, au Marais, immobile hésitant sous les arcades (pierre rose, poussière flottante, fontaines et silence, et comme un cloître ou jardin fermé). Là, comme attendant de te voir arriver entre la porte du temple et celui de la maison du fantôme, le vieux pensif et penché, contemplant les vagues, assis en équilibre au bord de l'infini – il n'avait pas peur de ces mots-là, et toi non plus : « seuls existent l'espace, dans la tête, infini, et toute vie maintenant, ramassée et pleine, comme un caillou mort ».

Seuls parce que le temps n'existe pas, et c'est bien pourquoi, dans ce carré magique, celui où j'ai appris à lire et à compter, j'attendais de te voir arriver, tourner, te poser là, regarder.

Je dis que j'ai trouvé ici, et que *trouver ici* est la question. Il y a tension, jeu, entre cet espace, ce monument-espace, cette coquille infiniment enveloppante, séparante, usine, cet infini blessant, pesant, accablant (?), et l'infini ouvert, incitant, jubilant (?), ce carré magique ou square, pierres flottantes, poussière grise et rose, ambiante. Un jardin fermé *et* ouvert, limpide, car (tu le sais) :

le grand carré n'a pas d'angles.

Et toute vie maintenant comme un caillou dur. Je tiens ce caillou au creux de ma main, je suis allé le cueillir au lit de la rivière (le ruisseau au lieu-dit le pont Lapierre), il me tient en vie, il me dit où je suis. La paume est creuse et dure comme le caillou de la rivière. Si tu viens jusqu'ici et que je te vois t'avancer sous l'arcade je te donnerai mon caillou et tu me donneras le tien.

Je ne sais pas si tu sais que je ne sais pas raconter. Que je ne crois pas que jamais rien commence et que je crois que jamais rien ne s'achève. Alors je relis toujours les mêmes livres, ceux qui sont écrits au présent, ceux qui n'épuisent pas le présent inépuisable : on marche, on regarde. Il y a des feuilles grises, et le reste. On avance, on regarde. On entre, on regarde.

Alors je ne raconte pas, je recopie.

J'attends ce moment où le corps est seul avec la lumière. Il y a des ciels. Ils circulent au-dessus. Nombreux et rapides. La rivière est en bas. Et maintenant le corps est seul avec la lumière.

Je copie et je recopie. La première fois que j'ai ouvert ce livre j'ai su que je marchais vers toi, mais je ne t'avais jamais vue et je ne savais pas où tu étais et c'était un peu comme dans cet appartement de la rue des Tournelles quand il y avait une panne d'électricité et qu'on mettait longtemps à trouver les bougies et qu'on était comme pétrifiés dans le couloir, dans le noir épais, comme à la cave aussi. Alors le livre, il était blanc, tout blanc, je crois qu'il faisait comme une tache de blanc laiteux dans la nuit, comme un morceau de néon dans le couloir, dans ce couloir, de la lumière oui qui coulait, sans aucun bruit, dans le noir.

J'avais compris je crois que si le temps n'existe pas, l'espace (cela, ce qui se transforme et devient, ce qui nous entoure et nous étreint, ce qui se dérobe et s'efface lentement, dans un brouillard où l'on passe, où l'on glisse en aveugle, où l'on étend les bras, où l'on risque de tomber, où l'on regarde intensément, où l'on se tient immobile et figé, où l'on monte et descend, où l'on se retrouve toujours au même endroit) n'est pas moins *fiction* que le temps. *Il y a*, là, troublantes, légendaires, matérielles et transparentes, visibles ou invisibles, « des choses et des choses et des choses », et chacune de ces choses a sa propre histoire et sa propre mémoire et c'est pourquoi il est impossible de raconter quoi que ce soit parce qu'il faudrait tenir compte de toutes ces histoires en même temps et de la transformation continue de l'espace.

Plus tard je fais descendre le livre tout entier dans une seule de ses phrases, serrée, coupée, tenue : « La vie descend verticale. Matière nue. On est à l'intérieur, c'est le tourbillon strict, l'éternité. »

Là où il faut descendre pour avancer, le livre et la vie descendent et cela, comme un sirop, le sang de l'arbre, coulant dans la gorge, cela, verticalement, infernal, le noir épais du couloir, le noir compact du sirop noir ou du sang, celui de la forêt, celui des arbres, ici, la nudité verticale, ici même. La nudité matérielle, celle de la peau et des branches, ici-même. C'est bien ici que je te croise, longtemps après, *selva oscura*, la grande forêt, celle qui respire, pour nous.

Maintenant le livre est en moi.

« Tout se passe ici (dans une forêt profonde)
La forêt comme une chambre forte
Un coffre inconnu
Sur la frontière il y a des murs et des murs
Des parois, des parois informes
Le mur, le béton, le béton *blanc malade*
Ces mots répétés "cherchez le dans la cendre"
Ce corps brûlé cherchez le dans la cendre cherchez le dans la cendre
Le prolétaire qui remue ses mains sa langue son dos son seul bras ses cinq doigts
Ce peuple qui de ses mains sales tourne et dore les porcelaines
Le fer le bois l'acier le chanvre le bronze le cristal les fleurs la laine le cuivre le coton le tulle
Il lèche les cailloux »

Ainsi elle est dans chacun de ses gestes, elle s'applique à remuer ses mains et son corps, elle est seule avec la lumière du néon blanc malade, du béton blanc vertical, elle appuie ses paumes sur le mur au-devant, elle ne tombe pas, elle tient, elle cherche son visage, elle le trouve, elle est sans visage et sans image, elle cherche son visage dans ses mains, elle le trouve, elle boit un peu d'eau au creux de ses mains, elle boit de l'eau froide, très froide, toujours plus froide.

« C'est le présent. »

L'usine est posée. Elle est posée sur l'eau. Elle est posée sur l'herbe. Elle est posée sur la terre humide. Elle repose. Elle est une coquille blanche et ronde, une sorte d'aimant. Elle est un morceau d'espace et de matière. Elle est posée, elle s'est posée, elle va s'envoler au-dessus des arbres, elle va laisser une traînée blanche dans le ciel, elle va disparaître. Elle va flotter, lente et invisible, dans la *lenteur du ciel.*

Leslie, il y a un onzième cercle.

Maintenant nous savons que le pouvoir n'est pas où l'on croit. Il est dans les choses. Il est entre les choses. Il est dans les fils qui relient les choses. « Il est désormais immanent à la vie matérielle ». Je t'écris. Nous sommes. Pleine vie, ici. J'ai *trouvé* ici. Je viens de te voir. Nous échangerons les cailloux. Nous échangeons les cailloux.

J'avance vers toi et nous sommes à Tarnac. Les hanches les genoux les chevilles trempés, j'avance lentement entre les taillis, *jusqu'au* pied de l'arbre. Le territoire est un essaim de points, un amas de grains ou de billes en vol, giration lente imperceptible, qui à la fin éclateront en poussière. De la terre et de l'écorce, débris végétaux, en poudre dans les yeux, aveuglés.

Le territoire est quoi, ou comme une île et ce n'est pas une île, un panier de pentes et de feuilles, un fouillis. J'y circule entre les ruisseaux sans les voir, ils sont tissés, l'herbe les cache, personne ici que les racines et les animaux. Mais il y a aussi les anges. Avec nous, la voix cassée cassée. En poussière au fond des yeux.

Et la rouille est là, mystérieuse.

Oui ce mystère il est à nous, et pour nous.

Eux, ils abattent les arbres, ils élargissent les routes. Le sang coule toujours le long des fossés, ici, et là, à Fergusson dans le Missouri, et partout où ils peuvent. Oui, nous habitons leurs ruines, mais.

Il y a l'histoire de cet homme qui est parti dans le sens du retour. Il ne le sait pas. Il s'éloigne, il marche, il s'enfonce. Après plusieurs nuits un matin il repart en avant dans le sens du retour. Il arrive très loin, à son point de départ. Mais il ne le reconnaît pas, il est joyeux de toucher ainsi au point de son retour. Il ne sait pas. Il ne sait pas qu'il ne sait pas. Il est plein de sa joie. Lui, il tient les arbres dans ses bras. Il veut leur parler. Il leur parle.

Je suis parti dans le sens du retour, ou dans le style du retour, ou dans le style de l'attente, et je regarde sans rien comprendre le mystère de l'écorce et de la rouille, et je vois s'envoler l'usine avec aussi les anges dans les plafonds, à l'intérieur des murs et des labyrinthes, et

c'est le présent, nous.

Jean-Marie GLEIZE

SUR LESLIE KAPLAN

Écrire, c'est résister (paraît-il). Mais écrire, souvent, c'est renoncer. Renoncer à ses doutes. Renoncer à ses phrases.
On renonce à une phrase quand on la sabote – à son corps défendant – quand, à bout (de force ? De courage ?) on se résigne à la ratatiner, à lui trouver une phrase de substitution, plus correcte. Bien souvent, on renonce à une phrase en cherchant à la perfectionner. C'est ainsi que, de paragraphe en paragraphe, de renoncement en renoncement, on finit par faire de la littérature pompière.
Les mauvais coucheurs ricaneront : « toute la vie est comme ça, si tu regardes de près. La tête pleine d'utopies... Mais au fur que tu prends de la bouteille, tu effeuilles un à un tes jolis principes pour finir dans la grande bassine commune, bardé des mêmes névroses, acculé dans les mêmes voies sans issue que le voisin ». La vie serait faite de renoncements... Ciel !

Leslie – née Kaplan – est Américaine, (d'origine polonaise). Elle babille *in english*, à NYC. Et puis, encore toute pitchoune elle rejoint le vieux continent. La voilà Française, parlant français. Pour le reste de sa biographie, lire sans modération *Mon Amérique commence en Pologne*, où on apprend qu'elle est de nulle part, je veux dire de partout, et que si sa vie l'emmène fréquemment outre les États-Unis, au Brésil, en Israël ou en Grèce, ça n'a pas beaucoup d'importance, car, comme dit l'autre, tout le monde se ressemble. Elle n'est d'aucune confession. Pas de chapelle...

A-t-elle renoncé à l'américain, sa *languematernelle*, sous prétexte qu'elle écrit en français ? Belle question – voir Beckett – qui évoque autant des couloirs aériens que des migrations marines. *Sentimentale journée*, dit Pierre Alferi.
De solutions il n'y a pas. Des réponses, oui, sous la forme de livres.

Cette histoire me fait penser à Stacy, Stacy Doris, qui écrivait entre – et dans – les deux langues. Son français, très *gertrude-steinien*, était un « aller vers », construit de phrases biscornues qui, au terme de traversées dantesques, se brisaient irrémédiablement sur notre littoral. C'était ludique, très beau – triste aussi – ce naufrage de langue. Stacy écrivait fort bien en français, qu'elle s'appropriait avec une grande énergie. Oui, on peut parler de conquête. Pierre Loti était dans son collimateur quand le destin l'a fauchée.
Le risque d'un tel métissage (qui menace les poètes trop... doués) serait de produire un montage d'idiomes savants, sommets d'érudition réservés – c'est le hic – aux *happy few*.

Avec Leslie, c'est un autre son de cloche. Elle aussi *charmante Américaine* débarquée dans un pays déjà colonisé. À la fois *belle envahisseuse* et *presque née là*. Suspectée d'espionnage, forcément... Notre Mata Hari (mais, pas cocotte pour deux sous !) décide de régler ce conflit d'intérêt non pas en produisant des mayonnaises alambiquées, mais en s'immergeant dans la langue la plus quotidienne & contrainte qui soit : la langue de l'usine (un modèle de fantasme pour toute une génération !). Jacques Rancière l'a fait, lui aussi, de son côté, autrement. Leurs trajectoires ne manquent pas de points communs...

Ainsi, *L'Excès-l'usine* – premier opus – s'empare de phrases brutes, laissées à distance, qu'elle refuse de métaboliser et contre lesquelles elle refuse de se protéger. D'où ce point de vue remarquable, fait de littéralité et de collisions sauvages. Mais la phrase sensible, celle qu'on ressent derrière ces fragments de narration, n'est pas à proprement parler *visible* sur la page. Elle apparaît en filigrane, d'un motif l'autre, tantôt par minuscules à-coups, tantôt en longues enjambées rythmées par les virgules. Fiction.

L'alphabet secret qui relie l'Amérique de Leslie à notre *chère patrie* n'est pas, me semble-t-il, dissimulé dans leurs passés / passifs littéraires. Je le corrèle plutôt, moi, au cinéma. Sa manière de planter le décor, déjà, évoque un scénario (relire l'exemplaire première page du *Criminel*). Ses livres procèdent beaucoup du synopsis. Elle parle à son lecteur comme à un collaborateur (on dit : *assistant-réalisateur*) : elle lui explique la scène telle qu'elle la voit. N'imposant rien. C'est très humain, ce procédé, très fraternel. Coquin, aussi, subversif. Voir *Le Camion*, de Duras. « *Le camion aurait disparu. Et puis, ensuite, serait réapparu. On aurait entendu la mer, loin, mais très forte. Et puis, au bord de la route une femme aurait attendu. Elle aurait fait signe. On se serait approché d'elle. C'est une femme d'un certain âge. Habillée comme à la ville. (Temps.). Vous Voyez ?* – Oui, je vois. » Puis hop, un plan – filmé – libère Depardieu. Leslie nous fait le coup avec sa voix comme en apesanteur, portée par des séries de phrases discrètes, *fondues-enchaînées.* Ce qui est passionnant, c'est la manière dont le récit qui en découle s'émancipe de cette tutelle pesante (le cinématographe) pour porter seul ses utopies.

Ses amours parallèles, qui mériteraient chacun qu'on s'y arrête longuement – le théâtre, la politique, la psychanalyse… – restent *moteurs*, jamais *tuteurs*. Sa psychanalyse est le contraire d'une réduction œdipienne. Sa voix, loin de juger, traque sans faillir le plus petit résidu de morale. « *Un penseur devrait n'avoir ni religion ni patrie, ni même aucune conviction sociale. Scepticisme absolu* », dit Flaubert. Au fond, elle ne fait jamais qu'écrire. Douter. Écrire… Avec un mélange de légèreté et de précision qui laisse pantois. Pas de liant superflu. Pas de crochets aux nappes pour obtenir trois étoiles. Elle ne met même pas de nappe du tout…

Dubuffet conspuait la manière dont la culture, de nos jours, remplace la religion. L'*écriture*, disait-il, *ne livre de la pensée que le cadavre.* « Elle alourdit le fluide ». Un personnage de Leslie ajoute : « je les emmerde les mots, ils n'arrêtent rien, ils n'attrapent rien… ». Cette liberté l'entraîne vers une oralité toujours plus débridée au fur de ses nombreuses collaborations (Régy, Copi, Di Fonso Bo…), et matérialisée aujourd'hui par les pépites offertes à Frédérique Loliée et Élise Vigier, des textes d'une remarquable d'économie (lire et écouter sans modération *Toute ma vie j'ai été une femme, Louise elle est folle*, *Déplace le ciel*). Là encore, jamais captive de son médium.

Ça paraît con, il faut pourtant le dire & le répéter : écrire c'est fabriquer des phrases, traquer inlassablement la phrase derrière les mots. On peut l'assimiler à un trouble compulsif ou à un exercice d'accumulation… Je dirais plutôt : sélection, appropriation, digestion, recyclage… Tel un chimiste, l'écrivain assemble ses molécules, et d'une soupe informe, absconse, il propose une lecture. Révélation ? Démystification ? Fiction ! Plasticité de la langue… Et, qu'est-ce qui illustre mieux la plasticité de la langue qu'une phrase de Leslie ?

(P. S. : Tu es une grammairienne inquiète, joyeuse, sensuelle.
non non non
il ne faut pas renoncer
il faut juste mettre les choses
les mots
à leur place
le français
l'anglais
chacun à sa place
mais il faut être sérieux
rendre à César
même les plus petits mots
= tous grammairiens !)

Fred LÉAL

LESLIE KAPLAN, UNE RENCONTRE

Tout a commencé en Corse, l'été 1994, dans un hôtel qui faisait penser au film *India Song*, « Les Roches Rouges », à Piana très exactement. Il faisait chaud, une vue magnifique, le ciel ouvert. On était là, Frédérique, Marcial, Pierre et moi[1]. Nous avions décidé de prendre une semaine de vacances ensemble pour travailler et préparer l'atelier que nous allions faire pendant quinze jours au mois d'août à la Centrale, grande prison de femmes à Rennes.

On avait emmené avec nous tous les textes publiés de Leslie Kaplan, notamment *L'Excès-l'usine* : Claude Régy qui venait de monter *Paroles du sage* avec Marcial[2] lui en avait conseillé la lecture.

C'est là le premier souvenir de ma rencontre avec l'écriture de Leslie Kaplan, le soleil, la violence douce, la sensualité dans l'air, regarder le monde autrement.

Puis on y est, on est en août, à la prison, Frédérique et moi nous jouons avec les femmes, rien ne nous distingue des autres femmes et pourtant nous on rentre le matin et on sort le soir. Il fait aussi très chaud, mais cette fois on est enfermées dans la salle polyvalente de la prison, des fenêtres avec des volets intérieurs laissent passer le soleil.

L'usine, la prison, la cantine, les femmes, l'enfance.

> Un mur au soleil. Tension extrême. Mur, mur, le petit grain, brique sur brique, ou le béton ou souvent blanc, blanc malade, ou la fissure, un peu de terre, le gris. La masse mur. En même temps, ce soleil. La vie est, haine et lumière. La vie-four, d'avant le commencement, totale[3].

Ou encore :

---

1 Frédérique Loliée, Marcial Di Fonzo Bo, Pierre Maillet.

2 *Paroles du sage* d'Henri Meschonnic, Théâtre de Bretagne, 1995.

3 *L'Excès-l'usine*, P. O. L, 1987, p. 12 (l'édition de poche reprend la même pagination).

> On va, on vient, bonjour, bonsoir, le monde est là, on regarde les gens passer, personne ne remarque, mais on sait qu'on ne sent rien.
>
> On a l'air normal, on marche, on se déplace, on s'assoit sur un banc, on joue, on parle, mais c'est une apparence, on le sait.
>
> On a peur, on est gelés, brouillés, embrouillés de peur, on a peur sans arrêt, on a peur de tout, on a peur de se regarder dans la glace et on a raison, parce qu'on verrait, quoi ? Quelqu'un d'autre. Non pas quelqu'un d'autre. Soi-même et un autre soi-même, mort.
>
> On vit enfermé avec un mort.
>
> Est-ce qu'un enfant peut savoir ça ?
>
> Oui.
>
> Vivre enfermé avec un mort. Habiter sous la même peau, dans la même enveloppe. Partager avec lui son corps.
>
> Ne pas pouvoir le dire, être seul, tout seul, avec ça.
>
> Savoir qu'on est différent, complètement différent, de ce que les autres croient.
>
> Terreur d'être seul à le savoir, terreur d'être seul.
>
> Seul avec un mort, enveloppé avec lui.
>
> Est-ce que c'est un cadavre, une personne assassinée ?
>
> C'est un double, qui accompagne, qui suit, qui anticipe peut-être, qui vit très bien. Sauf qu'il est mort et qu'il se colle à tout et qu'il rend tout mort[1].

C'est une jeune femme qui a le même âge que nous qui dit ce texte avec sa voix rauque, c'est très drôle quand elle dit ça, bizarre. Et je me pose la question peut-être qu'on tue pour exister, pour vivre, pour ne plus être enfermé avec un mort sous la même peau. La pensée du meurtre, possible. En même temps on joue, on rit beaucoup, on joue la grande usine univers avec ce qu'on a sous la main (à la Tati) : des clous, du scotch, des sacs poubelles, des tabliers, des sceaux en ferraille, de l'eau, des cartons… Tout est important, les matières, les sons, le silence, la peau.

Les femmes sont belles, joyeuses.

Leslie K vient voir la représentation qui se joue à l'intérieur de la prison. On sait qu'elle a aimé.

Peut-être quelque chose comme une reconnaissance a lieu mais on ne le sait pas encore, c'est le début d'une grande rencontre. Il y a bien des points communs entre nous. Son établissement en usine, en 1968, a été certainement un événement fondateur de son écriture, de même nous avons passé six ans à « nous établir » régulièrement dans les murs de la prison des femmes de Rennes. Nous avons également fait beaucoup

1 *Les Mines de sel*, P.O.L, 1993, p. 57-58.

d'ateliers dans la ville et ce lien constant avec les gens, avec d'autres gens que nous-mêmes, venant d'autres milieux, d'âges et d'endroits différents, a été une donnée très importante dans notre façon de faire du théâtre.

1996, nous nous retrouvons en résidence pour une saison au Théâtre Gérard Philipe à Saint-Denis, Frédérique décide d'adapter le roman de Leslie *Depuis-maintenant*[1], ce sera un spectacle à installer partout dans la ville. Expérience encore, absolument géniale, on s'installe en une heure dans les bibliothèques, les quartiers, les écoles, les cités, les salles des fêtes… et on joue. Les gens sont concernés, « depuis-maintenant ».

1997. Qu'est-ce qui se passe ? Où on en est depuis 1968 ? Du rêve ? De l'utopie ? Des détails ? Dans ce roman, un personnage, Miss Nobody Knows, ne fait que poser des questions, et nous avons inventé avec Leslie des questions à poser à la population de la ville de Saint-Denis :

> La folie, qu'est-ce que c'est.
> De quoi suis-je responsable.
> Comment vivre ensemble.
> L'amour.
> La chaleur du corps.
> D'où viennent les règles.
> Pourquoi on veut grandir.
> Pourquoi on ne veut pas grandir.
> Ce qui change.
> Ce qui ne change pas.
> Ce qui ne peut pas changer.
> La nature.
> Une fille, qu'est-ce que c'est.
> Les positions sexuelles.
> Le mot travail.
> Le moment de maintenant.
> La ville, est-ce qu'on l'aime.
> Les arbres.
> L'industrie.
> La rondeur du ciel.
> Pourquoi on parle.
> Pourquoi on ne parle pas.
> Où s'arrêtent les questions[2].

---

1 *Depuis maintenant, Miss Nobody Knows*, P. O. L, 1996.

2 Ces questions et d'autres ont fait partie du questionnaire « Questions-questions », qui a été publié par la suite dans *Les Outils*, P. O. L, 2003, p. 253.

Miss Nobody knows joue, elle joue des scènes de films, elle imite, elle est 68, elle est la révolution, elle pense tout le temps et avec joie. Moi, je joue la narratrice, l'amie de Miss Nobody Knows, celle qui regarde, qui observe les détails, qui n'est pas totalement libre... Place au récit, au lien sinueux des choses, mais les sentiments sont là, colère et rage rentrée, surprise et joie, et finir sans fermer, debout dans la lumière du hasard... Il y a le suicide de l'oncle, l'ombre des déportations, la folie qui peut pointer. Le travail à faire : soi dans l'histoire, la petite, la grande, les liens, les correspondances, les sauts d'une idée à l'autre, la transposition, l'art, la pensée encore elle.

Après chaque représentation, les gens parlent d'eux, de leurs quartiers, de leurs révolutions, de comment vivre ensemble. Parfois, assez souvent d'ailleurs, Leslie K est là avec nous pour ces débats qui ont lieu après les spectacles, elle parle avec les gens, écoute vraiment chacun d'entre eux, ne cesse de questionner, ne ferme jamais le sens mais au contraire ouvre la discussion de question en question, et renvoie chacun de nous à sa propre pensée.

On décide de donner les questions de miss Nobody Knows en distribuant aux habitants de Saint-Denis un questionnaire sous forme de « question-question » ; toute la ville écrit, les jeunes, les vieux, les hommes, les femmes, les enfants. On a l'impression que toutes ces questions circulent dans la ville, on a l'impression de les voir, les pensées sont là vivantes à côté de chaque habitant, elles marchent à côté d'eux, les accompagnent.

On finit de jouer *Depuis-maintenant* à la maison d'arrêt d'Avignon, sous un soleil brut, je suis enceinte et du coup, pour cette représentation, la narratrice est enceinte, elle va avoir un enfant. Une vie nouvelle. La maison d'arrêt d'Avignon ressemble à la prison dans *Midnigth Express*, les murs gardent la chaleur, uniquement les prisonniers comme spectateurs, des hommes enfermés ; on joue l'usine, les femmes en grève, la liberté, le suicide de l'oncle qui a laissé un mot *« J'ai menti toute ma vie*[1] », et la narratrice qui tente de se faire narratrice de sa propre histoire ; en la racontant, elle l'invente, elle devient « acteur » de sa propre histoire.

> Or si le mouvement de Mai 68 est venu questionner, contester, la société de consommation, la société du spectacle, l'impérialisme d'une façon si radicale,

1 *Depuis maintenant*, *op. cit.*, p. 7.

c'est que ce mouvement a trouvé des FORMES D'ACTION nouvelles, différentes, pour le faire, qui en tant que FORMES étaient radicalement opposées à toute la merde nazie et totalitaire MAIS PAR CONSÉQUENT AUSSI opposées à : être un numéro, une chose, un produit, une place.

Ces formes : la prise de parole, le récit, l'importance accordée au questionnement, aux histoires singulières, au détail[1].

« Imaginer : la cour, cour d'usine, et des chaises posées, des gens assis. Même si on ne voyait que ça, on voyait bien que quelque chose basculait.

Le terrain tout à coup était devenu mouvant.

L'espace s'ouvrait, énorme. Tout était très petit.

Très petit : les repères changeaient. Ce qui était important ne l'était plus. Ou peut-être : la seule chose qui comptait, c'était l'espace lui même, l'espace vide, et le temps. Le cadre. On était amené à penser au cadre. Mais en un sens penser au cadre, c'est penser. On était amené à penser, à penser ce que c'est, penser.

Circuler, plutôt qu'être à sa place. Circuler : et les mots, détachés, faisaient ça aussi, prenaient des drôles de sens. Tout d'un coup on se demandait, ah oui, on se demandait.

Il faisait beau, c'est vrai. On regardait beaucoup le ciel. Ciel large, déployé. On n'en avait jamais vu un si large, on le répétait souvent. Je la vois encore, cette scène. Des hommes et des femmes assis dans une cour encombrée, en train de parler du ciel, des nuages. La vie se découpait sur fond bleu et blanc, et on la voyait bien, entière. Flux et reflux[2]. »

À la fin de cette représentation à la maison d'arrêt d'Avignon, lorsque je dis à haute voix la fin du texte qui s'ouvre sur la ville, *« les fenêtres allumées, les lumières[3] »*... à cet instant, avec cette vie nouvelle qui est là en moi et qui va naître dans quelques mois, j'ai l'impression que tout tient ensemble : le corps, les mots, la vie. Tous les paradoxes, les contradictions ; hétérogène, libre *« on vit, on meurt, à chaque instant[4] », « tu es mortel, il faut toujours penser deux choses en même temps[5] »*.

En 2000, j'ai envie d'adapter au théâtre un très court roman de Zamiatine, *L'Inondation*[6], j'en parle à Leslie K, elle me dit que ce texte l'a, elle aussi, « bouleversée » au sens de « renversée », « révolutionnée ». C'est un texte sur le meurtre, le corps, la révolution intérieure et extérieure,

1 *Mai 68 et après*, numéro spécial des *Cahiers du cinéma* (1998), repris dans *Les Outils*, *op. cit.*, p. 296.
2 *Depuis maintenant*, *op. cit.*, p. 40.
3 *Ibid.*, p. 108.
4 *L'Excès-l'usine*, *op. cit.*, p. 39.
5 *Toute ma vie j'ai été une femme*, P.O.L, 2008, p. 81.
6 E. Zamiatine, *L'Inondation*, Actes Sud / Solin, 2005.

le cataclysme. Elle accepte d'en faire l'adaptation pour le théâtre. Nous discutons beaucoup de la manière d'adapter ce qui, dans la nouvelle, est le récit du silence, de ce qui ne peut pas être dit, de l'inconscient. On décide ensemble que cette voix sera mis en musique. C'est Frédérique qui joue la narratrice, celle qui est dedans et dehors, elle parle depuis "l'autre scène", "la scène de l'inconscient", sa voix est accompagnée par quatre musiciens. Et c'est Valérie[1] qui joue Sophia, le silence.

> La vitre tintait sous le vent, des nuages gris et bas – des nuages de la ville, des nuages de pierre – passaient dans le ciel – comme s'ils étaient de retour, ces nuages étouffants de l'été que pas un orage n'avait transpercés. Sophia sentit que ces nuages n'étaient pas au-dehors, mais en elle, que depuis des mois ils s'amoncelaient comme des pierres, et qu'à présent, pour ne pas être étouffée par eux, il fallait qu'elle brise quelque chose en mille morceaux, ou bien qu'elle parte d'ici en courant, ou encore qu'elle se mette à hurler[2].

Et ce sera le meurtre, le sang, l'eau de la Neva qui déborde, le cataclysme, la révolution qui bouleverse, renverse l'ordre établi.

> Avec difficulté, par degrés, elle se mit à inspirer de l'air, remontant avec son souffle – comme avec une corde – une pierre qui était au fond. Arrivée tout en haut, la pierre se détacha, Sophia sentit qu'elle pouvait enfin respirer. Elle soupira et, lentement, s'enfonça dans le sommeil comme dans une eau profonde et chaude[3].

Et enfin la possibilité de parler :

> Sophia sentit brusquement qu'elle aussi était encore vivante, que tout pouvait encore changer[4].

2001 : un festival en Italie invite Frédérique, on a envie de travailler sur la femme, sur nous ; qu'est-ce qu'une femme pourrait être ou dire sur un plateau de théâtre sans être enfermée dans aucune figure de la dramaturgie classique (une mère, une pute, une vierge, la fille de…) ? Et c'est quoi : être une femme ? Quels sont les mots assignés aux femmes ? Nous nous sommes lancées dans une étude des mots et sonorités publicitaires. Nous sommes allées enregistrer, au monoprix et dans d'autres

1 Valérie Schwartz.
2 E. Zamiatine, *op. cit.*, p. 48.
3 *Ibid.* p. 62.
4 *Ibid.* p. 83.

grandes surfaces, les mots et les sonorités associés au corps de la femme, en commençant par les crèmes***, en passant par la charcuterie et les viandes***, les collants***, les serviettes hygiéniques***, les céréales***, les jus***.

Donc, après avoir déjà expérimenté ces questions, et déjà joué ce spectacle sous forme de performance, de happening en Italie et en France… on va voir Leslie K en lui demandant d'écrire pour nous, sur les femmes et la consommation, « ici-maintenant », les femmes et la publicité, les mots que l'on met sur les femmes, les mots étiquettes, les mots qui nous habitent ou que l'on habite. On lui fait écouter nos enregistrements de supermarché, on lui dit que ce sera un montage de textes, ses textes seront montés – collés avec ceux de Rodrigo Garcia, c'est ça aussi Leslie, on n'a pas peur de penser avec elle, on peut tout penser, tout exposer. Il n'y a pas de jugement de valeur, ou de hiérarchie de pensée.

On lui raconte tout, notre projet, nos envies, « tout », très en bordel… Elle nous dit que les femmes et la consommation, elle a l'impression d'avoir déjà écrit là-dessus, elle va voir.

Et puis, elle se réveille avec cette phrase : *« Toute ma vie, j'ai été une femme, est-ce que cette phrase me semble bizarre ? »*, et aussi : *« Les mots et les choses* […] *tout est sexuel*[1]. »

Et ça y est, elle va écrire pour nous *Toute ma vie j'ai été une femme*, premier texte d'une trilogie à venir, puisque suivront *Louise, elle est folle* et *Déplace le ciel.*

Durant cette période, on travaillait avec Marcial et Pierre sur les textes et les dessins de Copi ; dans “Le Rio de la Plata”, Copi parle de son père qui *« considérait l'exil comme la période de la vie où l'homme s'ouvre à la liberté »*, il y a quelque chose de cette liberté là dans le travail de Leslie K.

Le jeu, l'humour, le rire, la liberté. C'est aussi important dans notre travail que dans celui de Leslie.

> Quand j'écrivais *Louise, elle est folle*, j'avais souvent en tête le mot « renversement », le désir et le plaisir qui vont avec. Les cubes de l'enfance, mais aussi, toujours l'enfance, Chaplin dans son avion piloté à l'envers, il regarde en bas, c'est justement en haut, le whisky sort de la bouteille et monte au

1 *Toute ma vie j'ai été une femme*, *op. cit.*, p. 25 et 35.

> lieu de descendre, on a le temps, tout le temps, de faire le tour de la situation dans tous ses détails, le ciel, la terre, en haut, en bas, l'avion minuscule, deux homme dedans, le pilote évanoui, l'autre qui se débrouille, essaye... [...] M'accompagnait aussi, une fois lu comment non : « On croit que ce qu'on voudrait c'est de pouvoir tuer le SS. Mais si l'on y pense un peu, on voit qu'on se trompe. Ce n'est pas si simple. Ce qu'on voudrait, c'est commencer par lui mettre la tête en bas et les pieds en l'air. Et se marrer, se marrer. [...] Ce que l'on a envie de faire aux dieux (Robert Antelme)[1] ».

Pour écrire *Louise, elle est folle*, Leslie K a beaucoup pensé à Copi, elle a d'ailleurs écrit un essai qui lui est partiellement consacré :

> Et j'ai lu et relu, vu et revu, des livres et des films avec lesquels je pouvais explorer le renversement, et ainsi s'est précisée « la ligne Copi-Buñuel-Beckett » qui m'aidait à comprendre et travailler cette chose aberrante que je nommais « la civilisation du cliché »...
>
> On renverse toujours une vision naturaliste, déterministe des choses : chaque chose est à sa place, chacun est assigné à un destin
>
> On renverse une vision consensuelle
>
> On renverse un cliché
>
> On renverse le vide, ce qui est devenu vide de sens
>
> Même si ça peut peser encore très lourd
>
> Le renversement c'est : de l'air, de l'air, du possible, un autre monde, un autre ordre possible, on ouvre
>
> On respire, on respire
>
> Le renversement a un effet jubilatoire, il est un des ressorts du comique, de l'humour, du gag[2].

En pensant à Leslie et à son travail j'ai envie de citer cette petite histoire qu'elle écrit dans *Les Mines de sel :*

> Je devais avoir dix ans, avait dit le monsieur et j'avais posé à mon père une question sur l'utopie. Il m'a dit : comme tu le sais, la terre est ronde. Alors si on part dans la direction du soleil avec le projet de le rejoindre – on n'y arrivera pas, jamais. D'un autre côté, si on part en tournant le dos au soleil avec pour projet de s'en éloigner pour toujours, de le perdre pour toujours – on n'y parviendra pas non plus.
>
> Mais les deux démarches reviennent-elles au même ?
>
> Bien sûr que non. Elles ne vont pas dans le même sens[3].

---

1 « Renversement, contre une civilisation du cliché, *la ligne Copi-Buñuel-Beckett* », in *Louise, elle est folle*, *op. cit.*, p. 147-148.

2 *Ibid.*, p. 148-149.

3 *Les Mines de sel*, *op. cit.*, p. 75.

Acteurs, c'est quoi être acteur ? Passer sa vie à explorer le langage, le jeu, les mots, l'être humain que l'on ne connaît pas encore, l'autre... en passant par son propre corps, en faisant l'expérience.

L'écriture de Leslie K travaille exactement à cet endroit : les mots font partie du corps, le corps habite les mots. « Jouer pour voir, pour voir l'effet, mettre à l'épreuve, éprouver », avoir un rapport ludique, physique avec les mots, avec la pensée.

> Au lycée l'année de Terminale fut une sorte d'explosion. Changement de classe, nombreuses arrivées, et tout d'un coup il y eut la philosophie, la politique et les garçons rencontrés dehors : beaucoup à la fois. [...] ce qui est sûr : les idées se présentaient imbriquées avec la rencontre sexuelle, avec son côté gai, tendu, angoissant et joyeux. J'adorais ça. Le côté joyeux de la connaissance, la gaie découverte. [...] Moment joueur. Joueur et passionné. [...]
>
> Jeu pour voir, pour voir l'effet, mettre à l'épreuve, éprouver, et cette activité ludique et sérieuse était comme une mise en acte des questions les plus précises, une façon de les vivre directement dans le corps en les nouant toutes à celles du sexe. La beauté, la ligne d'une épaule, la présence stupéfiante d'une verge, son érection : comment est-ce possible, et pourquoi, et comment, et qu'est-ce que ça change, et comment ça fait, est-ce qu'on sent autrement, pourquoi lui, et jusqu'où, et alors, et enfin, et rien, et c'est quoi, rien. Dans le corps à corps cette paradoxale évidence : la pensée accompagne, elle est là son extrême limite, elle pense comment je pense, comment je peux penser ma pensée, avec quoi. Surprise et sidération et les détails minuscules, les voies infimes et intimes. Irruptions de la pensée, arrêts. Apparition et disparition. Ouverture. Les mots nomment, sans dire, avec leur silence, à leur insu, ils entourent la chose, ils la maintiennent, et ils glissent et caressent et pénètrent, ces mots, ils n'en finissent jamais de nommer, et dans la tête passe, comme le petit train de l'enfance, le petit train du livre d'images de toutes les enfances avec ses fumées-pensées, Qu'est-ce que c'est, qu'est-ce que c'est, dans la tête passe la question muette qui porte, excite, réjouit, désespère et rend vivant : qui, mais qui, es-tu[1].

La rencontre avec Leslie et ses textes : sa pensée m'accompagne chaque jour, dans ma vie et dans mon travail, c'est une pensée qui fait penser. Une pensée, exactement comme les ciels et les nuages, changeants, toujours mobiles, en mouvement, en devenir.

Élise VIGIER

1 « Apprentissages », dans *La Villa Gillet* n° 97-98, repris dans *Les Outils*, *op. cit.*, p. 237.

SUR QUOI ON S'APPUIE

La première sensation quand je lis des livres de Leslie Kaplan, c'est l'air. Il y a de l'air, de l'espace sur la page, entre les chapitres. C'est visible dans les premiers livres *L'Excès-l'usine, Le Livre des ciels.* C'est agréable. Ça respire. On lit et on a la sensation d'avoir de l'air, de respirer. C'est essentiel et très physique et ça explose souvent à la figure. Leslie m'a appris ça, que les mots peuvent exploser à la figure. Ça peut être très drôle. Ça peut être violent. Un jour, elle m'a dit « Tu aimes tellement les mots, tu devrais faire une analyse, ça va te plaire ». J'étais un peu méfiante vis à vis de l'analyse, je pensais que ça allait expliquer. Et en fait, non, c'est le contraire, ça déplace tout le temps sur la possibilité de voir autrement. C'est très cinématographique en fait, l'analyse : on voit ou on vit un événement (ou un mot) d'une certaine manière, et on se rend compte que si on déplace son point de regard, on peut vivre le même événement d'une tout autre manière. Quand mon père m'a dit : « Je travaillais trop, je m'en rends compte maintenant, je n'étais pas assez là, toi et ta sœur, je vous ai ratées ! »… Quand il a dit *ratées*, j'ai dit : « ratées, RATÉES ? » Il a dit : « Ben oui je vous ai ratées j'étais pas là… ». Je me suis dit, c'est bizarre, on rate un train, un dessin… et d'un coup je me suis vue comme un gribouillis et j'ai éclaté de rire. Il y a un exercice au théâtre qui consiste à ce que l'acteur en scène dise un mot, *Arbre* par exemple, autant de fois qu'il a d'images, de pensées, de souvenirs liés au mot arbre. On peut donc dire *arbre* cinquante fois et il y aura cinquante colorations différentes. Dans *Déplace le ciel* Leslie Kaplan dit :

> moi je dis un mot
> amour
> ce mot, il vient de moi
> je le dis, je le prononce
> amour

je ne le reconnais pas
amour, amour, amour
[...]
bizarre
amour
c'est quoi, ce mot[1]

Il y a comme ça une façon très joueuse et très sérieuse de questionner les mots et de leur enlever tous leurs manteaux de sens communs. Essayer comme Cézanne de peindre des pommes et pas son amour des pommes. À l'infini.

Pour la préparation du spectacle *Duetto – Toute ma vie j'ai été une femme*, on faisait des listes de mots de supermarché avec Élise, on lisait que les céréales sont croustillantes, Crisp Weaks-CrakerHawks-Cruster-Quaker-Cruesli-CountryCrips-RiceCrispies, le yaourt est velouté, mousseux, perlé, le jus d'orange est plein de p, de pulpe, de peps, il est pressé, le jambon est cuisiné à l'os, à l'étouffé, les crèmes parlent du futur technologique *Expert ride* 3D, *Age Reverse* crème anti-temps, anti-relâchement, complexe hydrovital, *Décontract ride* au both wellox dermo-décrispant corrige les rides d'expression, complexe détensium activateur cellulaire. Les mots peuvent être efficaces, ils ont un potentiel, ils portent un univers, utilisés ils peuvent vendre, les mots-produits.

Avec Leslie on a fait des expériences avec le mot mot, le mot angoisse, femme, folle, moderne, horreur, réalité, dieu, rêve, sexe, lait, vache, culture, foot...

On a posé des mots dans la ville, sous forme de questions, sans points d'interrogations. L'idée de *mettre en circulation dans la ville des mots, des questions qui soient des déclencheurs de pensée, de parole, et peut-être d'écriture. Une histoire dans l'Histoire, un récit fait aujourd'hui d'un certain moment de la vie des gens, et la proposition d'un art poétique, une façon de mettre en scène comment des mots peuvent être des paroles adressées, des façons de s'étonner, des ouvertures, plutôt que des discours, des morceaux morts du langage. À partir de là, tout ou beaucoup, est possible*[2]...

Les arbres, à quoi ça sert. « À faire du papier », avait répondu un enfant. *De quoi est faite la nuit.* D'autres enfants avaient écrit : « La nuit est faite

1 *Déplace le ciel*, P.O.L, 2013, p. 19.
2 Texte de Leslie Kaplan pour présenter la série « Questions Questions », écrite dans le cadre de la résidence du Théâtre des Lucioles au Théâtre Gérard Philipe de St-Denis en 2007.

d'étoiles et de bleu foncé / La nuit et fait de nuage noire / Elle est faite pour dormir ». Mon pire ennemi. Tous les adolescents répondaient, « C'est moi / Moi-même ». Pour les enfants, c'était le diable. La ville est-ce que je l'aime. « Un petit peu seulement, on a failli me voler mon vélo et on a craché sur moi. À la campagne, je serais bien plus tranquille avec les vaches ».

Leslie est américaine, elle aime les jeans, les westerns, et elle affirme qu'une glace n'a rien à voir avec un *ice cream*, ni une vache avec une *cow*.

Wanted, en anglais, c'est recherché ou désiré. I want you, je te veux[1].

Dans *Pierrot le fou*, Godard dit : Dans envie il y a vie. En vie. Envie.

Sur quoi on s'appuie[2].

J'ai toujours aimé cette question. Il y a un livre de photo sur l'hôpital San Clemente, des photos en N&B où on voit les gens, les patients, qui s'appuient. Les corps pliés, appuyés. Sur un mur, un radiateur, une fenêtre, un arbre. Personne au centre, au milieu des couloirs, des allées.

On a posé des questions dans des villes européennes. *Quand vous dites, Cette femme est folle, à quoi vous pensez*[3]. En italien, il y a deux mots pour dire folle, il y en a trois en polonais, il faut choisir. Une spectatrice polonaise, à la sortie d'une représentation de *Déplace le ciel*, a dit « Quand vous dites fromage en français, on voit 350 types de fromages, en polonais, quand on dit fromage, on voit juste un sorte de triangle de couleur jaune ».

table, en français
c'est tout de suite carré ou rond
il y a une forme

oui il y a une forme

alors que table, en anglais
taïbel tu ne vois aucune forme
qu'est-ce que tu veux que je te dise
aucune forme
c'est tout mou

oui c'est vrai
taïbel
c'est tout mou[4]

---

1 Voir *Déplace le ciel*, *op. cit.*, p. 85-86.

2 « Questions-questions », repris dans *Les Outils*, P.O.L, p. 254.

3 Ce projet européen « Les femmes, la ville, la folie » et les films documentaires sont visibles sur le site www.louisellesfolle.net.

4 *Déplace le ciel*, *op. cit.*, p. 42.

Il y a des mots que Leslie Kaplan ne cesse d'interroger comme *tout*. Ça revient dans plein de livres, *C'est quoi tout ?* Et à chaque fois, elle tire un fil, comme d'une pelote de laine, un nouveau fil possible pour penser le mot. Un jour quelqu'un a demandé à Leslie si ce qu'elle écrivait était vrai, elle a répondu dans un sourire « Oui tout est vrai ». J'aime beaucoup cette réponse : Tout est vrai. Au théâtre aussi, Tout est vrai, c'est un jeu sérieux, on joue pour de vrai, *Lie to me, Mens-moi raconte-moi des histoires*[1]. Dans les mots qui reviennent il y a aussi l'identité, une notion possible de l'identité… Dans « Comment commencer », un article sur le film *L'homme sans passé* :

> comment, au lieu d'une idée lourde et plate
> pesante, déjà cadavre
> d'une menace qui hante l'Europe
> mais aussi tout un chacun
> l'identité est toujours en train de s'inventer
> elle est faite de bribes et de morceaux, de hasards
> un fil installé par ci, un légume épluché par là
> un nuage aperçu dans le ciel, un air de musique qui passe
> mais aussi de mots échangés et de silence
> elle apparaît, l'identité, pour ce qu'elle est
> quelque chose de très comique et de très sérieux
> un perpétuel bricolage[2].

ou dans *Toute ma vie j'ai été une femme* :

> *ce matin j'ai fait des photos d'identité*
> *au photomaton du métro*
> *il y avait un panneau*
> *"il ne faut pas rigoler avec ses photos d'identité"*
> *je me regardais*
> *je me regardais*
> *ça ne me faisait pas rire du tout*
>
> comment ça
>
> *c'était vertigineux*
> *si je ne me ressemble plus,*
> *est-ce que je suis moi*

---

1 Extrait de *Johnny Guitare* de Nicholas Ray.

2 « Comment commencer. *L'Homme sans passé* d'Aki Kaurismäki », *Trafic* n° 80, hiver 2011, p. 62-72.

comment ça,
si tu ne te ressembles plus

si je ne me ressemble plus
mais c'est clair
tu trouves que tu te ressembles toujours ?
tous les jours tu te ressembles ?

tous les jours
je ne sais pas
mais je me ressemble
et la personne à qui je ressemble le plus
quand même
c'est moi

est-ce que tu es sûre ?

comment ça ?

est-ce que tu es sûre
que la personne à qui tu ressembles le plus
c'est toi ?
si tu changes,
est-ce que tu restes toi[1] *?*

Quand Leslie écrit pour nous, il n'y a pas de personnage, de noms, il y a un dialogue en italique (c'est Élise) et l'autre en cursive (c'est moi). On ne pose jamais à Leslie la question de pourquoi à elle pourquoi à moi. Une fois un des textes que je devais dire me bousculait de manière désagréable, trop intime, je me suis demandée si Leslie me voyait comme ça. C'est la seule fois où j'ai demandé à Leslie, de manière détournée, pourquoi elle me donnait à dire un texte. Elle m'a répondu : « ça me touche beaucoup que ces mots te fassent cet effet parce que ce texte, c'est tellement moi ! »

Les dialogues de *Toute ma vie j'ai été une femme* se passent entre deux femmes « interchangeables », une sorte de bête à deux têtes, la même femme et son contraire, elles se renvoient la balle, s'aident à penser, deux filles, du même âge, dans la même société, elles pensent et questionnent tout, sans hiérarchie, à toute allure, de manière compulsive, elles projettent leur angoisse sur l'autre, elles mettent des mots sur les choses. Le spectacle finissait avec ces mots

1 *Toute ma vie j'ai été une femme*, P. O. L, 2008, p. 18.

je parle
je mets des mots sur les choses
je fais le tour
je définis
je nomme
je cerne

tu fermes ?

je nomme
sans fermer

sans tuer ?

j'essaye[1].

Quelques années plus tard, *Louise, elle est folle* commence par la phrase « Tu m'as trahie[2] ».

Le dialogue devient dangereux. Qu'est-ce que c'est, parler ? Leslie nous écrit dans une lettre :

> la trahison guette toujours la parole
> la parole vide, ou la parole dogmatique, dans la certitude, ou la parole qui veut avoir le dernier mot : c'est la parole qui ne tient pas compte de l'autre et en ce sens elle trahit = elle trahit le propre de la parole qui est de s'adresser à un autre
> la parole est toujours sur un fil, sur ce fil
> = il peut toujours y avoir du mal-entendu, au sens strict : tu ne m'entends pas, tu ne veux pas m'entendre, tu ne peux pas m'entendre, etc.
> qui prend la parole s'expose, s'expose à un risque : le risque que l'autre ne l'entende pas

Elle écrit :

tu déformes mes mots
tu les tournes
tu les détournes

mais qu'est-ce que tu as dis ?

on parlait
c'est tout
voilà

1 *Ibid.* p. 81-82.
2 *Louise, elle est folle*, P. O. L, 2011, p. 9.

quoi, voilà

voilà
c'est un mot
c'est tout
c'est clair

qu'est-ce qui est clair ?

c'est clair, c'est tout

c'est tout ? tout quoi ?

voilà
c'est tout
c'est clair
bon
tu vois
voilà
c'est tout
c'est clair
un peu
un petit peu
peu à peu
voilà
bon

qu'est-ce que c'est que ça ?

rien je parle[1]

Ces deux filles du théâtre de Leslie se parlent, cherchent, elles vont à droite, à gauche, elles pensent par tous les côtés. Qu'est-ce qui est fou, normal, réel. Le réel est fou. Danser, marcher, sauter, se renverser, se mettre la tête en bas. Il n'y a pas de personnages, il y a un mouvement, des gens en mouvement. Peut-être elles vont trop vite et peut-être que ce serait la bonne distance pour ne pas s'identifier : ce que dit Leslie dans un article sur « Haut, bas, fragile » de Rivette[2]. Dans ce même article elle parle d'une fille qui entre dans la pièce avec ses hanches et ses jambes. J'adore faire cet exercice dans les ateliers de pratique théâtrale : demander à une actrice de simplement entrer dans l'espace avec ses hanches et ses jambes, commencer par là, commencer avec son corps.

1 *Ibid.* p. 59-60-61.
2 « *Haut, bas fragile*, la danse continue » publié dans *Cahiers du cinéma* n° 493, juillet 1995, repris dans *Les Outils.*

C'est très basique, le théâtre. Pour exister il faut que quelqu'un vous regarde. Pour parler il faut que quelqu'un nous écoute. Au théâtre on va assister aux mouvements de l'âme humaine. On va voir des gens qui font des expériences pour nous, face à nous, dans un espace. Et quand ça marche l'espace se transforme, on arrive à le retourner, à l'ouvrir avec un geste, un objet, un mot. Le théâtre crée de la matière tout le temps, avec la lumière, les corps, les sons… et en même temps c'est dans l'air, il y a des mots, de la lumière… Tout bouge.

Une climatologue[1] que nous étions allée interviewer, Leslie, Élise et moi, nous avait parlé de l'instabilité et de la mobilité permanente de l'atmosphère. Une particule d'air met cinq jours à faire le tour de la terre. Au bout de cinq jours, le tableau est effacé et on recommence tout. Le climat, ça n'est que du changement, ce ne sont que des temporalités.

Penser, c'est bouger, être en mouvement, créer des mouvements.

Penser. C'est-à-dire travailler à éloigner les clichés, les idées reçues, les idées toutes faites, les comportements qu'on reproduit, « sauter en dehors de la rangée des assassins ». Penser. C'est-à-dire avoir la joie d'avoir des pensées et de les poser dans le monde. Comme des questions ouvertes. Pour avoir des réponses ouvertes. Pour inventer.

Rêver, ne pas rêver. Bouger, ne pas bouger.

Depuis maintenant, mai 68, la grève en usine, Leslie dit : « *Occuper de façon visible les lieux à l'envers… Positions inattendues… Tout le monde enfant*[2]. »

Suite à une séance de travail avec Leslie au moment de l'adaptation pour le théâtre, j'avais noté :

> « Creuser ce qu'on peut avoir à l'intérieur de sa tête
> La libre association
> Il y a des réseaux de pensées comme des réseaux d'individus dans une société
> On peut penser
> La rencontre
> La vérité n'est pas le plus important, mais que tout ce qui se passe est passé au crible de la pensée et dans les regroupements d'une personne.
>
> Comment faire avec le passé : le prendre, le considérer, et ensuite le vivre à partir du présent.
>
> Vie d'actions et vie de souvenirs.

1 Martine Tabeaud, géographe, spécialiste en climatologie, professeur à l'Université Paris 1 Panthéon Sorbonne.

2 *Depuis maintenant*, *op. cit.*, p. 64 et 65.

> Dans *Quelque chose se passe* : instant et éternité.
> Le mot FIN est une erreur de l'éditeur »

Un jour on a joué *Depuis maintenant* dans une fête de quartier en banlieue. On était sous une tente rectangulaire, il faisait chaud, on avait laissé les bâches relevées des deux côtés. On a commencé à jouer, la grève, le dimanche de la vie… Des gens ont commencé à se mettre aux fenêtres des HLM qui nous entouraient et à commenter ce qu'ils voyaient, on a entendu de derrière la tente « Vous les vendez ? » C'étaient des filles du quartier qui regardaient les costumes du spectacle qui étaient pendus sur un portant, et puis des enfants sont passés à vélo entre les spectateurs et l'espace de jeu, entre les deux bâches ouvertes, on parlait aux gens et des mômes passaient à vélo en rigolant. La cité rentrait par tous les côtés. Rien n'était grave.

Dans l'article sur « Haut, bas, fragile », Leslie écrit : « Rien n'est linéaire : la tragédie plane peut-être, père, galère et abandon, mais c'est un fond sur lequel viennent se découper, se détacher, tous les mouvements possibles, toutes les vies[1]. »

Dans les romans de Leslie, il y a de l'air, des airs, des musiques, d'un coup on danse, tout ça est soulevé. Un jour un chauffeur de taxi a demandé à Élise ce qu'elle faisait, elle a dit : « Je répète une pièce de théâtre qui s'appelle *Déplace le ciel* », le type enthousiaste a dit : « Ah c'est bien ça ! – Quoi, qu'est-ce qui est bien ? – Ben rien que d'avoir l'idée qu'on puisse le déplacer ».

L'idée du possible, que ce soit possible… *I have a dream*[2].

Et tous ces ciels, tous ces nuages, dans l'œuvre de Leslie…

Et la climatologue qui nous dit :

> Le ciel c'est un ailleurs gratuit. C'est le seul bien, changeant en permanence, esthétique, gratuit, que tout le monde peut voir où qu'il soit. C'est une expérience de partage qui crée une solidarité et une égalité. On partage l'espace et la réception d'un certain nombre de choses dont la lumière. Les gens qui s'intéressent vraiment au ciel cherchent à se sentir exister dans l'univers, à se sentir petit. Les gens qui regardent le ciel ne sont pas des gens de pouvoir, ils se sentent un tout petit élément du monde, c'est un rapport à l'immensité[3].

---

1 « *Haut, bas fragile*, la danse continue », *op. cit.*

2 Nom du discours de Martin Luther King prononcé le 28 août 1963, devant le Lincoln Memorial, à Washington, D.C, cité dans une version scénique de *Déplace le ciel*.

3 Propos de Martine Tabeaud, recueillis lors d'une interview le 12 avril 2013 à Paris.

Bouger. Changer.

> Au bout de sept jours en moyenne on se lasse du temps qu'il fait, on a envie de changement.
>
> Il y a eu des études sur le ressenti, il y a une lassitude quand on vit toujours la même chose, il y a une envie que le ciel marque le temps qui passe.
>
> La météo c'est pas le ciel. Le ciel c'est un paysage toujours changeant, un peu comme l'eau d'une rivière. Ça donne une idée du temps qui passe, un moyen de voir qu'on vieillit, ou qu'un enfant grandit, c'est un temps jamais arrêté, on est plus vieux qu'il y a une demi-heure, le ciel nous dit ça. On ne s'arrête pas, on vieillit tout le temps. Regarder le ciel ou regarder le temps qu'il fait, c'est regarder le temps qui passe en fait[1].

De notre travail à trois, j'aime beaucoup ce qu'a écrit Heitor O'Dwyer de Macedo :

> Je me dis : elles font de l'éphémère une méthode. Je pense à un enfant qui joue avec des cubes, il les empile, il les met par terre, recommence. Concentration extrême de l'enfant, joie absolue, jubilation, le monde à portée de la main, la création d'un monde, interminable[2].

ou la phrase de Brecht que Leslie cite souvent :

> L'intérêt pour le déroulement et non pour le dénouement[3].

ou ce que dit Élise :

> En fait la pensée de Leslie est positive, c'est pas tellement dans l'air du temps…

Leslie crée des outils. Des outils pour penser. Être et disparaître. Ici maintenant. « On vit on meurt à chaque instant ». Aller contre le totalitarisme. Ce qui enferme. Ce qui tue. Penser le vivant. L'hétérogène. Par tous les côtés en même temps. Par le détail. Par bouts. On n'arrivera jamais au bout d'un mot par exemple et ça m'a toujours évoqué les portraits de Alberto Giacometti, ses innombrables traits, et ce qu'il en dit :

---

1 Propos de Xavier Browaeys, maître de conférences de géographie à l'Université Paris 1 Panthéon Sorbonne, recueillis lors d'une interview le 12 avril 2013 à Paris.

2 « Le théâtre des Lucioles à St Denis : la pensée mise en scène » paru dans Mediapart, 29 novembre 2013.

3 *Remarques sur l'opéra « Grandeur et décadence de la ville de Mahagonny »* où Brecht oppose la forme dramatique du théâtre et la forme épique (*Écrits sur le théâtre*, L'Arche, 1963, p. 41.)

> La grande aventure, c'est de voir surgir quelque chose d'inconnu, chaque jour, dans le même visage. C'est plus grand que tous les voyages autour du monde.
>
> On peut comparer le monde à un bloc de cristal aux facettes innombrables. Selon sa structure et sa position, chacun de nous voit certaines facettes. Tout ce qui peut nous passionner, c'est de découvrir un nouveau tranchant, un nouvel espace[1].

Généralement, à la sortie de la Générale (dernière répétition avant la 1re représentation publique du spectacle), Leslie dit : « Je pensais avoir écrit une pièce drôle, mais en fait c'est très angoissant »...

Frédérique LOLIÉE

1 Alberto Giacometti (1901-1966) cité de mémoire.

TROISIÈME PARTIE

INÉDITS

LA MORT DU VIEIL AMÉRICAIN

Le vieil Américain allait mourir, il le savait, il s'en doutait. Il était maigre, de plus en plus maigre. Il se regardait dans la glace, debout, le matin, dans la salle de bain, son pyjama flottait un peu, il le remontait, serrait la ceinture, haussait les épaules, et disait à voix haute, *a scarecrow*, un épouvantail. Il souriait un peu, à lui-même, à un public possible, à sa fille qui passerait plus tard, au monde, oui quand même, au monde, il ne lui en voulait pas, au monde, du moins pas là tout de suite, mourir à son âge, quatre-vingt onze ans, était dans l'ordre des choses. D'un autre côté, l'ordre des choses, il continuait à penser tout en entrant dans la cuisine et mettant de l'eau à chauffer, l'ordre des choses était évidemment mal fait, évidemment stupide, quel ordre idiot, appeler ça un ordre était vraiment une façon de parler. Et il se faisait des œufs coque, *soft boiled eggs*, deux œufs tous les matins, avec beaucoup de café, après quoi il n'aimait plus manger, il se forçait, on lui demandait, sa fille, la dame africaine qui passait quelques heures par jour, les amis, mais rien ne lui disait. Tout en mangeant ses œufs, il écoutait la radio, distraitement, les nouvelles, et les commentait dans sa tête, en ponctuant de temps en temps, bof. Depuis la fin de la Deuxième guerre mondiale, rien n'avait été comme il fallait, les espérances avaient été si grandes au moment de la Libération, et puis non, déception… Pourtant, pourtant, il reprenait, discutait, interpellait, pourtant il y avait eu quelque progrès, quelques succès, pour lui qui avait été à partir des années 50 un combattant de la guerre froide, *a cold warrior*, diplomate et porte-parole du gouvernement américain, et le Mur était bel et bien tombé. Oui mais… le bilan, le bilan… vulgarité et commerce et tout ce qui s'en suit… il suffisait d'ouvrir le journal, et lui continuait à lire une quantité énorme de journaux, de revues, de magazines…

Mais fallait-il faire un bilan, pouvait-on faire un bilan, et c'était quoi, d'ailleurs, faire un bilan ? Un bilan, mais ça ne peut qu'être un bilan de ma vie à moi, il s'écriait avec lucidité, mon propre bilan… Et là, il se renfrognait, mais sérieusement, et refusait de s'adresser le moindre mot.

Au bout d'un moment il se prenait en pitié, et décidait que non, ça ne valait pas la peine de se punir comme ça, non, vraiment, il finissait ses œufs, Je te l'accorde, il se disait, je te l'accorde, ta vie n'a pas été si nulle, et il faisait le point, les enfants, les petits-enfants, sa carrière, les femmes…

O. K., O. K. Et il allait s'asseoir à son bureau, il regardait ses livres et se demandait s'il allait continuer à se bagarrer avec cette biographie de Spinoza, ou seulement écouter la radio, la France avait des radios extraordinaires, France Musique, France Culture, le fait est que chez nous, aux États-Unis on n'a pas ça, et il se tournait sur son fauteuil et regardait par les grandes fenêtres. Il voyait la place Saint-Germain-des-Prés, tous ses souvenirs pouvaient se déployer, il coïncidait avec lui-même, *Welcome to Paris*, un Américain à Paris.

Quelques instants de franche rêverie.

Sa carrière, son poste d'attaché culturel à Paris renouvelé plusieurs fois. Expliquer l'Amérique à la France et la France à l'Amérique, cet entre deux, les mots et l'image, montrer, démontrer et présenter.

Ensuite. Ensuite la question était justement : ensuite.

Il regardait son agenda qu'il avait déjà regardé, remarquait qu'aujourd'hui il n'avait aucune visite, Tant mieux je n'ai envie de voir personne, trop fatiguant, et pris d'un énervement soudain, téléphonait à sa fille et lui démontrait par a plus b que le monde, ah le monde allait mal. Sa fille l'écoutait, pas toujours calmement, elle se sentait parfois personnellement visée, et lui citait une phrase de Rosa Luxembourg qu'elle avait lu récemment, dans une lettre de prison, La misère est *trop grande* pour que l'on gémisse dessus.

Lui, frappé par la justesse, et après furieux, complètement furieux.

Ensuite il s'excusait, raccrochait, se morfondait.

Pensait à s'habiller.

Le problème était qu'il n'aimait plus son corps, et le temps qu'il fallait pour boutonner une chemise le mettait hors de lui.

Aucune patience

Là encore sa fille (mais quelle pédante !) lui aurait rappelé Kafka, le pire péché est l'impatience (la négligence, et l'impatience).

Mais lui il savait bien que c'était un enfer, ne pas pouvoir s'habiller sans y penser, être là à se bagarrer avec une boutonnière…

Non, il n'aimait plus son corps, il n'aimait plus s'habiller, marcher, regarder les vitrines, ah je suis beau, très très beau en jouant avec l'accent américain qu'il n'avait pas du tout en réalité, le caban, la casquette de marin, vieux timonier, ou alors l'imperméable cintré, Humphey Bogart c'est moi, ou James Stewart, ou Cary Grant, et il se rappelait la répartie qui le faisait toujours rire, à un journaliste qui lui télégraphiait avec insolence

How old Cary Grant ?

Cary Grant avait répondu, *Old Cary Grant fine, how you ?*

Une vie remplie, une vie.

Oui mais.

Il tournait et retournait dans sa tête, quelque chose manque, a manqué ou manque, a été insuffisant, raté, quelque chose.

Well, what ? alors, quoi ?

ça l'agaçait, ça l'agaçait, et il pestait, contre l'âge, sa fille, ses fils, ses petits-enfants, la France, l'Europe, les États-Unis.

Il retournait s'allonger, branchait la machine à oxygène qu'on lui avait fait installer, respirait, se calmait.

Quelque chose manque.

La femme africaine, Isabelle, jolie et efficace arrivait, il l'accueillait, se plaignait, lui déclarait que quoiqu'elle prépare, il ne mangerait rien, riait quand elle le grondait, acceptait qu'elle l'aide à se laver, y prenait un franc plaisir.

O. K., O. K. Une fois habillé s'asseyait devant son ordinateur, regardait ses messages, n'était pas intéressé.

S'occupait vaguement de choses diverses, rangements, papiers.

Découragé, pas d'énergie.

Eaten up by ducks, grignoté par des canards.

Déjeunait, ou s'asseyait à la table, lisait le journal, discutait avec Isabelle, refusait de manger, concédait.

Avait parfois des grandes discussions avec Isabelle, sujets d'actualité, la France, l'Amérique, l'Afrique, la religion.

Elle était catholique et soutenait que Dieu était blanc.

Lui, très choqué, Comment vous pouvez dire ça.

Faisait la sieste pendant qu'Isabelle rangeait, partait.

Sa fille passait, ils buvaient un verre, *What's up, quoi de neuf*, et il remarquait que tout lui semblait extérieur, qu'il se sentait déconnecté, *I'm so out of it*, je suis tellement en dehors du coup.

Sa fille essayait de le persuader que non, regarde tes enfants, tes petits-enfants, etc., lui parlait de littérature, de politique, et il lui disait, Oui, bien sûr.

Elle partait, il lui en voulait de partir, mais n'aurait voulu pour rien au monde qu'elle reste là au lieu d'aller vivre sa vie.

Regardait un film, s'ennuyait, téléphonait, les fils au loin, les amis.

Écoutait de la musique.

Avait commencé à écrire des mémoires, mi-réalité, mi-fiction, moyennement content, content de le faire, avoir un projet, sceptique sur le résultat, à mon âge, trop peu de forces.

N'était plus intéressé.

Avait ce sentiment persistant que quelque chose manquait, avait manqué, était insuffisant.

Récemment la lésion avait augmenté, pleurésies à répétitions, l'eau dans le poumon, le cancer était plus présent, maintenant il utilisait le mot.

Il était allé à l'hôpital pour une ponction, soulagé momentanément.

Ne voulait surtout pas rester, était parti de lui-même.

Je vais combattre le cancer par la prise de poids, il essayait de se forcer à manger, peu mais très souvent.

Something is missing, what is missing, quelque chose manque, qu'est-ce qui manque ?

Sa fille relisait Beckett avec acharnement, lui apportait, *but he's so full of despair*, mais il est si désespéré, non non, elle disait, et lui lisait un passage à mourir de rire.

Au mois d'août elle l'avait emmené faire une grande balade au bord de la Marne, ils avaient déjeuné dans un restaurant algérien, Alger, la Marne, Paris vide, l'absence de voitures, il avait pensé à la Libération.

Il avait fait une découverte, il l'avait résumée pour sa fille :

dying is a full time job, mourir est un travail à plein temps.

Après, très fier, *I made her smile*, oui, ça l'avait fait sourire, il adorait la faire sourire.

Mais il manque quelque chose, qu'est-ce qui manque ?

What is missing ?

L'été précédant, en Bretagne, heureux, peut-être aussi parce qu'il n'était pas seul à être en vacances, tout le monde l'était, parce que, après, de retour à Paris, *every body running, every body leaving*, tout le monde courait de nouveau, tout le monde le quittait, retournait à son travail.

C'est après qu'est venu le déclin accéléré, la toux, le sang craché, la perte de poids, le dégoût de manger.

Même s'il y avait eu des grands moments encore.

L'élection d'Obama l'avait passionné, lui avait redonné la fierté d'être Américain, le changement était possible.

Il avait repris la rédaction de ses mémoires, mais quelque chose en lui n'y croyait pas.

ça l'avait occupé quelques mois, il voulait, lui aussi, travailler, il ne voulait pas tomber en dehors du monde.

Mais peu de forces.

N'était plus intéressé.

Sa fille appelait, *hello dad*, il répondait, *hello you*, moments de tendresse.

En même temps, fureur, destruction, tout mauvais, ironie, sarcasme, pulsion fin du monde, après moi le déluge.

Il allait se coucher, s'endormait tout de suite et se réveillait à trois heures du matin, désespéré.

Ruminait, ressassait, revenait au bilan, s'acquittait, ne s'acquittait pas, s'acquittait.

Quelque chose insistait, manquait, manquait.

Se rendormait à sept heures du matin.

Et une nouvelle journée s'annonçait, sans saveur.

Pourquoi sans saveur ? comme ça, sans saveur.

Depuis quand, sans saveur ? il ne se le demandait pas.

Simplement c'était là, devant lui, plat, étendu, sans saveur.

Manquait le goût, quel goût ? le goût de la vie.

Est-ce que ça existe, le goût de la vie ?

L'expression : mes forces m'abandonnent.

Tout prend tellement de temps.

Tout devient lourd et lent, écœurant tellement c'est lourd et lent.

Je ne me reconnais plus.

Je me reconnais dans la glace, et en même temps, je ne me reconnais plus.

Ce n'est pas moi.

Moi, c'est marcher, m'habiller, veste, pantalon, par dessus, foulard.

Sortir, humer l'air, nez au vent.

Regarder les hommes, regarder les femmes.

Aimer la beauté.

Lire le journal, m'intéresser.

Aller au cinéma, voir un film.

Penser, comparer, avoir une opinion.

Discuter.

Je ne me reconnais pas.

Moi, si rapide, au physique, au moral, tennis et esprit, je me traîne.

C'est trop bête, le corps devenu cette chose purement bête, à s'occuper, soigner, pénible, extérieure à moi, qui me persécute.

Ce ballet de gens autour de lui, et lui encombrant, une charge, pénible.

L'idée de l'hôpital, des perfusions, cloué au lit avec des perfusions, non, non.

Déjà la machine à oxygène, elle est utile, O. K., O. K., mais.

Mais quoi ?

Mais quel ennui.

Il ne faut pas exagérer, voilà, c'est tout.

Vivre entre la vie et la mort, non.

Est-ce qu'il s'est dit ça ? *who knows.*

Il n'a rien dit.

Sauf *dying is a full time job.*

Mais la décision est prise, elle s'est faite, elle s'est mise en route.

Il se concentre.

Concentre son esprit dans cette direction.

Toute son énergie, tout son esprit, vers : partir, s'en aller.

Ne pas être une charge, un paquet, un boulet, ne pas être encombrant.

Et d'abord : pour lui-même.

Le jeudi il téléphone à sa fille à 3 heures du matin, j'ai fait un rêve, les États-Unis viennent de déclarer leur indépendance.

Elle : tant mieux, comme ça on peut tout recommencer à zéro.

Plus tard dans la journée, elle se dit, Il se sépare, c'est un rêve de séparation.

Le soir sa petite fille va dormir chez lui.

Elle dort dans la pièce à côté, est réveillée au milieu de la nuit, il a mis de la musique très fort, Beethoven, elle va le voir, il est assis dans le lit, en train de battre la mesure, ils rigolent ensemble.

Le matin sa fille passe, il est en train d'écouter la radio, il tourne et met une station jazz que sa fille lui a fait connaître, *our radio*, « notre radio », sourire.

Dans l'après-midi, à quoi tu penses ?

Si tu veux parler de « ça »... je pense qu'il n'y a pas de communication entre les deux mondes.

Elle ne lui demande pas de préciser, elle hoche la tête.

La dame africaine dort chez lui le lendemain, nuit calme.

Quand sa fille et son gendre arrivent le dimanche matin à 9 heures pour prendre la relève, il dit qu'il veut aller à l'hôpital.

Avant de partir il enlève sa montre, il la laisse.

Ambulance, urgences.

En arrivant : je veux avoir chaud et dormir.

Après : je ne veux plus respirer.

Tous les marqueurs médicaux sont bons, une chambre dans le service qui le suit sera libre le lendemain matin, il doit rester aux urgences.

Lui : concentré, indifférent à la médecine, aux avis médicaux.

Devant lui : un but, dernière ligne droite.

Quand sa fille l'embrasse en lui disant au-revoir, il lui dit : *Why*, pourquoi.

Ne sourit pas, n'écoute pas, concentré.

Elle a pensé après, c'était un *Why* général.

Un *Why* humain.

Leslie KAPLAN

ENTRETIEN AVEC LESLIE KAPLAN

Mireille Hilsum – J'aimerais en préambule vous interroger sur l'articulation que vous ne faites que tardivement, me semble-t-il, entre les langues – celles de votre enfance – et le langage, sur lequel porte d'emblée votre réflexion. Le jeu du français et de l'anglais est une dimension toute récente de votre œuvre. Jusqu'aux Amants de Marie, l'anglais est rare : c'est la langue de la chanson et sa place est relativement congrue, même si cela chante beaucoup très vite dans vos romans.

Leslie Kaplan – J'étais une petite Américaine, vivant dans une famille américaine à Paris, mais scolarisée en français, à mon arrivée, j'avais 2 ans ½ et les deux langues en même temps. Ma langue maternelle est l'anglais, mais j'ai eu très jeune un environnement français. En ce sens je suis « bilingue ». Mais il y avait la langue de la maison et la langue du dehors. Je n'ai pas pensé, pas voulu ou souhaité partir à l'université aux États-Unis mais rester en France. Donc aller à l'université en France.

Je n'ai pas du tout fait d'études en anglais. J'ai toujours lu en anglais. Ma mère d'abord m'a lu en anglais. Ensuite j'ai lu en anglais. J'adorais ça. Mais je n'ai pas appris l'orthographe ou la grammaire comme le font les petits Américains ou les petits Anglais. Il y a déjà ça, ce contexte là.

Et certainement d'autres choses. C'est vrai que le retour de l'anglais par les chansons, ce n'est évidemment pas par hasard. C'est quand même un lien avec l'enfance. Dans mon premier livre, *L'Excès-l'usine*, il y a une chanson qui revient, *Those were the days. Those these the days* pour moi c'était Mary Hopkins, l'amie des Beatles, mais je l'ai entendue dans la version française, par Dalida. Il y avait aussi, mais cela je ne le pensais pas du tout en écrivant, le fait que cette chanson venait d'Europe centrale. Il y avait tout le contexte yddish sous-jacent. Je ne suis pas sûre si à l'origine c'était une chanson yiddish ou tzigane mais enfin c'est assez proche, par la rythmique... Ça n'est quand même pas par hasard. À part la signification directe de cette chanson qui est très nostalgique. Moi-même je l'ai pensé après, bien après.

L'anglais est lié à l'enfance. Dans mes pièces de théâtre et en particulier la dernière, *Déplace le ciel*, la présence de l'anglais fait partie du plaisir d'expérimenter et de jouer avec la langue, avec le langage, avec les mots. D'inventer – mais ce n'est pas tellement après tout une invention ! – les positions de supériorité ou pas par rapport à une langue ou une autre, ça c'est évidemment une des thèmes de la pièce, une critique de la position de supériorité soi-disant mais c'est vraiment aussi avec l'anglais que je peux très facilement jouer avec le langage. Mais en fait, il faut dire que le premier texte où il y a assez massivement de l'anglais est un texte des années 90, *Translating is sexy*…

M. H. – … Que vous citez précisément dans *Les Amants de Marie*…

L. K. – *Translating is sexy* est un texte bilingue. Je voulais essayer de voir si on pouvait écrire avec les deux langues ; en même temps il joue là-dessus, ce texte, c'est-à-dire que la traduction est parfois littéralement fausse ; ça ne colle pas, il y a des décalages ; c'est une façon de m'amuser avec la traduction.

Je lis souvent des romans en anglais, les classiques, Faulkner, ou les modernes, Philippe Roth, mais je lis aussi beaucoup de poésie ou je retourne à de la poésie, je reviens à des choses qui m'ont aussi aidée quand j'ai commencé à écrire, par exemple T. S. Eliot. Quand j'écrivais *L'Excès-l'usine*, je lisais Eliot, *The Waste land* et aussi *Sweeny Agonistes*, texte que j'aime énormément et qui est réapparu récemment dans ce que j'écris, j'y fais allusion dans *Déplace le ciel*.

M. H. – Dans *Les Amants de Marie*, l'anglais s'émancipe de la chanson : vous citez *Moby Dick* en anglais, avec toujours ce souci du lecteur qui se marque dans la traduction. Et vous évoquez pour la première fois ce lien à l'enfance, par le biais des comptines et du personnage de Mary. Votre réflexion sur la langue anglaise se charge d'histoire et de mémoire, elle ouvre sur la question du yddish, la langue perdue de la grand-mère. Il y a aussi dans ce roman un très beau passage sur les accents, qui esquisse une esthétique, une érotique et une politique. Marie rêve au cubisme des accents qui font « entendre les mots dans plusieurs dimensions à la fois, comme si on les voyait, ou presque, de plusieurs côtés en même temps » avant de se dire qu'« un accent c'est deux langues différentes qui se touchent, qui se pénètrent, qui se mettent en rapport en restant séparées[1]... »

L. K. – C'est certainement très autobiographique ; mon père parlait sans accent ; ma mère avait un accent. D'ailleurs moins un accent américain qu'un étrange accent qui semblait venir un petit peu d'Europe centrale, alors qu'elle était tout à fait américaine, même si ses parents à elle venaient de Pologne. J'ai dû aussi apprécier les accents. J'étais, je suis encore ! entourée de gens qui avaient des accents. J'ai toujours aimé les accents.

M. H. – Votre souci du langage – d'un langage désaliéné et désaliénant – me semble indépendant dans un premier temps de ce rapport à vos deux langues.

L. K. – Le souci du langage ? Il ne s'agit pas pour moi du souci de « bien écrire », d'écrire un français classique mais de chercher le mot juste, la façon juste de dire les choses, de nommer les choses, les sentiments, les situations. Ça a toujours été là. C'est là l'intérêt d'écrire. Pas simplement exprimer des choses qu'on a en soi mais trouver une façon de dire qui correspondait au réel ou à l'expérience et qui était entendable ou lisible, et partageable. Mais tout ça peut aussi se retourner dans un jeu, dans le plaisir. Jouer avec les mots, c'est aussi une façon d'expérimenter le langage, une façon de penser. Tout ça se recoupe.

M. H. – Votre réflexion sur le langage, votre refus de son instrumentalisation se nourrit de Flaubert comme d'Hannah Arendt.

L. K. – Cela tient sans doute à mon parcours. J'ai lu Marx, *Le Capital. De la contradiction* de Mao Tsé-toung. Althusser. Etc. J'ai beaucoup lu Hannah Arendt, j'ai découvert *Les Origines du totalitarisme*, livre qui m'a passionnée, dans les années 80. Tout ce qu'elle analyse sur la situation « pré-totalitaire », ce qu'elle appelle « la désolation », et ce qu'elle montre de la pure logique totalitaire. Ma réflexion sur « le cliché », « la civilisation du cliché », continue une réflexion sur « le discours » commencée avec *L'Excès-l'usine* et s'appuie aussi bien sur « l'idée reçue », dont Flaubert a fait un « dictionnaire », que

1 *Les Amants de Marie*, [2002], édition folio, p. 153-154.

sur Arendt, mais également bien entendu sur Freud, la psychanalyse. Voir tout ce que j'ai pu écrire sur « la catégorie, la case et le cas ».

M. H. – Et Victor Klemperer ?

L. K. – Oui ça a été vraiment très important ; toute son analyse de la Langue du Troisième Reich. Et aussi le livre de Charlotte Beradt, *Rêver sous le troisième Reich*. Là encore, c'est lié à mon expérience et à mon expérience de la psychanalyse. Parce qu'enfin tout de même l'inconscient a à voir avec le langage, et donc avec le politique, comme le rappelle le psychanalyste Heitor O'Dwyer de Macedo. On ne rêve pas de la même façon dans un régime totalitaire et dans une société « démocratique ». L'esprit est habité par définition par ce qui concerne tout le monde, qui concerne la vie collective, la vie en communauté ce n'est pas que des histoires de papa et maman ; les histoires de papa et maman sont prises dans la grande Histoire.

M. H. – Nous pourrions à présent suivre un fil plus chronologique et évoquer vos années de formation. Et peut-être commencer par Blanchot en 1970 ?

L. K. – En fait, ça ne s'est pas passé comme ça. Il y a une période où faisant de la politique et allant m'établir en usine, je n'ai pas du tout lu de littérature, alors que j'avais énormément lu pendant l'adolescence. Ensuite j'ai repris des études, de psychologie clinique, et j'ai commencé à penser, mais vraiment lentement, à écrire, et à me rendre compte que c'est ce que je voulais faire. J'ai d'abord écrit *L'Histoire de la fille qui traversait la ville en courant*, un livre qui devait être publié dans une petite maison d'édition et au dernier moment je n'ai pas voulu, je ne le trouvais pas assez bien. Ensuite écrire *L'Excès-l'usine* s'est imposé comme une nécessité. Blanchot, je ne l'ai découvert vraiment qu'ayant fini ou quasiment fini *L'Excès-l'usine* et je lui ai envoyé mon manuscrit. Je ne l'avais pas lu avant. *Le Livre des ciels*, et aussi *Le Pont de Brooklyn*, sont dédiés à Blanchot. Les années de formation, c'est un peu compliqué. En fait c'est un aller-retour. Il y a eu une sorte de coupure. Avant de me mettre à écrire *L'Excès-l'usine*, à part Marx, j'avais surtout lu Freud et Lacan.

M. H. – Et Robert Antelme ?

L. K. – J'ai lu Antelme à cause de Blanchot, ayant découvert dans *L'Entretien infini* le texte sur Antelme ; c'est par Blanchot que j'ai lu Antelme. Blanchot m'a fait lire et découvrir des quantités d'écrivains que je ne connaissais pas du tout[1].

Ce que je lisais en écrivant *L'Excès-l'usine*... ça va vous paraître bizarre, mais je m'étais remise à Shakespeare, je lisais beaucoup d'anglais. Et comme je l'ai dit, Eliot, *The Waste Land*, les textes inachevés. Je pense que c'était beaucoup pour le rythme. Le rythme de la langue qui a à voir avec quelque chose que je voulais trouver en français. C'est peut-être là aussi l'histoire des deux langues. C'est-à-dire essayer de rendre en français quelque chose qui pour moi est extrêmement important en anglais ; l'anglais étant une langue accentuée, et rythmée, j'ai voulu faire en sorte que ce soit comme ça en français.

Dans *Mon Amérique commence en Pologne*, je cite Lefebvre, *Critique de la vie quotidienne* mais je ne peux pas dire qu'en écrivant *L'Excès-l'usine*, je pensais le moins du monde à ça, à la théorie de l'aliénation etc. C'est de l'expérience que ça partait.

J'en profite pour parler de Perec, pour répondre à une autre de vos questions. J'avais lu *Les Choses*, ça correspondait complètement à ma vision de la société mais je ne l'ai pas pensé en le lisant parce que je crois que je pensais pas encore que j'allais écrire ou que je voulais écrire, je veux dire, de la fiction.

Mais il y a des traces qui se déposent puis ça réapparaît. J'ai encore cité tout à l'heure la petite et la grande histoire mais c'est comme une sorte de donnée, on n'y pense pas consciemment.

M. H. – Après la publication de *L'Excès-l'usine* en 1982, vous rencontrez Marguerite Duras.

L. K. – Je l'ai rencontrée au moment de la publication de *L'Excès-l'usine*. Paul Otchakovsky-Laurens lui avait fait lire le manuscrit. J'avais lu Marguerite Duras avant. Mais à ce moment là ce n'était pas une lecture à laquelle je pouvais m'identifier. Le fait de l'avoir rencontrée fut très important ; je me suis sentie très soutenue. J'avais déjà eu le soutien de

1 Voir « Maurice Blanchot », *Les Outils*, *op. cit.*, p. 82-91.

Blanchot qui a présenté le livre à Gallimard ; par la suite il m'a dit qu'il y avait quelqu'un – nous avons pensé, Paul Otchakovsky-Laurens et moi, qu'il s'agissait de Louis-René des Forêts – qui l'avait complètement soutenu. Mais avant même la réponse, Paul Otchakovsky-Laurens m'avait téléphoné.

Je ne le connaissais pas du tout. J'avais envoyé mon manuscrit à deux maisons d'édition qui dans la semaine m'ont répondu que c'était très intéressant mais « inédit ». Inédit. Il y avait le même mot. Cela pourrait sembler une raison valable de l'éditer mais non. Mon ami Robert Linhart, qui était enthousiaste, avait montré sans me le demander dix pages à Lindon que ça n'avait pas du tout intéressé. J'aurai préféré qu'il ne les lise pas, c'était seulement 10 pages ! ! ! Des amis m'ont parlé d'un jeune, responsable de collection chez Hachette, j'ai envoyé mon manuscrit par la poste. Il m'a répondu neuf mois après. Il était tout seul. Il m'a téléphoné. En mai 81. Ça s'est vraiment passé par la poste. Je ne le connaissais pas du tout. J'ai trouvé formidable qu'il prenne ce risque. Et après, bien sûr, quand il a fondé sa propre maison d'édition, je l'ai suivi. Je le raconte dans le texte « Les premières années P. O. L » qui est sur mon site.

M. H. – Je suis allée trop vite. Revenons sur votre engagement politique. Ça commence avec la guerre d'Algérie ?

L. K. – C'est ça. Ça commence avec la guerre d'Algérie. J'étais lycéenne. À Fénelon. Le putsch des généraux, la torture… et j'étais très amoureuse d'un garçon plus âgé qui lui était déjà l'École normale ; j'étais vraiment là-dedans, dans ce milieu là aussi. On allait aux manifestations… À la fin de la guerre d'Algérie, il y a eu le désarroi politique. Puis tout de suite la guerre du Vietnam, ce qui était pour moi très compliqué puisque mon père est parti à Saigon, avec les Américains, comme je l'ai raconté dans *Mon Amérique commence en Pologne.* Moi je me suis vraiment « marxisée », complètement.

Puis la rupture sino-soviétique, la « révolution culturelle », l'idée de l'établissement. L'engagement politique m'a toujours paru évident. Godard dit qu'il faut faire du cinéma politiquement et non du cinéma politique. Il m'a toujours paru évident que ce qui m'intéressait c'était de faire politiquement de la littérature et non pas de la littérature politique, didactique. La dimension politique fait partie du langage. À la fois dans le souci de maintenir un langage vivant – ce qui est quand même la moindre des choses par rapport à cet outil qui est commun – et aussi d'être très critique par rapport tout ce qui est asservissement, appauvrissement du langage. Et aussi dans la façon dont on raconte des histoires. Elles ne sont jamais neutres, il y a toujours un point de vue.

M. H. – 68 représente un moment de bascule ?

L. K. – Oui, à travers une expérience directe, j'ai tout de même eu la chance de participer au mouvement de l'intérieur d'une usine occupée. 68, c'est un renversement ; un bouleversement, mais ça n'a pas été « la Révolution ». Le moment tellement triste après, tout le monde l'a vécu. Mais pour arriver à comprendre ce que dit Blanchot : « la révolution n'a jamais lieu une fois pour toutes », il faut une certaine expérience de la vie. Ce n'était pas le cas de jeunes gens de vingt ans. Pour avoir cette certitude-là, et pouvoir le dire sans désespérer, il faut une certaine expérience.

M. H. – Cette certitude et cette expérience s'inscrivent dans votre œuvre à partir de *Miss Nobody Knows* (1996) ?

L. K. – Oui, j'ai quand même mis du temps à trouver comment parler de ça. J'ai commencé par *L'Excès-l'usine*, puis écrit des livres où on était maintenant, dans l'époque. Puis je me suis dit qu'il était nécessaire que je parle de ça. Mais comment ? Alors oui, le personnage de Miss Nobody Knows, cette jeune femme qui pose sans arrêt des questions, et la série « Depuis maintenant » qui commence là… Je suis contente d'avoir trouvé cette façon de parler de la grève. Montrer que c'était à la fois un renversement complet, la grève générale et l'occupation, et en même temps que ce renversement se passait sur des détails. Par exemple cette image : des gens assis dans une cour d'usine, en train de parler. Ce détail très petit, si on veut, fait voir le monde à l'envers, le fait voir tout à fait autrement, et ce détail, comme tout détail, est un réel, contient à la fois ce qui est et ce qui est possible. Très, très loin de tous les « discours » politiques.

M. H. – Vous avez fait, en 2002, des cafés parlés.

L. K. – Pendant la période où j'ai fait beaucoup de résidences d'écrivains, une quinzaine d'années, entre la fin des années 80 et le début des années 2000, un travail m'a été proposé dans le Val de Nièvre vers Amiens, qui était de suivre des cafés parlés autour d'une usine qui avait fermé. Les cafés parlés étaient animés par un collectif, « La Forge », qui faisait le lien avec des gens de la vallée sur un thème qui pouvait être « le premier emploi », « les femmes et les hommes », « la place de la religion ». Tout le monde parlait, moi je prenais des notes, ça se passait le mercredi ; je faisais une restitution qu'on tapait sous forme de tract qui était donné sur le marché le dimanche. Un petit livre a été fait avec des illustrations[1].

M. H. – En 2010, vous avez travaillé avec le Collectif des 39 contre la nuit sécuritaire.

L. K. – C'est un collectif de psychiatres qui s'est formé au moment où Nicolas Sarkozy a tenu des propos inadmissibles sur les soi-disant schizophrènes dangereux et en ayant une vision sécuritaire de la question de la folie. Un collectif s'est constitué et a essayé de mener des actions de formation et de mobilisation pour maintenir une psychiatrie fondée sur l'hospitalité, l'humanisme.

Je connaissais les personnes qui travaillaient à ça. Elles m'ont demandé plusieurs fois de participer à des colloques, d'écrire. J'ai écrit et on a signé collectivement un texte qui est paru dans *Libération*, j'ai mis des textes en ligne. C'était au moment où j'écrivais *Louise, elle est folle*, et je me suis sentie d'autant plus concernée. Cette question sur la folie, la normalité, le langage que je développais à ma façon, je la retrouvais concrètement. Tous ces textes sont sur le site. Le site a été créé pour des textes qui ne sont pas des textes de fiction, des textes courts, d'actualité, des essais et des textes de réflexion et de critique littéraire ou cinématographique éventuellement.

---

1 Quatre fascicules réunis sous le titre *Quelle vie*, comprenant pour les textes : *Les Chroniques* par Leslie Kaplan et *Les Histoires* par François Lefebvre et David Andrieux, pour les images : *Les Objets* par Marie Claude Quignon et *Les Photographies* par Éric Larrayadieu, et pour le son : empreinte sonore n° 1 par Luc Bernard et empreinte sonore n° 2, phonotopie. Molliens-au-bois, Édition La Forge, 2002, www.laforge.org. Voir la description du projet sur le site de Leslie Kaplan. Et *Les Outils*, P. O. L, 2003, p. 256-257.

La phrase de Kafka que je cite toujours : « Écrire, c'est sauter hors de la rangée des assassins », je l'ai toujours prise comme une phrase à la fois complètement littéraire et complètement politique. Kafka n'a pas été directement engagé. Mais c'est bien la preuve qu'une certaine façon d'écrire est, peut être, absolument politique même si elle raconte des histoires d'animaux, même si on ne fait pas une interprétation – ce serait une erreur complète – historico sociologique du *Château* ou du *Procès*. C'est une question de texte qui parle à l'imagination d'une certaine façon ; cette façon-là me paraît esthétique et politique.

M. H. – Reprenons le fil de l'œuvre. Vous avez participé à la naissance de *Trafic* dont le 1er numéro paraît en 1991.

L. K. – Serge Daney, la façon d'écrire et de penser de Serge Daney ont beaucoup compté pour moi dans les années 80. Même si je ne l'avais pas rencontré ; je le lisais ; vraiment. En fait j'ai commencé à le lire sérieusement au moment où lui écrivait dans *Libération*. Je retrouvais dans sa façon de parler du cinéma, dans ces questions sur le cinéma, des choses qui correspondaient à ce que je voulais faire en écrivant des romans et des récits. Dans « Style de Daney[1] », je montre comment lui, de façon extraordinaire, parle de ce que c'est le cinéma et de ce que n'est pas le cinéma, i.e. le mauvais cinéma ; moi ça m'a aidé sur ce que c'est qu'un personnage, ce que c'est qu'un récit etc.

C'est important mais le rapport que j'avais avec le cinéma est évidemment un rapport d'enfance. J'allais beaucoup au cinéma, sans doute cela fait partie de mon côté américain.

J'étais ensuite dans un milieu très cinéphile. Dans les années soixante : tout le monde était cinéphile. La Nouvelle Vague, Godard comptait beaucoup. Godard, parfois ça me rendait furieuse, *La Chinoise* par exemple, à l'époque j'ai refusé le miroir qu'il tendait aux maoïstes ! L'importance de Godard, je l'ai comprise vraiment dans l'après coup, j'ai compris à quel point c'était une esthétique porteuse d'une éthique de liberté, qui m'a marquée, qui m'a imprégnée. C'est vraiment important. Mais le cinéma je l'ai pris comme un réel : c'est-à-dire comme quelque chose sur lequel j'aurais voulu écrire et sur lequel j'écrivais. Pas du tout quelque chose que j'envisageais de faire.

1 « Style de Daney », publié dans *Trafic* n° 37 est repris dans *Les Outils*, *op. cit.*, p. 92-105.

Donc ce n'est pas la même chose que pour le théâtre. Le rapport avec le théâtre est arrivé assez vite, il y a tout de suite eu des adaptations de mes textes, Claude Régy a mis en scène *Le Criminel* (texte de 1985) au festival d'Automne en 1988. Puis j'ai écrit directement pour le théâtre. J'ai participé. Je le faisais, alors que le cinéma, c'est plutôt réflexif : une imprégnation puis une réflexion. Mais en ce moment j'ai moins le temps d'écrire pour le cinéma. « *L'Homme sans passé* d'Aki Kaurismäki », est le dernier texte que j'ai écrit, pour les vingt ans de *Trafic*, il y a deux ans.

M. H. – Peut-on parler d'une évolution dans vos articles ? Plus analytiques au début, plus poétiques ensuite ?

L. K. – Le texte sur Cassavetes[1] est une réflexion sur la mise en scène, le point de vue. Comment montrer et comment écrire le meurtre. Il s'agit bien dans ces articles de textes de réflexion, c'est vrai. Mais je ne crois pas qu'on puisse parler véritablement d'évolution vers des formes plus poétiques. Pour *L'Homme sans passé*, la forme poétique m'a paru évidente. Ça me paraissait correspondre au film.

M. H. – *Dans votre œuvre, le cinéma tient une place décisive à partir de la série* Depuis maintenant, *c'est-à-dire depuis 1996. Il apparaît d'emblée sous une forme très analytique, à l'intérieur même de la fiction. Vos personnages sont très souvent des spectateurs qui commentent les films qu'ils ont vus, puis il y a Max le chroniqueur des* Amants de Marie *dont nous lisons les articles. Les films cités et commentés sont des classiques : Charlot,* La Mort aux trousses *dans* Le Psychanalyste *(1999),* M. Le Maudit *et* Fury, *un autre film de Fritz Lang, Johnny* Guitare *dans* Les Amants de Marie *(2002) qui fait d'ailleurs exception puisque l'un de vos personnages, Dhalia, va voir également* 2001 l'Odyssée de l'espace *sorti en 2001.* Stromboli *dans* Fever *(2004)…*

L. K. – Déjà dans *L'Épreuve du passeur*, à l'Atelier, sorte de centre culturel, on projette des films, *Gloria*, et *Le Voleur de bicyclette…* Et dans *Le Silence du diable* je cite une scène de *Païsa*.

M. H. – Vos personnages vont souvent voir des classiques, parce que ce sont des adolescents ?

1 « L'amour est rond. *Minnie and Moskowitz* (1971) de John Cassavetes », *Trafic*, n° 54, juin 2005, p. 38-39.

L. K. – Je parle de Cassavetes dans *L'Épreuve du passeur*. Je veux que tout le monde puisse avoir vu les films dont je parle. Les classiques supposent un savoir commun. Minimal. Et les questions posées par les films redoublent celles posées par les œuvres.

Et surtout, je pense que le cinéma a donné, comme l'a dit Serge Daney, des « outils », le montage, le gros plan, le plan séquence, qui sont transposables dans l'écriture[1].

M. H. – Le cinéma est-il pour vous un embrayeur de fiction ? Inventer une chronique sur *M le Maudit* dans *Les Amants de Marie* vous mène à l'invention du personnage de M le Malade ? S'agit-il d'une forme d'improvisation même si vous récusez le terme ?

L. K. – Improvisation en ce sens qu'à un moment donné l'important c'est d'écrire, alors ce qu'on se trouve lire, regarder, ce qu'on veut partager, citer, ça entre dans le texte qu'on est en train de faire.

Le cinéma joue aussi ce rôle d'« inducteur de fictions » dans *Déplace le ciel*, où il est beaucoup question de westerns… et une scène – la scène « Raconte moi des histoires » – est vraiment issue de *Johnny Guitare* de Nicolas Ray.

M. H. – Et le théâtre ?

L. K. – Le théâtre : il faut distinguer les adaptations de mes textes, et l'écriture pour le théâtre. J'ai parlé de la rencontre avec Claude Régy qui a été très importante pour moi, à la fois en elle-même et parce que c'est par Claude Régy que j'ai rencontré Marcial Di Fonso Bo, Frédérique Loliée, Élise Vigier, Pierre Maillet.

Le théâtre m'a toujours intéressée, même si je n'avais pas une grande culture de théâtre. J'ai beaucoup lu *Les Écrits sur le théâtre* de Brecht qui m'ont fascinée. Notamment pour cette phrase que je cite souvent : « L'important, c'est le déroulement et non le dénouement ». C'est quelque chose que j'ai intégré totalement. Brecht met l'accent

1 Dans la note qui accompagne la reprise, dans *Les Outils* (*op. cit.*, p. 153), d'un texte sur *Paris nous appartient* de Jacques Rivette, Leslie Kaplan précise le sens de son rapport au cinéma : « […] je cherche à la fois une rencontre avec le monde réel, et un art poétique qui, à l'exemple du travail du rêve, me donne des éléments condensés, déplacés et figurés qui interprètent ma vie. »

sur le fait de suivre une scène après l'autre, d'être présent à chaque scène l'une après l'autre, de la considérer en elle-même, pour que dans sa complexité elle provoque un questionnement au lieu d'emmener le spectateur vers une fin, une résolution finale. Pas de conclusion. Ne pas laisser le spectateur avec un point final. Comme dit un des personnages de *Toute ma vie j'ai été une femme* : « je nomme / sans fermer / sans tuer/ j'essaye ».

Mais il faut dire que je me suis mise à écrire vraiment pour le théâtre grâce à Frédérique Loliée et Élise Vigier, metteuses en scène et comédiennes, qui m'ont demandé des textes. Ce travail avec elles m'a énormément appris, pas seulement sur le théâtre, mais aussi sur le langage, les mots, l'écriture.

M. H. – La distinction entre roman et théâtre voire entre prose et poésie n'a-t-elle pas perdu pour vous toute pertinence ? Vous avez créé votre site en 2012 – lesliekaplan.net – pour y publier, dites-vous, des textes de réflexion non fictionnels. Cette distinction est-elle importante ?

L. K. – Je ne tiens pas à la distinction des genres, dans mes livres il y a la présence de « genres » différents, ce qui crée des ruptures, des changements, empêche le déroulement linéaire. J'ai toujours mis dans mes livres des chansons, des poèmes, des critiques de cinéma, des histoires drôles, des connaissances. Ce qui différencie une « fiction » d'un « essai », c'est que dans une fiction l'énonciation est située, ce qui est dit est porté par un personnage ou un autre ou le narrateur, même si dans un essai l'auteur peut aussi s'impliquer explicitement. Fiction et essai sont deux façons différentes de travailler la pensée.

Je ne pense pas que la distinction entre roman (ou récit) et théâtre n'ait aucun sens. Quand un texte va être dit, interprété sur une scène, on se pose d'autres questions. Mais ce qui change pour moi, c'est le rapport à l'écriture, puisque je ne mets pas en scène mes textes.

M. H. – Beckett dramaturge me semble aussi de plus en plus audible dans votre théâtre. Beckett est bilingue, comme vous. Le rapport à la langue joue-t-il un rôle dans cette « évolution » ? Peut-on parler d'un Beckett non pas réécrit au noir mais rendu à la joie ? Vos œuvres ne cessent d'infirmer le « ils ne bougent pas » de la fin de *Godot* ?

L. K. – Je relis souvent Beckett, son théâtre, ce qui m'impressionne toujours c'est sa liberté. Et le rôle du silence. Et aussi comment il travaille la multiplicité des sens, la condensation, ce qui produit du comique extraordinaire...

M. H. – Peut-on plus généralement retracer une histoire de votre travail ? des périodes ? De ce que vous ressentez comme une trilogie (*L'Excès-l'usine,* 1982 *; Le Livre des ciels*, 1983 *; Le Criminel,* 1985) à la série (inachevée ?) des *Depuis maintenant* ?

L. K. – Disons qu'il y a cette « trilogie », *L'Excès-l'usine*, *Le livre des ciels*, *Le Criminel*, qui a permis ce que j'ai appelé pour moi-même « l'arrivée du temps », ensuite des romans écrits au présent, *Le Pont de Brooklyn*, *L'Épreuve du passeur*, *Le Silence du diable*, *Les Mines de sel*... Et puis avec la série *Depuis maintenant* des romans écrits au passé mais visant d'autant plus le présent... Je ne peux pas dire que j'ai arrêté la série *Depuis maintenant*, même si *Millefeuille* est en dehors de la série, et ce que j'écris en ce moment (*Mathias et la Révolution*) aussi. Nous verrons...

M. H. – Pourquoi *Millefeuille* est-il en dehors de la série ?

L. K. – J'ai écrit *Millefeuille* après la mort de mon père, et ça ne me semblait pas approprié que le livre soit dans la série...

M. H. – Vous écrivez en ce moment *Mathias et la Révolution*. Pouvez-vous nous le présenter ?

L. K. – De quoi s'agit-il dans *Mathias et la Révolution* ? Il s'agit du désir de révolution, de changement, de mouvement, il s'agit du désir de sortir de la répétition, du ressassement. Il s'agit du collectif, il s'agit du désir. Un jeune homme, Mathias, traverse la ville, Paris, il a un rendez-vous important avec une jeune femme, et il pense sans arrêt à la Révolution, à la Révolution française. Il rencontre beaucoup de monde, il en parle à tout le monde, et tout le monde, aussi, en parle et y pense. C'est une donnée. Une journée pré-révolutionnaire, en quelque sorte. Il y a des rumeurs d'émeute.

Ce que j'écris est un récit, un roman. Mais avant sa sortie en livre, prévue pour janvier 2016, *Mathias et la Révolution* sera adapté au théâtre par Frédérique Loliée et Élise Vigier, et joué comme spectacle de sortie d'école par des jeunes comédiens de l'École de la Comédie du Nord en juin 2015. Et je garde cela en tête en écrivant, il y a beaucoup de dialogues.

M. H. – Peut-on parler d'une lente remontée vers une forme d'autobiographie, comme celle que Claude Burgelin analyse chez Perec qui passe des *Choses*, le roman dont "l'action" est contemporaine de l'écriture, à *W ou Le Souvenir d'enfance* et peut-être plus encore à cette autobiographie possible que constitue *Ellis Island.* Peut-on discerner un même « trajet » de *L'Excès-l'usine* aux *Amants de Marie* et à *Mon Amérique commence en Pologne ?*

L. K. – Plutôt des allers-retours. L'autobiographique est toujours là, mais il me semble à la façon dont Rilke parle de l'angoisse : Rilke dit qu'il faut « faire des choses avec l'angoisse ». Je pense qu'on peut dire qu'il faut « faire des choses » avec l'autobiographique.

M. H. – Une histoire donc, mais votre œuvre témoigne aussi de préoccupations constantes. La question de crime, du mal, pensé à travers *Kafka* dans ses rapports avec la création (création artistique ou création de soi) dont l'envers serait la répétition. Le crime exclut tout intérêt pour la forme de l'enquête, tout jeu avec le roman policier. Parce que l'enquête est une forme, à vos yeux, trop positiviste, censée aboutir à la découverte (une fois pour toutes) d'une vérité et d'une seule ?

L. K. – Le naturalisme d'une part, et la confession et l'introspection d'autre part, sont liés, ce sont deux aspects d'une même conception de la littérature, où il n'est pas tenu compte de l'inconscient, et où se déploie une sorte de toute puissance déprimée qui fait comme si on pouvait se passer de l'Autre pour (se) penser[1].

M. H. – Autre constante : l'urbain. Paris très vite et très majoritairement. La banlieue. Le RER.

L. K. – La ville est dans mes livres sans doute parce que j'ai toujours vécu dans des villes. Mais la ville est aussi par excellence le lieu de la rencontre et du possible, la ville m'intéresse d'abord pour ça : il me

1 Voir par exemple dans *Les Outils*, *op. cit.* « Littérature et psychanalyse », p. 31-37.

semble que tout peut arriver, toujours, dans une ville, et peut-être bien sûr surtout dans une grande ville. Paris, New York… Ce sont aussi des lieux où comme je l'ai écrit pour New York, tout le monde a un accent[1]. Lieux d'arrivées, de départs, de passage, de mélange. La banlieue est à l'opposé un lieu de pesanteur.

M. H. – Votre travail donne le sentiment d'une très grande confiance dans la littérature comme dans les lecteurs. Votre œuvre ne délivre pas de discours mais bien un point de vue sur le monde, sur le mal, sur le crime. Vous l'avez dit, tous les articles du présent volume le montrent, sous des angles différents. Le dernier chapitre du *Psychanalyste*, à bien des égards un livre charnière, met en abyme et explicite les enjeux du roman, ne peut-on le lire comme un chapitre paradoxalement conclusif ? qui donne sinon une leçon, une injonction, de *Nouvelles Nourritures terrestres* attachées elles aussi à dénoncer tout ce qui entrave le sujet dans l'exercice de sa liberté ?

L. K. – Moins une injonction qu'une incitation mais j'ai peu de rapport avec Gide, malgré ce qu'on a pu supposer pour *Fever* et *Les Caves du Vatican*… pour moi le meurtre (apparemment) « gratuit », c'était *La Corde*, *The rope*, de Hitchcock…

M. H. – Vous définiriez-vous, pour finir, comme un écrivain politique ? En quel sens ?

L. K. – J'essaye de penser un monde qui bien sûr me dépasse et de lui répondre. Pour revenir à la formulation de Godard que j'ai citée qu'est-ce que c'est, faire « politiquement » des livres ? Il me semble que l'exigence politique et l'exigence poétique vont ensemble. Il s'agit toujours de trouver un point de vue qui permette ou suscite l'étonnement, la surprise, la possibilité de rencontrer l'inconnu, de faire des découvertes, de quitter le ressassement et la répétition mortifères. Qu'il y ait quelque chose qui émerge pour le lecteur. Et qu'il y ait la possibilité de penser. La distance pour ça. Essayer de saisir en quoi les choses ordinaires, banales sont étranges. D'éveiller. D'être présent au monde et de le rendre présent. De trouver une position contemplative active. Le désir de liberté

1 Voir « New York, New York », sur lequel se termine *Les Outils*, *op. cit.*, p. 323.

et d'égalité ne s'arrête pas quand on se met à écrire, au contraire. Est-ce qu'en écrivant on s'adresse à un autre, même si on ne le connaît pas, et de quelle façon ? À quelle place on le met ? Qu'est-ce qu'on lui demande ? Comment on lui parle ? Etc. Je n'ai pas envie d'un lecteur captif, ni de l'assommer ni de le gaver, ni de le conforter dans ce qu'il sait ou croit savoir, je cherche plutôt des formes où le lecteur a de la place pour penser, se poser des questions, des formes qui mettent l'accent sur l'ouvert, le suspens, la tension des contradictions, parce que c'est ce qui me paraît le plus intéressant, et d'abord pour moi, pour rendre compte du réel, pour rebondir, pour avancer. Le réel, l'impossible réel – impossible à épuiser – réunit toujours tous les contraires...

Juin 2014

RÉFÉRENCES ET ÉLÉMENTS BIOGRAPHIQUES

1943	Née en 1943 à Brooklyn de parents juifs américains de la deuxième génération, issus tous deux de parents immigrés de Pologne aux États-Unis au tournant du siècle dernier.
1945	À la Libération, le père qui s'est engagé du côté américain décide de rester en France. Attaché culturel à l'ambassade américaine pendant douze ans. Sa femme l'a rejoint à Paris avec leur fille en 1946. Deux frères naîtront à Paris.
	La famille habite boulevard du Montparnasse. Un été sur deux aux États-Unis.
1950	Études primaires et secondaires à l'École alsacienne, rue d'Assas.
1959-1960	Terminale au lycée Fénelon, le père est en poste en Allemagne.
1960-1962	Hypokhâgne et khâgne au lycée Fénelon.
1962-1966	Études de philosophie, d'histoire à la Sorbonne, ensuite d'économie politique à la faculté d'Assas.
1964	Passe l'été à Alger dans le cadre de la coopération entre étudiants français et futurs instituteurs algériens.
	Militantisme politique, contre la guerre d'Algérie, ensuite contre la guerre du Vietnam. Fait partie du mouvement des étudiants marxistes-léninistes.
1966	Entre à l'École Normale de Cachan.
	Part s'établir en usine en janvier 1968, d'abord dans la région parisienne, ensuite à Lyon.

Participe aux événements de Mai 68 dans une usine occupée à Lyon.

Revient à Paris après l'été, continue à travailler dans des usines de la région parisienne.

1972 Reprend des études (de psychologie clinique) et travaille dans une institution pour jeunes en grande souffrance psychique.

Termine *L'Excès-l'usine* en décembre 1979, l'envoie à différents éditeurs ainsi qu'à Maurice Blanchot.

Paul Otchakovsky-Laurens qui dirige une collection chez Hachette publie *L'Excès-l'usine* en janvier 1982.

Entretien avec Marguerite Duras pour la sortie du livre.

Suit Paul Otchakovsky-Laurens qui fonde la maison d'édition P. O. L en 1983.

Rencontre Claude Régy en 1985, il mettra en scène *Le Criminel* en 1988.

Pendant la deuxième partie des années 80, les années 90, et le début des années 2000, nombreuses résidences d'écrivain et ateliers d'écriture dans la région parisienne, à Aubervilliers, Les Mureaux, le Val Fourré, Saint-Denis, Les Ulis, Les Lilas…

1990 Met en relation Serge Daney et Paul Otchakovsky-Laurens, P. O. L publiera la revue *Trafic* fondée par Daney en 1991.

Rencontre Marcial Di Fonso Bo, Pierre Maillet, Élise Vigier, Frédérique Loliée en 1994, élèves de l'école du Théâtre National de Bretagne, qui mettront en scène *L'Excès-l'usine* à la Centrale de Rennes.

2007 À la demande d'Élise Vigier et de Frédérique Loliée, et parallèlement aux romans, se met à écrire pour le théâtre.

2012 Création du site internet lesliekaplan.net pour la publication de textes de réflexion non fictionnels.

BIBLIOGRAPHIE

ŒUVRES DE LESLIE KAPLAN

ŒUVRES

L'Excès-l'usine, Hachette, 1982.
Le Livre des ciels, P. O. L, 1983.
Le Criminel, P. O. L, 1985.
Le Pont de Brooklyn, P. O. L, 1987 (Gallimard, Folio, 1991).
L'Excès-l'usine, suivi de « Usine », entretien de Marguerite Duras et Leslie Kaplan, P. O. L, 1987.
L'Épreuve du passeur, P. O. L, 1988.
Le Silence du diable, P. O. L, 1989.
Les Mines de sel, P. O. L, 1993.
Depuis maintenant, « Miss Nobody Knows », P. O. L, 1996.
Les Prostituées philosophes, « Depuis maintenant 2 », P. O. L, 1997.
Le Psychanalyste, « Depuis maintenant 3 », P. O. L, 1999 (Gallimard, Folio, 2001).
Les Amants de Marie, « Depuis maintenant 4 », P. O. L, 2002 (Gallimard, Folio, 2004).
Quelle vie, La Forge, 2002. Quatrième de couverture reprise dans *Les Outils*, sous le titre « Quelle vie : écrire dans le Val de Nièvre. Les cafés parlés », P. O. L, 2003, p. 256-257.
Les Outils, P. O. L, 2003.
Fever, « Depuis maintenant 5 », P. O. L, 2004 (Gallimard, Folio, 2007).
L'enfer est vert, Inventaire/invention, 2006.
Toute ma vie j'ai été une femme, P. O. L, 2008.
Mon Amérique commence en Pologne, « Depuis maintenant 6 », P. O. L, 2009.
Louise, elle est folle, suivi de *Renversement : contre une civilisation du cliché, la ligne Copi-Buñuel-Beckett*, P. O. L, 2011.
Millefeuille, P. O. L, 2012, (Gallimard, Folio, 2014).
Déplace le ciel, P. O. L, 2013.
Mathias et la Révolution, P. O. L, 2016.

COLLECTIFS

Sur le lac, pièce en un acte, *L'Arc lémanique* : vingt-et-un récits sur le lieu, réunis par Beppe SEBASTE et Jacques BERTHET, Lausanne ; Paris, Favre, 1989.

« En Roumanie », *Le Voyage à l'Est, récits*, Balland-Maison des écrivains, 1990.

« Miss Nobody Knows », *Poésie en France depuis 1960, 29 femmes : une anthologie*, par Lilian GIRAUDON et Henri DELUY, Stock, 1994.

« *Somebody* killed *something* », *Le cinéma des écrivains*, Cahiers du cinéma/Éditions de l'Étoile, 1995. Repris avec une note de l'auteur dans *Les Outils*, P. O. L, 2003, p. 142-153.

« Écrivains dans la cité », *Maison des écrivains/DRAC Île de France*, 1996.

« Penser la mort », *Robert Antelme, Textes inédits ; sur* L'Espèce humaine, Gallimard, « Essais et témoignages »,1996. Repris dans *Les Outils*, P. O. L, 2003, p. 72-81.

« La virgule comme mouvement de pensée », entretien avec Rolande CAUSSE, *La Langue française fait signe(s) : lettres, accents, ponctuation*, « Points », « Point virgule », Seuil, 1998 p. 175-179.

« Du lien social – une forme particulière de pensée », *La Langue à l'œuvre. Le temps des écrivains à l'Université*, La Maison des écrivains/Les Presses du réel, 2000.

« Mai 68 », *Écrire Mai 68*, Argol, 2008.

« Carte blanche à Leslie Kaplan », *Traduire Eros, 26e Assises de la traduction littéraire*, Actes Sud, 2009.

« Les femmes », texte non signé à l'époque, datant de l'été 1970 et publié dans *Le Torchon brûle L'Idiot liberté*, republié dans *Mouvement de Libération des femmes : Textes premiers*, choisis et présentés par Cathy BERNHEIM, Liliane KANDEL, Françoise PICQ, Nadja RINGART, Stock, 2009.

« Le roman, un miroir social », *Roman et réalité*, Le Monde/Villa Gillet, Christian Bourgois, « Titre », n° 64, 2007.

« Le Mot mot », *Lexique nomade*, Le Monde/Villa Gillet, Christian Bourgois, « Titres », n° 78, Assises du roman 2008.

« Portrait d'une génération ? », *Le Roman : hors frontières*, Le Monde/Villa Gillet, Christian Bourgois, « Titres », n° 102, 2009.

« Une journée à la bibliothèque Sainte-Barbe », *Tours et détours en bibliothèque : carnet de voyage*, préface de Catherine JACKSON, avec Jane SAUTIÈRE, Henri RACZYMOX et al., Villeurbanne, Presses de l'Enssib, 2012.

PRÉFACE

« L'expérience du meurtre », préface aux *Notes du sous-sol* de Dostoïevski, P. O. L, « La collection », repris dans *Topique*, n° 55, 1994 et *Les Outils*, P. O. L, 2003, p. 43-61.

CONFÉRENCES, ENTRETIENS, TABLES RONDES

« Usine », entretien avec Marguerite Duras, janvier 1982, *Banana Split*, n° 8, décembre 1982 ; repris dans *L'Autre Journal*, n° 5, mai 1985, dans *L'Excès-l'usine*, P. O. L, 1987 et dans *Les Outils*, P. O. L, 2003, p. 211-224.

« À propos de *L'Excès-l'usine* », entretien avec Jean-Marie LE SIDANER, *Mot pour mot/Apostrophes*, 1982.

« Kafka », texte lu à la Bibliothèque de Bobigny, janvier 1997 ; repris dans *Les Outils*, P. O. L, 2003, p. 62-71.

« Une forme particulière de pensée… À propos des ateliers d'écriture », texte lu pour le Salon du livre de la jeunesse de Montreuil, décembre 1998, *La Langue à l'œuvre*, La Maison des écrivains, Les Presses du réel ; repris dans *Les Outils*, P. O. L, 2003, p. 249-252.

« Du lien social », lu pendant le colloque de Biarritz « Écritoires », avril 1999, *La Langue à l'œuvre*, La Maison des écrivains, Les Presses du réel ; repris dans *Les Outils*, P. O. L, 2003, p. 243-248.

« Les destins d'Emma », conférence pour le collège d'histoire de l'art cinématographique, publié dans *La Différence des sexes est-elle visible ?*, Cinémathèque française, 2000 ; repris dans *Les Outils*, P. O. L, 2003, p. 170-189.

« Art et citoyenneté », texte lu pendant la Journée d'études du Carrefour des écritures, 15 décembre 2001, *La Quinzaine littéraire*, n° 829, 13 avril 2002 ; repris dans *Les Outils*, sous-titré « Écriture, littérature et enseignement », P. O. L, 2003, p. 265-269.

« Le détail, le saut et le lien », conférence à la BNF, été 2006.

« Le lien social », Laboratoire de sciences sociales (EB-NS/EHESS), 10-12 janvier 2001.

« Le Monde ouvert de Leslie Kaplan », entretien avec Johanne JARRY, *Nuit blanche*, n° 83, été 2001, p. 44-46 [en ligne] http://id.erudit.org/iderudit/20743ac

« Maurice Blanchot », texte lu au colloque Maurice Blanchot au Centre Georges-Pompidou, 11 avril 2002 ; repris dans *Les Outils*, P. O. L, 2003, p. 82-91.

« Correspondance Leslie Kaplan-Dominique Viart, "nous avions parlé…" », *Écritures blanches*, D. RABATÉ et D. VIART dir., Publications de l'Université de

Saint Étienne, « Travaux-Centre interdisciplinaire d'études et de recherches sur l'expression contemporaine. Lire au présent », 2009, p. 169-174.

« Ironie et création littéraire : Christian Prigent, Esther Tellermann, Leslie Kaplan », *La littérature : enjeux contemporains III*, D. VIART dir., La Maison des écrivains et la littérature, 31 janvier et 1er février 2009.

« Dieu n'est pas marié », intervention pour le XIIe Rencontres de la C. R. I. E. E., Reims, juin 2010.

« *The importance of jumping* », *a conversation between Leslie Kaplan and Andreas Vermehren Holm*, Paris, 18 /03/2011, publié en suédois dans *Ord & Bild* n° 3, en danois dans *Trappe Tusind* n° 6.

« L'écrit-l'usine : de l'expérience à la fiction, entretien avec Stéphane Bikialo », 7 février 2012, *Dire le travail. Fiction et témoignage depuis 1980, La Licorne* n° 103, Stéphane BIKIALO et Jean-Paul ENGÉLIBERT dir., Presses Universitaires de Rennes, 2013, p. 39-54.

« Écrire déplace le ciel ». Conférence en anglais à la *New School for social research* de New York, 5 novembre 2013.

« Leslie Kaplan/*La République du bonheur* (Martin Crimp) », entretien avec Chistine KIEHL, 10 juin 2014, http://www.radac.fr/crimpkaplan.html

ENTRETIENS RADIOPHONIQUES

Les Amants de Marie, entretien avec Alain VEINSTEIN, *Du jour au lendemain*, France Culture, 9 septembre 2002 ; retranscrit et publié dans *Les Outils*, P. O. L, 2003, p. 277-295.

Fever, entretien avec Kathleen EVIN, *Humeur vagabonde*, France Inter, 31 janvier 2005.

Toute ma vie j'ai été une femme, entretien avec Alain VEINSTEIN, *Du jour au lendemain*, France Culture, 29 mai 2008.

Mon Amérique commence en Pologne, entretien avec Kathleen EVIN, *Humeur vagabonde*, France Inter, 31 mars 2009.

Mon Amérique commence en Pologne, entretien avec Alain VEINSTEIN, *Du jour au lendemain*, France Culture, 19 septembre 2009.

Millefeuille, entretien avec Kathleen EVIN, *Humeur vagabonde*, France Inter, 6 septembre 2012.

Millefeuille, entretien avec Alain VEINSTEIN, *Du jour au lendemain*, France Culture, 19 septembre 2012.

Déplace le ciel, entretien avec Kathleen EVIN, *Humeur vagabonde*, France Inter, 20 novembre 2013.

Déplace le ciel, entretien avec Alain VEINSTEIN, *Du jour au lendemain*, France Culture, 8 mars 2014.

ARTICLES ET TEXTES DIVERS

« Règne », *Banana Split*, n° 6, avril 1982, p. 67-72. Repris dans *Théâtre public*, n° 84, novembre-décembre 1988 et avec une note de l'auteur dans *Les Outils*, P. O. L, 2003, p. 230-236.
« Le corridor », *Land*, n° 7, 1983.
« Du naturalisme », publié sans le titre dans *La Quinzaine littéraire*, « Où en est la littérature ? », numéro spécial du 15 mai 1989 ; repris dans *Les Outils*, P. O. L, 2003, p. 225-229.
« *Children, Children* : depuis longtemps déjà nous ne naissons plus de pères vivants », *Trafic 1*, janvier 1992, p. 45-51 ; repris dans *Les Outils*, P. O. L, 2003, p. 129-141.
« Ce ne sont pas des souvenirs. Plutôt un mouvement inverse… », *Trafic* 7, septembre 1993, p. 95-98.
« Cassavetes, Dostoïevski et le meurtre », *Cahiers du cinéma*, n° 451, janvier 1992, repris dans *Les Outils*, P. O. L, 2003, p. 117-128.
« Translating is sexy » *Action poétique*, n° 133-134, hiver 1993-1994 ; mis en scène au TGP par le Théâtre des Lucioles en 1997 pendant le « Cabaret Saint-Denis » ; Repris dans *Les Outils*, P. O. L, 2003, p. 106-114 ; http://remue.net/cont/kaplan06Translating.html.
« *Haut, bas fragile*, la danse continue » publié dans *Cahiers du cinéma* n° 493, juillet 1995, repris dans *Les Outils*, P. O. L, 2003, p. 154-157.
« Une liberté inouïe », *Lignes*, n° 27, 1996, p. 105-109. Repris dans *Les Outils*, P. O. L, 2003, p. 258-264.
« Raconte-moi des histoires », *Trafic 17*, mars 1996, n° 17, p. 88-90.
« Questions-questions », publié par le TGP et la Bibliothèque municipale de Saint-Denis pour la saison 1996-1997 ; *La Langue à l'œuvre*, La Maison des écrivains, Les Presses du réel ; repris dans *Les Outils*, accompagné d'une note de l'auteur, P. O. L, 2003, p. 253-255.
« *Depuis maintenant* au théâtre », programme du TGP pour la saison 1996-1997 ; repris dans *Les Outils*, P. O. L, 2003, p. 303-307.
« Jouer : Marcial Di Fonzo Bo », *Action Théâtre*, n° 5, printemps 1997 ; repris dans *Les Outils*, P. O. L, 2003, p. 308-311.
« La virgule comme mouvement de pensée », entretien avec Rolande CAUSSE, *La Langue française fait signe(s) : lettres, accents, ponctuation*, « Points », « Point virgule », Seuil, 1998, p. 165-179.
« Histoire, histoires », *Les Cahiers de la Villa Gillet*, n° 6, Circé, mars 1998.
« Apprentissages », *Villa Gillet*, 1998, p. 83-84. Repris dans *Les Outils*, P. O. L, 2003, p. 237-239.
« Mai 68 et après », *Cahiers du cinéma*, numéro spécial, mai 1998 ; repris dans *Les Outils*, P. O. L, 2003, p. 296-302.

« À quoi je pense », *À quoi pensez-vous ?*, numéro spécial de *Libération*, 31 décembre 1999 ; repris dans *Les Outils*, P. O. L, 2003, p. 38-40.

« Les mots, le monde, les jours », *Libération*, Journal de la semaine, 23 janvier 2000 ; repris dans *Les Outils*, P. O. L, 2003, p. 315-321.

« La phrase la plus politique pour moi en tant qu'écrivain », *Les Ambassades*, publication du CRL de la région Centre à l'occasion du colloque de Tours les 3 et 4 mars 2000 ; repris dans *Les Outils*, P. O. L, 2003, p. 26-37.

« *Words, words, words* », *L'inactuel n° 3*, automne 2000, p. 81-87. repris dans *Les Outils*, P. O. L, 2003, p. 158-169.

« C'est toujours la première fois », *Libération*, Cahier du Festival de Cannes, 16-26 mai 2002 ; repris dans *Les Outils*, P. O. L, 2003, p. 190-208.

« La littérature et l'inhumain », *Libération*, « Rebonds », 7 septembre 2000 ; repris sous le titre « À quoi sert la littérature ? » dans *Les Outils*, P. O. L, 2003, p. 15-20.

« Qui a peur de la fiction ? », *Libération*, « Rebonds », 13 février 2001 ; repris dans *Les Outils*, P. O. L, 2003, p. 21-30.

« Style de Daney », *Trafic 37*, mars 2001, p. 210-216. Repris dans *Les Outils*, P. O. L, 2003, p. 92-105.

« Hauts très hauts, bas très bas », *Libération*, « Lettres de New York », numéro spécial, décembre 2001 ; repris sous le titre « New York, New York » dans *Les Outils*, P. O. L, 2003, p. 322-333.

« Le secret du cinéma pourrait être dans *Paisà* », *Trafic 50*, mai 2004, p. 460-466.

« Devant Yves », *Trafic 53*, mars 2005, p. 60-62.

« L'amour est rond. *Minnie and Moskowitz* (1971) de John Cassavetes », *Trafic 54*, juin 2005, p. 38-39.

« Les grandes jambes de la démocratie. Young Mr. Lincoln », *Trafic 56*, décembre 2005, p. 85-90.

« La mort de Monsieur Lazarescu », Avec Naruna KAPLAN DA MACEDO, *Trafic 60*, décembre 2006, p. 71-74.

« *Hitler's Madman today* » *Trafic 61*, mars 2007, p. 113-114.

« Une éthique de l'écriture », *Maurice Blanchot, Europe*, 85e année, n° 940-941, août-septembre 2007, p. 180-191.

« Ce ne peut être que la fin du monde, en avançant », *Trafic 64*, décembre 2007, p. 12-14.

« Le refus du cas », *Les écrivains et la psychanalyse*, *Le Magazine littéraire*, n° 473, mars 2008.

« Marcello », *Trafic 65*, mars 2008, p. 115-119.

« Écriture et folie », texte écrit pour soutenir l'action du Collectif des 39 Contre La Nuit Sécuritaire, journée à Villejuif, 25 septembre 2010.

« Les premières années P. O. L », *The Review of Contemporary Fiction*, n° spécial consacré aux éditions P. O. L, automne 2010.

« Le parti pris du désir », *Bernard Noël, Europe*, 89e année, n° 981-982, janvier-février 2011.
« Usine », *Écrire le travail*, dossier n° 25 des librairies « Initiales », mars 2011.
« La folie concerne tout le monde », *Libération*, 14 mars 2011.
« The importance of jumping », a conversation between Leslie Kaplan and Andreas Vermehren Holm, Paris, 18 /03/2011, publié en suédois dans *Ord & Bild* n° 3, en danois dans *Trappe Tusind* n° 6.
« Comment commencer. *L'Homme sans passé* d'Aki Kaurismäki », [repris sur Lesliekaplan.net], *Vingt ans, vingt films, Trafic 80*, décembre 2011, p. 62-72.
« Folie, norme et perte de l'expérience, à propos de Serge Daney et du sujet "néo libéral" », texte écrit pour le débat organisé à l'Institut français de Varsovie le 15 septembre 2012 à l'occasion de la mise en scène de *Louise, elle est folle*.
« M. B. constructions », Cahiers de l'Herne sur Maurice Blanchot, à paraître fin 2014.

PUBLICATIONS EN LIGNE

Publie.net

L'enfer est vert, « Temps réel », publie.net, 07/04/2009
Les Mots, « Temps réel », publie.net, 12/04/2011

Remue.net

« Maurice Blanchot », colloque Blanchot, Beaubourg, 11 avril 2002 ; http://remue.net/cont/kaplan07Blanchot.html ; repris sur lesliekaplan.net
« Le détail, le saut et le lien », lu au cours des « Leçons de littérature » données à la BNF durant l'été 2006, initiées par Marguerite GATEAU et Cécile WAJSBROT pour France-Culture, et soutenu par la Maison des écrivains. Mis en ligne janvier 2008.

Site de P. O. L

« Duetto, *Toute ma vie j'ai été une femme*, de Leslie Kaplan », Atelier, site de P. O. L (www.pol-editeur.com), 10 novembre 2009.
« Comment le comique attrape le réel : transgression, subversion, comique et politique », Atelier, site de P. O. L (www.pol-editeur.com), 13 décembre 2009.
« "Dieu n'est pas marié", invention du langage et démocratie », Atelier, site de P. O. L (www.pol-editeur.com), 6 juillet 2010.

« Écriture et folie », Atelier, site de P. O. L (www.pol-editeur.com), 3 octobre 2010.
« Écriture et démocratie. Contre une civilisation du cliché », Atelier, site de P. O. L (www.pol-editeur.com), 20 février 2011.
« Folie, norme et perte de l'expérience », Atelier, site de P. O. L (www.pol-editeur.com), 26 août 2012.

lesliekaplan.net

« À quoi sert la littérature ? », paru sous le titre « La littérature et l'inhumain », *Libération « Rebonds »*, 7 septembre 2000 ; *Les Outils*, P. O. L, 2003, p. 15-20 ; mis en ligne le 14 mai 2012.
« Cassavetes, Dostoïevski et le meurtre », *Cahiers du Cinéma*, n° 451, janvier 1992 ; *Les Outils*, P. O. L, 2003, p. 117-128 ; mis en ligne le 18 mai 2012.
« Kafka », lu à la Bibliothèque de Bobigny en janvier 1997 ; *Les Outils*, P. O. L, 2003, p. 62-71 ; mis en ligne le 18 mai 2012.
« La phrase la plus politique », *Les Ambassades*, CRL de la Région Centre, acte du colloque de Tours 3 et 4 mars 2000 ; *Les Outils*, P. O. L, 2003, p. 26-37 ; mis en ligne le 18 mai 2012.
« Qui a peur de la fiction ? », *Libération*, « Rebonds », 13 février 2001 ; repris dans *Les Outils*, P. O. L, 2003, p. 21-30 ; mis en ligne le 18 mai 2012.
« Dieu n'est pas marié », intervention pour les XIIe Rencontres de la C. R. I. E. E., Reims, juin 2010 ; mis en ligne le 24 mai 2012.
« La folie concerne tout le monde », *Libération*, 14 mars 2011 ; mis en ligne le jeudi 24 mai 2012.
« Un homme libre, qu'est-ce que c'est ? », texte écrit pour Marcial Di Fonso Bo, récitant pour *Egmont* de Beethoven à Lausanne, 2005 ; mis en ligne le samedi 26 mai 2012. Nouvelle version pour le concert au Théâtre des Champs Élysées le 21 janvier 2014, publiée dans le programme.
« Les chiffons sont faibles (l'ordinaire de l'écrivain) », Journées de la Fédération des Ateliers de psychanalyse, 2 et 3 décembre 2011, *Jeux et enjeux du récit en psychanalyse, récit littéraire et œuvre d'art*, *Épistolette* n° 39 ; mis en ligne le 28 mai 2012.
« Godard années soixante », extrait de *Mon Amérique commence en Pologne*, 2009 ; mis en ligne le 28 mai 2012.
« Penser la mort », *Robert Antelme, Textes inédits sur* L'Espèce humaine, « Essais et Témoignages », Gallimard, 1996 ; *Les Outils*, P. O. L, 2003, p. 72-81 ; mis en ligne le 6 juin 2012.
« Les premières années P. O. L », *The Review of Contemporary Fiction*, n° spécial consacré aux éditions P. O. L, automne 2010, mis en ligne 6 juin 2012.

« Écriture et folie », texte écrit pour soutenir l'action du Collectif des 39 Contre La Nuit Sécuritaire, journée à Villejuif, 25 septembre 2010 ; mise en ligne le 7 juin 2012.
« Un personnage des temps modernes », *Le Psychanalyste*, extrait, 1999 ; mis en ligne le jeudi 7 juin 2012.
« Usine », *Écrire le travail*, dossier n° 25 des librairies « Initiales », mars 2011 ; mis en ligne le jeudi 7 juin 2012.
« Le refus du cas », *Les Écrivains et la psychanalyse*, *Le Magazine littéraire*, n° 473, mars 2008 ; mis en ligne le 7 juin 2012.
« Roman et réalité », collection « Titres », Christian Bourgois, 2012 ; mis en ligne le 7 juin 2012.
« Folie, norme et perte de l'expérience, à propos de Serge Daney et du sujet "néo libéral" », texte écrit pour le débat organisé à l'Institut français de Varsovie le 15 septembre 2012 à l'occasion de la mise en scène de *Louise, elle est folle* ; mis en ligne le 10 septembre 2012.
« Télé réalité », extrait de *Déplace le ciel*, travail de théâtre en cours, mis en ligne le 20 octobre 2012.
« The importance of jumping », a conversation between Leslie KAPLAN and Andreas VERMEHREN HOLM, Paris, 18 mars 2011, publié en suédois dans *Ord & Bild* n° 3, en danois dans *Trappe Tusind* n° 6 ; mis en ligne en anglais le 7 novembre 2012.
« Écrire déplace le ciel ». Conférence en anglais à la *New School for social research* de New York, 5 novembre 2013 ; mis en ligne le 20 janvier 2014.
« Lire, c'est quoi », écrit pour le CRL d'Aquitaine, 2007, repris modifié dans *Mon Amérique commence en Pologne*, 2009 ; mise en ligne le 20 janvier 2014.
« *Muriel* », extrait de *Mon Amérique commence en Pologne*, 2009 ; 20 janvier 2014.

Médiapart

« Marine Le Pen m'a dit » http://blogs.mediapart.fr/edition/les-invites-de-mediapart/article/280412/marine-le-pen-m-dit
« Un spectre hante l'Europe, le spectre de la connerie totale » http://blogs.mediapart.fr/blog/leslie-kaplan/230213/un-spectre-hante-l-europe-le-spectre-de-la-connerie-totale

Autres sites

www.louiseelleestfolle.net
http://alain.neddam.info/quelques-artistes/claude-regy/
http://theatre-des-lucioles.net/

TRADUCTIONS

SOPHOCLE, *Œdipe tyran*, trad. Bernard CHARTREUX, réécriture du chœur Leslie KAPLAN, pour le Théâtre des Lucioles, 2003.
STEVENS, Wallace [*Three travellers watch a sunrise*], *Trois voyageurs regardent un lever de soleil*, en collaboration avec Claude RÉGY, Actes Sud, 1988.

ADAPTATIONS, MISES EN SCÈNE

Adaptations pour le théâtre

Le Criminel : adaptation et mise en scène par Claude RÉGY pour le Festival d'Automne, au Théâtre de la Bastille, septembre 1988.
Le Silence du Diable : adapté et mis en scène par Nicole YANNI, au Théâtre du Petit Matin à Marseille en 1990, joué en Avignon en juillet, diffusé sur France-Culture, septembre 1990.
L'Excès-l'usine : adapté et mis en scène par Nicole YANNI, joué à Marseille aux Friches (Théâtre des Bernardines) en juin 1992 ; adapté et mis en scène par Guy NAIGEON au théâtre des Trois Huits et joué à Lyon en avril 1993 ; adapté et joué par la compagnie des Lucioles avec des femmes détenues à la Centrale de Rennes, en juillet 1994 ; adapté et mis en scène par Marcial DI FONZO BO au Théâtre national de Bretagne, dans le cadre du festival Mettre en scène en novembre 2002, avec la participation de l'Orchestre de Bretagne.
Le Pont de Brooklyn : adapté et mis en scène par Noël CASALE au Théâtre de Gennevilliers, septembre 1995
Depuis maintenant : adapté et mis en scène par Frédérique LOLIÉE avec la compagnie Le Théâtre des Lucioles, joué dans la ville de Saint-Denis et au Théâtre Gérard Philippe comme « spectacle à installer partout » d'octobre à décembre 1996, repris en octobre 1997 au Théâtre National de Bretagne à Rennes ainsi qu'à la Maison d'arrêt d'Avignon, dans le cadre du Festival d'Avignon.
« *Translating is sexy* » mis en scène par le Théâtre des Lucioles, dans le cadre du « Cabaret Lucioles » au Théâtre Gérard Philippe, 1997.
Tout est faux, mise en scène Alain BRUGNAGO et Didier STÉPHANT, textes de Marianne ALPHANT, Leslie KAPLAN et Joseph MOUTON, Théâtre Gérard Philippe, 2004
Toute ma vie j'ai été une femme, mis en scène par Frédérique LOLIÉE et Élise VIGIER, à la Maison de la Poésie, avril 2008, reprise en mars 2009.
Toute ma vie j'ai été une femme, en espagnol en août 2009 à Santiago du Chili

au festival de dramaturgie européenne, et en septembre 2009 à Buenos Aires au Teatro Semimontado.

Toute ma vie j'ai été une femme, en italien et en français, mise en scène de Frédérique LOLIÉE et Élise VIGIER, au Theatro Stabile à Naples, septembre 2008.

Louise, elle est folle, mise en scène et jeu de Frédérique LOLIÉE et Élise VIGIER, création mars 2011 à La Maison de la Poésie Paris, au Theatro Stabile à Naples en avril, et à Varsovie en septembre 2012.

Fever mise en scène et scénographie Christine FAURE, Bordeaux, TNT, Manufacture de chaussures, 2011.

Déplace le ciel, mise en scène et jeu de Frédérique LOLIÉE et Élise VIGIER, novembre 2013, création au Théâtre national de Cavaillon et au Théâtre Gérard Philippe à Saint-Denis en novembre 2013.

Louise, elle est folle, mise en scène par Julien ASSEMAT, Théâtre Carré Rondelet, en mars 2014 à Montpellier.

Toute ma vie j'ai été une femme, mise en scène par Laurence BOISOT en mars 2014, à Blois.

Adaptation radiophonique

Le Psychanalyste, mise en voix par Claude GUERRE, feuilleton sur France culture, 25 épisodes, septembre 2005.

Traduction-adaptation

L'Inondation d'Evgueni ZAMIATINE, mise en scène Élise VIGIER, création au Théâtre de l'Aire libre à Rennes, mai 2001

FILMOGRAPHIE

Fever, avec Florent ABOUGIT, Chantal BANLIER, Lou CASTEL, Benoît FERREUX, Judith HENRY, Julie JUDD ; scénario : Raphaël NEAL, co-scénariste : Alice ZENITER ; réalisation : Raphaël NEAL ; production : Strutt Film, 2014.

BIBLIOGRAPHIE CRITIQUE

OUVRAGES CRITIQUES

BOUSTANI Carmen, *Oralité et gestualité. La différence homme/femme dans le roman francophone*, Karthala, 2009, p. 99-108.

GAVRONSKY Serge, *Towards a New Poetics, Contemporary writing in France, interviews, introduction and translation*, University of California Press, 1994 p. 330-337.

GAVRONSKY Serge, *Six contemporary french women, sélection, introduction and translation*, Southern Illinois University press, 1997, p. XIII-XLVIII, et 1 à 18.

MILNE Anna-Louise, « *Things coming from every direction' : Leslie Kaplan's "cubist" explorations* », *Rethinking Mobility in Francophone Women's Writing*, dir. K. Averis et I. Hollis, Liverpool, Liverpool University Press, à paraître.

RONGIER Sébastien, *Littérature d'aujourd'hui, cinq essais, études sur Leslie Kaplan, Jean et Olivier Rolin, Tanguy Viel et Marguerite Duras.* Collection « Critique & essai », Publie.net, 13/10/2008.

ROSS Kristin, *May '68 and its Afterlives*, Chicago : University of Chicago Press, 2002, voir surtout le chapitre « Different windows, same faces », p. 138-181.

VERCIER Bruno et VIART Dominique, *La Littérature française au présent. Héritage, modernité, mutations*. Bordas, 2005, p. 207-210, p. 224-225.

VIART Dominique, *Anthologie de la littérature contemporaine française*, romans et récits depuis 1980, Armand Colin, 2013 p. 144-145.

REVUES

« Dossier Leslie Kaplan », *Gare Maritime* n° 3, Revue écrite et sonore de poésie contemporaine, Nantes, septembre 1996

Les Carnets du Loir n° 5, mai 2009, publiés par l'association Les filles du Loir, dossier critique [en ligne].

ARTICLES CRITIQUES

BLANCHOT, « *L'Excès-l'usine* ou l'infini morcelé », *Écrits politiques*, Lignes ; Éditions Léo Scheer, 2003, p. 175-178. Texte publié une première fois dans la revue allemande *Schreibheft* n° 27, avril 1986, puis dans le journal *Libération*, le 24/02/1987, à l'occasion de la réédition par les éditions P. O. L de *L'Excès-l'usine*.

GAVRONSKY Serge, « *Leslie Kaplan* », dans *Sites, the journal of 20 th centurary contemporary french studies/revue d'études françaises*, vol 2, *Writing in French in the 90's*, fall 1998, p. 443-459.

MALAPRADE Anne, « Poétiques de l'excès, excès poétiques », *L'Excès, signe ou poncif de la modernité ?*, Gilles Bonnet et Lionel Verdier dir., « Les Cahiers de Marge n° 6 », Kimé, 2009, p. 265-278.

ARTICLES EN LIGNE

FLOREY, Sonya, « (Re)défintion de l'engagement littéraire contemporain », *Actes du colloque « Engagement : imaginaires et pratiques »*, Pelletier, Vicky dir. Montréal, « Figura », Centre de recherche sur le texte et l'imaginaire, collection « Posture », vol ; Hors série 01, p. 59-71. 2009. En ligne sur le site de l'Observatoire de l'imaginaire contemporain. http://oic.uqam.ca/fr/system/files/garde/2748/oic1/florey-re-definition.pdf

LABADIE Aurore, « le roman d'entreprise français au tournant du XXIe siècle », *Les Cahiers du Ceracc*, n° 7, 2014 [en ligne] URL : http://www.cahiers-ceracc.fr/labadie.html

LEFORT-FAVREAU J., « De l'usine à l'atelier d'écriture : les communautés littéraires de Leslie Kaplan », http://colloque2014figura.uqam.ca/communication/de-lusine-à-latelier-décriture-les-communautés-littéraires-de-leslie-kaplan

MALAPRADE Anne, « Leslie Kaplan, *Mon Amérique commence en Pologne*, P. O. L », janvier 2009 [en ligne], Poezibao.

MALAPRADE Anne, « *Louise, elle est folle* de Leslie Kaplan », mars 2011 [en ligne], Poezibao.

MALAPRADE Anne, « *Millefeuille* de Leslie Kaplan », 2 août 2012 [en ligne], Poezibao.

MALAPRADE Anne, « *Déplace le ciel* de Leslie Kaplan », novembre 2013 [en ligne], Sitaudis.

INDEX DES NOMS

RÉSUMÉS ET PRÉSENTATIONS DES AUTEURS

Dominique CARLAT, « *Mon Amérique commence en Pologne.* L'invention de la liberté chez Leslie Kaplan ».

Dominique Carlat enseigne la littérature française moderne et contemporaine à l'université Lyon 2. Il a notamment publié *Gherasim Luca l'intempestif* (Paris, 1998) et *Témoins de l'inactuel. Quatre écrivains contemporains face au deuil* (Corti, 2007).

Dominique Carlat teaches modern and contemporary French literature at Lyon 2 University. He has published Gherasim Luca l'intempestif *(Paris, 1998) and* Témoins de l'inactuel. Quatre écrivains contemporains face au deuil *(Corti, 2007).*

Entre la transmission indirecte du souvenir de l'extermination des juifs d'Europe et le legs incomplet de l'épopée américaine, la narratrice de *Mon Amérique commence en Pologne* poursuit le désir d'inscrire son individualité dans une perspective historique collective. La participation aux événements de mai 1968, son prolongement dans une expérience ouvriériste sont relus à la lumière du déclin du siècle, sans que nostalgie ni amertume ne viennent teinter le regard rétrospectif.

Between the indirect transmission of the memory of the extermination of the European Jews and the incomplete legacy of the American epic, the female narrator of Mon Amérique commence en Pologne *pursues the desire to inscribe her individuality within a historical collective perspective. The participation in the events of May 1968 and its prolongation in the workers' experience are re-read in the light of the century's decline, with neither nostalgia nor bitterness tainting the retrospective viewpoint.*

Anne MALAPRADE, « Clair de ciel, ciel de terre. Récit et théâtre ».

Anne Malaprade est agrégée et docteur ès lettres. Elle a consacré sa thèse à Bernard Noël et à la structure du champ poétique contemporain. Elle enseigne en classes préparatoires à Paris. Elle publie des articles sur les sites *Poezibao* et *Sitaudis*, et intervient régulièrement dans le *Cahier critique de poésie*, dont elle est membre du comité de rédaction. Elle a participé à de nombreux ouvrages collectifs.

Anne Malaprade is the holder of an agrégation *and a doctorate in literature. She wrote her thesis on Bernard Noël and the structure of the contemporary poetic field. She teaches* classes préparatoires *in Paris. She publishes articles on the sites* Poezibao *and* Sitaudis, *and contributes regularly to the* Cahier critique de poésie, *and is a member of its editorial committee. She has contributed to numerous collected volumes.*

Les livres de Leslie Kaplan donnent voix et corps à des personnages qui vivent leur existence selon une grave intensité : celle des enfants captivés par leurs jeux et leurs constructions. Ses ouvrages traduisent également l'histoire mouvementée d'une voix singulière et incarnée. En prise directe avec la matière, celle-ci parvient à progressivement s'y reposer, s'y penser, s'y projeter, s'en extraire. La voix tend à actualiser une adresse essentielle qui suscite et re-suscite autrui sans jamais épuiser son énigme.

Leslie Kaplan's books give a voice and body to characters who experience their existence with the grave intensity of children captivated by their games and constructions. Her works also translate the turbulent history of a singular and embodied voice. In direct confrontation with the subject matter, the latter manages, progressively, to rely on it, reflect on it, project itself onto it, and break free from it. The voice actualises an essential mode of address which creates and resuscitates others without ever exhausting its enigma.

Heitor O'Dwyer de Macedo, « Écriture et inconscient. Le travail de Leslie Kaplan ».

Heitor O'Dwyer de Macedo est psychanalyste d'origine brésilienne travaillant à Paris. Il a notamment publié : *Ana K., histoire d'une analyse* (Paris, 1977), *Le Psychanalyste sous la terreur* (Paris, 1988) *De l'amour à la pensée* (Paris, 1999) *Lettres à une jeune psychanalyste*, (Paris, 2008). Il anime un séminaire bimensuel de formation pour des psychanalystes, des jeunes internes, psychologues et infirmiers.

Heitor O'Dwyer de Macedo is a psychoanalyst of Brazilian origin working in Paris. He has published: Ana K., histoire d'une analyse *(Paris, 1977),* Le Psychanalyste sous la terreur *(Paris, 1988),* De l'amour à la pensée *(Paris, 1999) and* Lettres à une jeune psychanalyste, *(Paris, 2008). He runs a bi-monthly training seminar for psychoanalysts, junior doctors, psychologists, and nurses.*

Cet article essaye de démontrer comment Leslie Kaplan, dans la construction de ses livres, dans la rigueur de son énonciation, et par son style, intègre l'existence de l'inconscient freudien – nommément les figures du désir et de la folie – comme outil essentiel de son travail d'écrivain.

This article shows how, through the construction of her books, the rigour of her statements, and through her style, Leslie Kaplan integrates the existence of the Freudian unconscious–namely figures of desire and madness–as an essential tool into her work as a writer.

Matthieu RÉMY, « *L'Excès-L'usine*, l'époque et le texte ».

Matthieu Rémy est maître de conférences en langue et littérature françaises à l'université de Lorraine. Ses recherches portent sur la représentation de la société de consommation dans la littérature, ainsi que sur la contre-culture et la pop culture.

Matthieu Rémy is a lecturer in French language and literature at the University of Lorraine. His research focuses on the representation of the society of consumption in literature as well as counter-culture and pop culture.

Cet article replace *L'Excès-L'usine*, premier livre publié par Leslie Kaplan, dans son contexte historique et politique en tentant de voir par quels détours spécifiquement littéraires, le texte s'applique à inscrire l'expérience vécue de l'aliénation au travail. Témoignage déconstruit et reconstruit, *L'Excès-L'usine* s'avère être une réflexion sur la manière dont la politique peut devenir un objet de poésie, en écho aux travaux consacrés à la critique de la vie quotidienne dans les années 1950 et 1960.

This article returns L'Excès-L'usine, *the first book published by Leslie Kaplan, to its historical and political context, seeking to assess which specifically literary detours the text takes in its inscription of the lived experience of alienation at work. A deconstructed and reconstructed testimony,* L'Excès-L'usine *emerges as a reflection on how politics can become an object of poetry, echoing the criticism of daily life of the 1950s and 1960s.*

Stéphane BIKIALO, « Le détail, le réel ».

Stéphane Bikialo est maître de conférences en langue et littérature françaises à l'université de Poitiers. Il s'intéresse aux rapports entre langue et style dans la prose poétique des XXe et XXIe siècles, en particulier chez Claude Simon et Bernard Noël.

Il travaille actuellement sur la dimension politique de la langue et le rapport mots/choses dans la littérature contemporaine.

Stéphane Bikialo is a lecturer in French language and literature at the University of Poitiers. He is interested in the rapports between language and style in the poetic prose of the twentieth and twenty-first centuries, in particular in the work of Claude Simon and Bernard Noël. He is currently working on the political dimension of language and the rapport between words and things in contemporary literature.

S'appuyant sur les textes théoriques de Leslie Kaplan évoquant le détail comme « condensation », « convergence de sens », l'article s'attache à quelques détails (« les chiffons sont faibles », « Sade hausse les épaules »…), afin de montrer comment l'écriture de Leslie Kaplan relève d'une poétique du détail, centrée sur le rapport entre les mots et les choses. Cette poétique témoigne d'une manière d'être au monde (pour les personnages) et d'écrire (pour l'auteure) qui construit la base d'une archéologie du réel.

Based on the theoretical texts by Leslie Kaplan which evoke the detail as "condensation" and "convergence of meaning", this article focuses on certain details ("the cloths are fragile", "Sade shrugs his shoulders"…), in order to show how Leslie Kaplan's writing employs a poetics of detail, centred on the rapport between words and things. This poetics testifies to a way of being in the world (for the characters) and of writing (for the author) which constructs the foundations of an archaeology of the real.

Tiphaine Samoyault, « Avec ».

Tiphaine Samoyault est professeure de littérature comparée à l'université Sorbonne nouvelle – Paris 3, où elle travaille sur la littérature mondiale et la traduction. Elle est l'auteur de plusieurs essais et récits dont le dernier, *Bête de cirque* (Paris, 2013). Elle a publié également une biographie intellectuelle de *Roland Barthes* (Paris, 2015).

Tiphaine Samoyault is a professor of comparative literature at Sorbonne nouvelle–Paris 3 University, where she works on world literature and translation. She is the author of several essays and accounts, including the latest, Bête de cirque *(Paris, 2013). She has also published an intellectual biography of* Roland Barthes *(Paris, 2015).*

Leslie Kaplan inscrit dans son œuvre la force de la préposition « avec » comme accompagnement et dehors de l'écriture. Elle revient régulièrement sur l'importance éthique de la distance, de la bonne distance pour écrire. Écrire avec, c'est mettre le point de vue autrefois considéré comme mineur ou dominé sur le même plan que les autres. Le travail d'égalisation est aussi une entreprise de réparation puisque l'ordre nouveau qui apparaît réouvre le langage, le porte vers un ailleurs.

Leslie Kaplan affirms the force of the preposition "with" in her œuvre; it accompanies and moves beyond the writing. She returns regularly to the ethical importance of distance, the right distance for writing. "Writing with" is to put perspectives historically seen as minor or dominated on the same level as the others. This work of equalising is also a form of reparation because the new order which appears reopens language, and takes it elsewhere.

Anna-Louise MILNE, « Café Kaplan. Scène de la vie quotidienne ».

Anna-Louise Milne est directrice de recherches à l'institut de l'université de Londres à Paris. Elle a notamment travaillé sur Jean Paulhan et le milieu des revues littéraires pendant l'entre-deux-guerres et plus largement sur le choix de la ville de Paris comme lieu d'écriture et de publication.

Anna-Louise Milne is a research director at the University of London in Paris. She has worked on Jean Paulhan and the milieu of literary reviews in the interwar period and, more broadly, on the choice of the city of Paris as the place to write and publish.

Ce chapitre se donne pour objectif de considérer les transactions entre cinéma et écriture dans l'œuvre romanesque de Leslie Kaplan, et notamment dans le roman *L'Épreuve du passeur* (1988). Il se focalise sur la scène du café afin d'explorer comment l'écriture de Kaplan opère un va-et-vient entre des perspectives collectives et individuelles, devenant un espace complexe de communication et de confrontation.

This chapter aims to consider the transactions between cinema and writing in the novelistic work of Leslie Kaplan, particularly in the novel L'Épreuve du passeur *(1988). It focuses on the scene of the café in order to explore how Kaplan's writing operates a coming-and-going between collective and individual perspectives, becoming a complex space of communication and confrontation.*

Élisa BERNARD, « À l'ombre des *Prostituées philosophes* ».

Élisa Bernard est étudiante au conservatoire d'art dramatique de Grenoble, cofondatrice de la compagnie Suzanne & Louise, basée à Lyon. Sa thèse en cours s'intitule « Porosités génériques dans l'œuvre de Didier-Georges Gabily ». Elle travaille sur le parallèle entre l'architecte et l'écrivain, le ressenti et l'écriture de l'espace.

Élisa Bernard is a student at the Grenoble Conservatory of Dramatic Arts, and the cofounder of the company Suzanne & Louise, based in Lyon. She is working on a thesis entitled "Porosités génériques dans l'œuvre de Didier-Georges Gabily". She works on the parallel between the architect and the writer, the way spaces are felt and written.

Les Prostituées Philosophes publié en 1997 est le deuxième tome du cycle *Depuis maintenant*. Kaplan donne à voir la vie comme un flux qui traverse les corps et les espaces. Corps et espaces sont les réceptacles de ce flux vital. La langue de l'auteure, parce qu'elle cherche à approcher la réalité sensible du corps, gagne elle-même en matérialité, en épaisseur. Leslie Kaplan éloigne la langue de son aveuglante cérébralité pour la faire croître et danser à l'ombre des *Prostituées philosophes*.

Les Prostituées Philosophes, *published in 1997, is the second volume of the* Depuis maintenant *cycle. Kaplan shows life as a flux which moves through bodies and spaces. Bodies and spaces are the receptacles for this vital fluid. The language of the author, because it seeks to approach the felt reality of the body, increases in materiality and thickness itself. Leslie Kaplan distances language from its blinding intellectualness in order to help it grow and dance in the shadow of the* Prostituées philosophes.

Agathe Torti-Alcayaga, « Le théâtre de Leslie Kaplan. "Nommer sans fermer, sans tuer" ».

Agathe Torti-Alcayaga est maître de conférences à l'université Paris 13. Elles est membre du laboratoire Pléiade et de la société savante RADAC, sous l'égide desquels elle a notamment coanimé le séminaire de recherche « Tisseurs : quels outils théoriques pour penser la transtextualisation et les interculturalités ? » où une séance a été consacrée à la technique du saut chez Leslie Kaplan.

Agathe Torti-Alcayaga is a lecturer at Paris 13 University. She is a member of the Pléiade laboratory and the scholarly RADAC society, under the aegis of which she has co-directed the research seminar "Tisseurs: quels outils théoriques pour penser la transtextualisation et les interculturalités?" where one session was dedicated to the technique of the jump in the work of Leslie Kaplan.

Le théâtre de Leslie Kaplan s'inscrit dans la droite ligne des dramaturgies contemporaines grâce à la place prise par le langage. Les différents traitements auxquels elle soumet le langage ont pour but d'amener le spectateur à faire deux expériences contradictoires lors des représentations : celle de la fermeture intellectuelle et humaine induite par le langage ordinaire et les idées convenues, et celle de l'ouverture à tous les possibles offerts par la vie portée par un langage inducteur d'étonnement fécond.

The theatre of Leslie Kaplan is in line with that of contemporary dramaturges thanks to the place occupied in it by language. The different treatments she applies to language seek to produce two contradictory experiences for the viewer during performances: that of the intellectual and human shut-down induced by ordinary language and conventional ideas, and that of an opening up to all of life's possibilities enabled by an inductor language of striking fecundity.

Agnès ROSENSTIEHL, « Leslie ».

Agnès Rosenstiehl débute des études littéraires à la Sorbonne puis de composition musicale au conservatoire national qui elles-mêmes seront mises de côté pour écrire et illustrer de nombreux ouvrages pour la jeunesse. Parmi ses publications, se distinguent les ouvrages mettant en scène la langue française et les bandes dessinées de son héroïne solitaire : *Mimi Cracra.*

Agnès Rosenstiehl began literary studies at the Sorbonne, then musical composition at the National Conservatory, but put this to one side in order to write and illustrate numerous works for young people. Amongst her publications, her works dramatizing the French language and the comic books of her solitary heroine, Mimi Cracra, *stand out.*

Cette missive adressée à Leslie Kaplan évoque un compagnonnage amical et intellectuel. L'occasion de se figurer les facettes du prisme d'une œuvre : la fiction comme outil, le choix d'une langue, sa proximité avec la poésie, celle de Rimbaud en particulier. L'œuvre de Leslie Kaplan apparaît comme une lutte constante, face aux multiples forces d'aliénation contemporaines.

This missive addressed to Leslie Kaplan evokes an amical and intellectual association. It is the chance to imagine the different facets of the œuvre's prism: fiction as a tool, the choice of a language, and its proximity to poetry, that of Rimbaud in particular. Leslie Kaplan's œuvre appears as a constant fight against the multiple forces of contemporary alienation.

Jean-Marie GLEIZE, « C'est le présent, nous ».

Jean-Marie Gleize poursuit une méditation en prose qui prend la forme d'une investigation narrative discontinue (littérale, documentaire) à partir de traces ou données matérielles, images ou textes. Professeur émérite de littérature à l'École normale supérieure de Lyon, il a créé la revue *Nioques* qu'il anime depuis 1990.

Jean-Marie Gleize pursues a prose meditation which takes the form of a discontinuous narrative investigation (literal, documentary) based on material traces and data, visual or textual. An emeritus professor of literature at the École normale supérieure in Lyon, he established the review Nioques *which he has run since 1990.*

L'Excès-l'usine, le premier livre de Leslie Kaplan, parvint à définir comme un nouveau territoire. De ceux que le lecteur peut arpenter, pour y rencontrer l'auteur, en un fécond échange. Là où se joue le présent commun, au cœur de la banalité et de l'essentiel.

L'Excès-l'usine*, Leslie Kaplan's first book, defines a new territory which readers can explore. They come across the writer in a fertile exchange where the common present plays out in the midst of the banal and the essential.*

Fred LÉAL, « Sur Leslie Kaplan ».

Fred Léal exerce la médecine générale à Bordeaux. Depuis une dizaine d'années, il publie régulièrement des récits et des romans. Son écriture convoque des matériaux très hétéroclites qu'il rassemble dans une prose moléculaire éclatée et polysémique, dans laquelle l'étrangeté et l'humour occupent une place de choix. Ses dernières publications : *Le Peigne-jaune* (Bordeaux, 2011), *La Nostalgie, camarade ?* (Bordeaux, 2012), *Délaissé* (Paris, 2010) et dernièrement *Asparagus* (Paris, 2013).

Fred Léal practises general medicine in Bordeaux. For some ten years he has been regularly publishing accounts and novels. His writing summons extremely heteroclite materials which he gathers together in explosive and polysemantic prose where strangeness and humour occupy a privileged place. His latest publications are: Le Peigne-jaune *(Bordeaux, 2011),* La Nostalgie, camarade? *(Bordeaux, 2012),* Délaissé *(Paris, 2010), and, most recently,* Asparagus *(Paris, 2013).*

La langue de Leslie Kaplan interroge ses origines et trajets personnels. *L'Excès-l'usine* se lit comme une plongée dans la langue brute, mais tout de suite saisie par la fiction en ses prismes. C'est peut-être la dimension cinématographique de l'œuvre qui établit des ponts entre ses différentes attaches culturelles, mais toujours en travaillant la phrase, comme matériau premier de l'écrivain.

The language of Leslie Kaplan interrogates her origins and personal trajectories. L'Excès-l'usine *reads like a dip in raw language, seized straightaway by the prisms of fiction. It is perhaps the cinematographic dimension of the work which builds bridges between her different cultural ties, but always by working on the sentence as the primary material of the writer.*

Élise VIGIER, « Leslie Kaplan, une rencontre ».

Élise Vigier a notamment mis en scène Copi, Rafael Spregelburd, Martin Crimp et tourné un moyen métrage : « La Mort d'une voiture ». Suite à sa formation à l'école du théâtre national de Bretagne, elle crée en 1994 avec Frédérique Loliée et les élèves de sa promotion Le Théâtre des Lucioles. De Leslie Kaplan, elle a joué ou mis en scène *L'Excès-l'usine*, *Depuis maintenant* ainsi que *Toute ma vie j'ai été une femme* (2008).

Élise Vigier has staged Copi, Rafael Spregelburd, and Martin Crimp, and made a medium-length film: "La Mort d'une voiture". Following her training at the National Theatre School of Brittany, she created Le Théâtre des Lucioles in 1994 with Frédérique Loliée and other students from her year. Of Leslie Kaplan's work, she has either acted in or staged L'Excès-l'usine, Depuis maintenant, *as well as* Toute ma vie j'ai été une femme *(2008).*

Le récit, depuis l'adaptation au théâtre de *L'Excès-l'usine* avec des détenues en 1994, est celui d'un parcours partagé qui vient concerner acteurs et spectateurs dans le « depuis maintenant » cher à Leslie Kaplan. Les résonances politiques de l'œuvre ainsi portée sur scène vibrent dans des lieux choisis, quartiers ou prisons. Mais l'œuvre vise également la liberté par son humour et sa propension au jeu.

The account, beginning with the theatrical adaptation of L'Excès-l'usine *with its prisoners in 1994, is that of a shared journey bringing actors and spectators alike into the 'since now' so dear to Leslie Kaplan. The political resonances of the work which are brought onto the stage vibrate in the chosen places, districts or prisons. But, with its humour and propensity for play, the œuvre also aspires to freedom.*

Frédérique LOLIÉE, « Sur quoi on s'appuie ».

Frédérique Loliée joue régulièrement en Italie depuis 2000 et travaille avec Matthias Langhoff, Jean-François Sivadier, Rodrigo Garcia. Suite à sa formation à l'école du théâtre national de Bretagne, elle crée en 1994 avec Élise Vigier et les élèves de sa promotion *Le Théâtre des Lucioles*. De Leslie Kaplan, elle a joué ou mis en scène *L'Excès-l'usine*, *Depuis maintenant* ainsi que *Toute ma vie j'ai été une femme* (2008).

Frédérique Loliée has been acting regularly in Italy since 2000, and works with Matthias Langhoff, Jean-François Sivadier, and Rodrigo Garcia. Following her training at the National Theatre School of Brittany, she created Le Théâtre des Lucioles *in 1994 with Élise Vigier and other students from her year. Of Leslie Kaplan's work, she has either acted in or staged* L'Excès-l'usine, Depuis maintenant, *as well as* Toute ma vie j'ai été une femme *(2008).*

Jouer, mettre en scène des textes de Leslie Kaplan, c'est déjà percevoir et mettre en lumière ce que la phrase écrite possède d'oralité. Les expériences se croisent, entre théâtre et écriture, quand elles se proposent une commune remise en question des mots les plus usuels. Les textes écrits par Leslie Kaplan pour É. Vigier et F. Loliée s'adressent à l'autre, le sollicitent et le concernent, dans un mouvement constant de pensée et de doute.

To be an actor in, and director of, Leslie Kaplan's texts means having perceived and illuminated the orality of the written sentence. Experiences between theatre and writing intersect when they propose a shared questioning of the most usual words. The texts written by Leslie Kaplan for É. Vigier and F. Loliée are addressed to the other; they solicit and affect the other in a continuous movement of thought and doubt.

TABLE DES MATIÈRES

DEUXIÈME PARTIE

REGARDS CROISÉS

TROISIÈME PARTIE

INÉDITS